VOYAGE

EN NAVARRE

VOYAGE EN NAVARRE

PENDANT

L'INSURRECTION DES BASQUES

(1830-1835);

Par J. Augustin CHAHO.

2me Édition.

Chaque peuple, à son tour, a régné sur la terre
Par les lois, par les arts et surtout par la guerre....
Voltaire. Mahomet, tragédie.

BAYONNE

P. LESPÉS, ÉDITEUR,

12, Rue Chegaray, 12.

—

1865.

PRÉFACE

Un Basque, homme d'esprit, disait : — « Je n'ai été qu'une seule fois de ma vie en Castille. Je n'avais point fait quatre lieues depuis Vittoria, qu'en arrivant à Miranda, je me vis entouré d'une population de convalescents qu'animait une vie défaillante; en passant à Pancorvo et Briviesca, je ne trouvai plus que des malades et des fiévreux; Burgos me fit l'effet d'un vaste hôpital, administré par un corps florissant d'infirmiers, qui sont les prêtres. Là se termina mon voyage : je n'osai m'avancer plus loin, craignant de rencontrer la mort; je repris en toute hâte le chemin de la Biskaïe, où j'entrai sain et sauf par la grâce de Dieu. J'avais brûlé mes habits de route aux bords de l'Ebre, de peur d'introduire la peste dans ce cher pays. »

Le ciel de la Castille est beau, sa terre fertile; mais le despotisme religieux et politique engendre la paresse et la misère. Le travail, la puissance et la vraie gloire naissent de la liberté. C'est à la liberté que les provinces basques doivent leur belle et nombreuse population et les riches cultures qui couvrent leur sol naturellement ingrat. D'autres causes favorisèrent le rôle dominant que les Basques ont joué d'âge en âge dans la Péninsule ibérique. L'avenir politique de l'Espagne est entre leurs mains; et le chêne de leur république solaire, qui rappelle la félicité des anciens jours, est, pour cette terre profondément déchue, un symbole de régénération.

Le lecteur trouvera dans ce livre une esquisse à peu près complète de l'histoire, des mœurs et des lois des tribus navarraises et cantabres. J'ai rendu aux Montagnards leur nom historique, celui d'Ibères; et leur nom originel, celui d'Euskariens. J'ai donné pour cadre à mes tableaux la peinture de l'insurrection qui ensanglante, depuis deux ans, les Pyrénées occidentales.

J'ai pu admettre, suivant le droit public de la Castille, la légitimité de D. Carlos, sans être infidèle à mes principes démocratiques. Je prêche aux Basques la défensive et l'immobilité, jusqu'au jour où, placés à la tête du mouvement par la force des choses, l'initiative révolutionnaire doit échoir à la fédération des Cantabres. Peu importe que MM. les légitimistes des deux royaumes s'imaginent faire du peuple basque l'instrument de leur politique. Quant à leurs adversaires MM. les libéraux, j'ai fait avec eux le personnage du hérisson de la fable, je dois m'attendre à recevoir le même accueil que l'animal porte-épine dans le trou des lapins.

Je n'ai cherché que la vérité, je l'ai clamée haut et fort, et je crains peu les contradicteurs.

Mon livre est, à quelques égards, le testament politique d'un grand homme, celui de Zumala-Carreguy.

L'insurrection qu'il avait miraculeusement organisée est aujourd'hui triomphante dans les Pyrénées. L'armée victorieuse marchera-t-elle sur Madrid? J'ai quelques raisons d'en douter; je crois connaître nos Montagnards.

La Castille, repoussant Christine, ouvrira-t-elle ses bras au roi catholique? Le lecteur me permettra de lui raconter une anecdote que j'ai apprise durant mon séjour auprès de la Junte de Navarre; je la tiens d'un officier du quartier royal.

Un illustre général de la Manche, partisan de Charles V, écrivit à ce prince de Madrid. — « Sire, la ville est pour nous; la Castille n'attend qu'un signal de la capitale pour se lever comme un seul homme, au nom de son légitime souverain. Vous me verrez bientôt marcher à votre rencontre à la tête de cent mille Castillans. J'attends vos ordres relativement à l'usurpatrice. » La joie fut grande au quartier royal, à la réception de cette lettre. Les courtisans déjà parlaient de désarmer les Basques, montagnards inquiets, fédéralistes indociles, et de s'assurer de la personne de Zumala-Carreguy. Cependant un courrier fidèle fut expédié pour Madrid, avec des dépêches où il était enjoint au noble général d'enfermer Isabelle et Christine dans un couvent, et de les traiter avec les plus grands égards. Un officier supérieur, porteur d'instructions plus détaillées, suit le courrier, crève dix chevaux, arrive à Madrid le matin du jour fixé pour le soulèvement; c'était un jour de fête : l'heure était proche. L'officier parvient à la maison du général, se fait annoncer; il entre, et trouve le conspirateur seul dans son cabinet, prenant son chocolat, avec une admirable tranquillité. — « Eh bien! S^{nor} M***, tout est-il prêt? — Tout serait prêt ; mais il n'y a rien à faire, » répond, en essuyant ses lèvres, le flegmatique général. — « Sa Majesté me recommande de traiter la régente avec les égards dus à son rang, et je n'ai pu trouver dans tout Madrid un couvent où elle puisse être convenablement traitée : j'ai dû renoncer à mon projet... »

D. Carlos ne doit rien attendre des despotes du Nord, si ce n'est quelques vains articles de gazette. Qu'importent à leurs projets les royautés méridionales et les trônes vermoulus, que les peuples réduisent en poudre? Ils se promettent, les Barbares, d'en élever d'autres, où leurs fils s'asseoiront. Déjà les restes de la féodalité française se rallient à l'empereur du septentrion, et les ordres de la Russie brillent sur la poitrine des traîtres. — Avant les Goths, les Scythes et les Celtes; après les Vandales, les Cosaques. — Les Barbares observent l'arme au bras l'agonie méridionale ; ils préparent la conquête d'invasion. *Ahriman* s'est levé pour la troisième fois sur la terre des ténèbres; il menace à la fois l'Orient et l'Occident, le monstre! La Perse et la France, l'Inde et l'Espagne seraient de magnifiques provinces pour ses empires jumeaux; un pied sur Constantinople, l'autre dans Paris, le colosse veut faire gémir l'humanité sous le poids de son infernale tyrannie : le *Christ* de notre civilisation menace de s'éteindre. Quels apôtres prêcheront contre le Nord la nouvelle croisade? Qui déploiera l'étendard méridional? D'où viendra la lumière? Quels seront nos libérateurs?

A ce point de vue, la lutte de D. Carlos et de Christine est un événement transitoire, un fait isolé, sans portée; il ne commence point un mouvement humanitaire, il le termine : c'est la dernière ondulation d'un âge écoulé. — Les Basques savent leur avenir : ils repousseront de leurs vallées les Tartares, comme leurs ancêtres avaient repoussé les Goths et les anciens Celtes : les Montagnards resteront dans les Pyrénées occidentales, indépendants, libres !

Encore un mot. Si mes précédents écrits avaient l'air de tomber des nues, celui-ci n'est que trop clair peut-être. Je me suis fait l'écho d'un peuple, d'une race, d'une civilisation. Le temps presse, je ne cache plus le but où tendent les *Voyants*.

J.-A. CHAHO (de Navarre).

TABLE DES MATIÈRES CONTENUES DANS CE VOLUME.

Pages.

PRÉFACE. I

I
BAYONNE 1

II
LES CONTREBANDIERS 31

III
LE VIEUX LABOURDIN 57

IV
LA RHUNE 97

V
LE PETIT NAVARRAIS. LE CAPUCIN 125

VI
LES INSURGÉS 157

VII
LES PYRÉNÉES 203

VIII
LA BIBLIOTHÈQUE 289

IX
LA JUNTE DE NAVARRE 329

X
LA BISKAÏE 369

XI
AUX CASTILLANS 401

XII
L'HOMME A GRANDE ÉPÉE 417

FIN DE LA TABLE DES MATIÈRES.

DU MÊME AUTEUR.

HISTOIRE PRIMITIVE DES EUSKARIENS-BASQUES. Langue, poésie, mœurs et caractère de ce peuple; — Introduction à son Histoire ancienne et moderne. — 1 volume in-8.

PHILOSOPHIE DES RELIGIONS COMPARÉES. — 2 volumes grand in-8, beau papier, belle impression. — Troisième édition.

L'ESPAGNOLETTE DE ST.-LEU, Calcul rationnel de Probabilités sur la fin tragique de S. A. R. Mgr. le Duc du Bourbon, prince de Condé. — Première partie. Un volume grand in-8.

LA PROPAGANDE RUSSE A PARIS. — Examen des Fragments et Considérations de M. le Baron d'ECKSTEIN, sur le Passé le Présent et l'Avenir de l'Espagne.

ÉTUDES GRAMMATICALES *sur la langue Euskarienne*, et PROLÉGOMÈNES, Par M. A. d'ABBADIE. — 1 volume in-8.

LETTRE A M. XAVIER RAYMOND, sur les Analogies de la langue Euskarienne et du Sanscrit.

GÉNIE DE LA LANGUE LATINE.

DE L'AGONIE DU PARTI RÉVOLUTIONNAIRE EN FRANCE. Lettre à Jaques Laffitte.

LÉLO OU LES MONTAGNARDS, roman historique, 2 volumes in-8.

SAFER ET LES HOURIS ESPAGNOLES, (roman oriental). 2 volumes in-8.

BIARRITZ ENTRE LES PYRÉNÉES ET L'OCÉAN, Itinéraire pittoresque.

1.

BAYONNE.

Le voyageur, en parcourant la Castille, reconnaît, au premier coup-d'œil, le mélange ou plutôt le résidu des populations diverses que l'invasion guerrière et la conquête ont fait peser, depuis quarante siècles, sur la patrie des vieux Ibériens. Multiple et variée, enrichie à mille sources, la langue de l'immortel Saavedra reflète à merveille les teintes physionomiques du caractère national : tout à la fois grave et sonore comme celle de l'orateur romain, et naïve comme un patois visigoth, elle imite la pompe et la féerie du dialecte mauresque, avec ses aspirations et ses gutturales empruntées à l'âpreté du désert. Le Castillan, affranchi de son esclavage héréditaire par le fédéralisme pyrénéen et la religion du *Christ*, a retenu du Celtibère la sobriété et les goûts simples; du Romain oppresseur, la fierté; du Visigoth, l'instinct d'une valeur sauvage; du Maure, son génie exalté, contemplatif, sa jalousie effrénée dans l'amour, et la perfidie de ses vengeances. Il faut ajouter à ces impressions générales celle que produit, sur l'étranger, l'aspect d'une terre naturellement fertile, mais inculte, clair-semée de rares villages et de villes pauvres, où végète une population tarie à sa source par le libertinage et la misère. Là, sous le plus beau des soleils, l'homme dort accroupi dans l'ignorance; là, rien de social et de vivant, si ce n'est le culte superstitieux, avec ses légions de prêtres et de moines; rien de monumental, si ce n'est les églises. Au bruit incessant des cloches, on dirait des voix aériennes chargées de proclamer, à chaque instant du jour, le génie dominateur de la contrée. Un souffle de malédiction semble planer sur ces champs arides et ces villes solitaires, où l'on croit entendre encore la psalmodie des inquisiteurs, et voir luire, au milieu des places publiques, les flammes de leurs bûchers.

La Castille a l'Ebre pour limite du côté des Pyrénées. Ce fleuve est resté navigable jusqu'au moyen âge; ses eaux, depuis quelques siècles, ont éprouvé le même décroissement que celles de la Garonne. Les montagnards qui avoisinent ses sources racontent qu'à l'approche des orages de profonds roulements se font entendre dans les entrailles des vallées, comme si la lutte de quelques feux souterrains correspondait à l'agitation de l'air extérieur; et l'eau du fleuve jaillit alors, trouble et fumante, entre les rochers. L'Ebre conserve, à la distance de plusieurs lieues, la chaleur qu'il apporte en naissant ; jamais ses ondes ne restent captives sous les glaces, et la plus douce température règne sur ses bords. Mais aussitôt que le voyageur poursuit sa route vers le nord, il sent un air plus vif; des collines s'élèvent, ombragées de leurs forêts, sillonnées de torrens ; les accidens de terrain se multiplient, et bientôt se dresse à ses regards, sur un horizon fantastique, l'amphithéâtre des Pyrénées, dont les Basques peuplent les gradins.

Le voyageur n'a fait que traverser un fleuve, et la nature a changé d'aspect, l'homme de physionomie : une scène toute nouvelle éveille sa curiosité; et pour peu que son imagination rêveuse se prête aux illusions poétiques, il pourra se croire transporté sur une terre inexplorée, sous des cieux lointains, au milieu d'un peuple inconnu.

De la Castille aux provinces basques le contraste est complet, saisissant : il ne l'est pas moins du côté de France, lorsqu'après avoir parcouru, depuis Bordeaux, ces landes sablonneuses où de misérables pâtres, couverts de peaux de brebis et perchés sur de hautes échasses, s'en vont errans parmi les sapins comme des fantômes, le voyageur franchit l'Adour et pénètre dans les vallées des Basques cis-pyrénéens. Récemment affranchi du joug féodal, le Novempopulanien parle un patois celto-romance fortement accentué, qui trahit à la fois sa servitude sous les Romains et son origine barbare. Située à la frontière du pays basque, la ville de Bayonne rapproche les deux peuples sans les confondre, et le voisinage des têtes gasconnes sert à mieux faire ressortir tout ce que la physionomie du montagnard pyrénéen présente d'originalité poétique.

Les Basques, vers la fin du vi^e siècle, chassèrent les Francs de la Novempopulanie, et l'Aquitaine, un instant, recouvra son indépendance à l'ombre de leur étendard fédéral : c'est alors que les montagnards portèrent jusqu'à la Loire le nom de *Vasconie*, anciennement donné par les Romains à la Navarre espagnole. Deux siècles après, les Navarrais se virent à leur tour repoussés jusqu'aux Pyrénées par les Carlovingiens; et du jour où l'Ibère, terminant ces luttes sanglantes, à la victoire de Roncevaux, se retrancha définitivement dans ses limites actuelles, avec l'orgueil de son antique et noble origine, avec les mystères de son idiome patriarcal et sa liberté séculaire, la Novempopulanie ne conserva d'autres traces de la domination protectrice des Cantabres que le nom corrompu de *Gascogne*, devenu proverbial, grâce aux saillies de l'esprit hyperbolique des Gascons.

Les siècles de paix qui se sont écoulés pour les Basques, depuis leurs guerres du moyen âge et l'expulsion des Maures, avaient laissé tomber ce peuple dans une profonde obscurité. Les montagnards viennent d'en sortir avec gloire par l'insurrection navarraise et cette guerre d'indépendance dont Zumala-Carreguy s'est fait le Viriathe. Les bruits les plus mensongers accompagnèrent leur soulèvement. J'ignore jusqu'à quel point le journalisme parisien pouvait être la dupe des erreurs qu'il a si long-temps accrédités, et de l'illusion dans laquelle il a soigneusement entretenu l'opinion française sur les causes réelles et le caractère distinctif de cette insurrection. La vérité perce enfin le nuage ; mais la presse quotidienne n'a point encore dépouillé le sot machiavélisme que certains organes de notre *Babel* politique prennent peut-être pour une profonde habileté. Les sophistes avaient prononcé l'arrêt de mort sur un peuple héroïque, idolâtre de ses institutions égalitaires et de sa nationalité originelle : ils ne cessaient d'invoquer contre lui la brutalité du sabre. Ce fut alors que l'indignation arracha de ma plume novice la brochure du *Bizcaïen*. J'y défendis, avec un zèle plus ardent qu'adroit, la cause sainte de ces hommes libres qui sont mes frères : je croyais encore à la bonne foi des partis. La simplicité du *Bizkaïen* fit rire les sophistes, son imprudente franchise blessa leur vanité. Toutefois, le *National*, soudainement illuminé, s'avisa de soupçonner enfin que les montagnards cantabriens et navarrais combattaient au fond pour *ses doctrines*, et que la liberté vierge ne vieillit pas. Il fit même, à ce sujet, aux frais du *Bizcaïen*, quelque peu d'histoire inédite, et cessa de nous présenter la fédération des Basques comme une institution *surannée* en lutte avec des *méthodes* de nouvelle invention. Cette conversion subite valut au *National* la polémique du *Moniteur* officiel, et les sincères complimens de la *Gazette de France*. Je ne me charge point d'expliquer par quelle bizarrerie le même journal, revenant à son thème abandonné, s'est épris de la plus vive tendresse pour le général Mina, et tresse encore des lauriers à l'égorgeur et l'incendiaire de Lekaroz.

L'arrivée du printemps et l'entrée en campagne du vieux guérillero avaient ranimé la confiance de son parti; ses talents réels et sa renommée populaire promettaient un digne rival de Zumala-Carreguy : tout présageait des évènemens décisifs; et je m'empressai de quitter Paris, avec la pensée de joindre l'insurrection, pour devenir témoin des dernières victoires des Basques ou de leurs premiers revers. — Je me souviens d'être parti le 15 mars, laissant à la garde de Dieu et de M. le professeur Lerminier un mien livre qui venait de paraître, sous le titre de *Philosophie des Révélations*; aperçu faible, sans doute, mais vrai, de la doctrine sociale et philosophique des civilisations ibériennes, personnifiées dans LE VOYANT.

A l'approche de Bayonne, je priai le conducteur de la diligence de me laisser sur la route. Il fit quelques difficultés. Peut-être supposait-il que mon intention était de me dérober à l'œil surveillant de la police, en entrant seul dans la ville : cette précaution eût été vaine, et mon passe-port ne m'en fut pas moins demandé cinq ou six fois. Je ne pus m'empêcher de songer avec amertume que, dès l'origine de la guérilla navarraise, des hordes d'agens ignobles avaient sali de leur boue de Paris la bruyère de mes montagnes. Le mouchard français épiant, sous le vestibule patriarcal, les mystères d'un toit hospitalier, me parut le plus hideux symbole de la servitude du Basque depuis 89.

Je m'arrêtai quelques instans sur la colline au pied de laquelle Bayonne semble se baigner dans l'Adour. La végétation printanière des montagnes imprimait à l'air matinal un parfum de vie et de fraîcheur; le temps était magnifique. — Le pic de Vignemale, celui de Gers, l'Orhi, dans le territoire des Basques souletins, et la Rhune, qui domine Saint-Jean-de-Luz, sont les points culminans des Pyrénées, dont la chaîne fait mine de s'abaisser vers le coin du golfe cantabrique, pour se replier brusquement et fuir dans l'intérieur du Guipuzcoa. — J'admirais l'entassement capricieux et l'architecture bizarre de ces montagnes bleuâtres que l'optique rapprochait à mes yeux; je pouvais distinguer les dentelures de leurs cimes, qui se découpaient avec précision et se dessinaient avec la plus grande netteté sur un horizon serein. Un instant je m'imaginai voir assise devant moi la vierge, amante d'Hercule, *Pyrène*, laissant retomber aux bords de l'Océan les replis de sa robe de verdure : et cette robe ondoyante, c'était la jolie province du Labourd, avec ses genêts dorés, ses bruyères et ses prairies, ses villages éparpillés, ses mille jardins, ses bouquets d'arbres fruitiers, ses maisons blanches à contrevents rouges, respirant l'aisance et la propreté.

Bayonne portait anciennement le nom de Lapurdium, dérivé du mot cantabre *lapur*, qui signifie piraterie, et s'est conservé dans le territoire des Basques labourdins; les étymologistes veulent même que son nom moderne se compose des deux mots basques *baïa-ona*, bon port; dénomination qui pouvait être fort juste en l'année 1150, et ne l'est plus depuis que les sables rendent chaque jour sa barre plus périlleuse et bientôt impraticable, grâce à l'incurie des gouvernemens. (*) Un pont jeté sur l'Adour sépare de la ville le faubourg du Saint-Esprit. Les

---

(*) Depuis la première impression de ce livre, des travaux considérables ont été entrepris et se continuent à la barre de Bayonne. *(Note de l'éditeur.)*

arrieros qui parcourent les rues, suivis de leurs mulets chargés, l'aspect des magasins et les balcons dont la plupart des maisons sont ornées, donnent à Bayonne un air de ville espagnole : cette impression devient plus sensible par le vide et la solitude que la ruine de son commerce y laisse régner aujourd'hui. A mon entrée dans la ville, les accents de diverses langues frappèrent mon oreille, et firent harmonie avec les bigarrures de sa population. Les Gascons s'y faisaient reconnaître à leur patois, à la cynique énergie de leurs jurons, et surtout à la trivialité de leur allure. J'aperçus dans les promenades publiques quantité d'officiers castillans, du parti de la reine, dont la tournure gauche et le teint olivâtre contrastaient singulièrement avec la bonne mine, l'air martial et la tenue élégante des officiers français. Quelques réfugiés espagnols, enveloppés de leurs manteaux, fumaient la *cigarette* au soleil, graves et taciturnes. Les Basques, partis dans la matinée des villages voisins, arrivaient par groupes joyeux; chaque jeune fille était accompagnée de son amant. Ceinture de soie rouge, veste bleue à la carmagnole, berret bleu penché sur l'oreille, cravate à la batelière, légères sandales garnies de grelots, tel est, un jour de fête, le costume de rigueur pour un jeune Labourdin : la plupart se faisaient distinguer, en outre, par la longue chevelure que nos montagnards ont conservée tant qu'elle fut l'attribut de la noblesse et le signe distinctif des hommes libres; ils marchaient, selon l'usage, la main passée autour de la taille de leur jolie maîtresse et le bras enlacé. — Une maîtresse s'appelle, en langue basque, *emasteghei*, femme future; un amant *senarghei*, mari futur; et les montagnards savent concilier, avec la plus grande liberté d'amour, la sainteté des mœurs patriarcales et primitives.

Quel plaisir ce fut pour moi de revoir les costumes de mon pays natal; d'entendre, dans la bouche de mes frères, les sons expressifs, les modulations originales de cet idiome ibérien, si mystérieux, si riche, si parfait! Je suivais de l'œil chaque Basque ; j'aurais voulu leur parler à tous : les scènes les plus indifférentes m'inspiraient de l'intérêt. Je vis arriver une jeune Labourdine : elle s'arrêta pour essuyer avec un mouchoir la poussière de ses pieds nus, chaussa coquettement de petits souliers de velours noir qu'elle tenait à la main, puis, redressant une taille svelte, laissa voir le plus piquant minois de brune, un peu hâlé par le soleil. Son mouchoir fin de linon, artistement replié derrière la tête et noué en rosette sur le front, était surmonté d'un tout petit chapeau de paille, garni de rubans : coiffure charmante, que le caprice de la mode parisienne honora jadis d'un suffrage, et que le goût allemand s'empressa d'adopter. Pendant que je rêvais à ces jolies blondes d'Allemagne, coiffées à la biscaïenne, un sous-officier de la garnison s'approchait de la jeune fille, et lui adressait quelques mots flatteurs ; elle répondit, folâtre et rieuse. Mais un observateur dangereux, grand gaillard de vingt-cinq ans, auquel le galant caporal n'avait point pris garde, se tenait à quelques pas de là, les bras croisés, pressant convulsivement sur sa large poitrine son bâton rouge de néflier. Il était beau dans son attitude menaçante et fière, dans sa pose académique, le jeune Basque, surveillant sa jolie maîtresse, sa promise. Au sourire dédaigneux qui effleura ses lèvres, au feu jaloux qui brilla dans ses regards, il devint clair pour moi qu'en ce moment la ville de Bayonne protégeait le sensible troupier beaucoup mieux que son sabre-poignard.

La nouvelle de la prise d'Etcharri-Aranaz, par Zumala-Carreguy et les volontaires basques, venait de se répandre dans la ville. Je me hâtai de chercher un guide, impatient d'arriver sur le théâtre d'une guerre si glorieuse à nos frères espagnols.

Je connaissais dans Bayonne une vieille aubergiste basque, dont la maison était fréquentée par les contrebandiers de la frontière : j'y courais; un nouvel incident m'arrêta dans une petite rue. C'était un contrebandier, aux larges épaules, qui se démenait d'un air théâtral devant un bureau de tabac fermé, et d'une voix frémissante jurait par le diable, *Débrouïa!* en brandissant son bâton ferré. Les spectateurs s'étaient prudemment éloignés et laissaient le champ libre au fougueux montagnard. Ecumant de rage, il s'élance sur la porte, la secoue, l'ébranle : nouveau Samson, il allait l'arracher de ses gonds; je m'approchai de lui : « L'ami, fit-il d'abord, avec un éclat de voix et un de ces regards effrayans que l'ivresse et la colère donnent au Basque, passe ton chemin. » Je n'eus garde de reculer à cette menace, protégé, malgré mon habit français, par le berret national dont je m'étais paré, et le bâton ferré que je tenais aussi à la main. Le contrebandier laissait plomber sur moi un regard fixe : une pensée de gain traversa son esprit, et l'expression terrible de son visage s'évanouit pour faire place au plus remarquable sang-froid. Rien n'égale la mobilité de la physionomie du Basque : les mouvemens les plus contraires changent son âme avec la rapidité de l'éclair. C'est ce qui venait d'arriver au contrebandier. Il s'approcha de moi lentement, et se penchant à mon oreille d'un air mystérieux : « Mille pardons, monsieur, chacun a sa curiosité. N'est-il point vrai que vous venez d'où vous savez pour aller partout où cela vous conviendra, fût-ce même en Espagne? — A cette question, je restai sérieux, et répondis par un signe de tête, pour l'inviter à me suivre. C'est ce qu'il fit sans hésiter, en tirant de sa poche un tuyau de pipe cassée, dont la vue excita de nouveau sa fureur. Il se retourna brusquement du côté de la boutique; et de sa poitrine vibrante sortit le cri des montagnards : *Achut!* exprimant la menace et le dédain. Je crus qu'il allait recommencer son tapage; mais il ne tarda point à me joindre, et marchait à mon côté d'un pas aviné, tandis que les bouts ferrés de nos bâtons traînaient de compagnie sur le pavé. Le contrebandier prononçait, chemin faisant, mille phrases décousues en guise de soliloque, tantôt à demi-voix, tantôt haut et fort, en toisant quelque passant d'un air farouche. —

« *Achut!* les Bayonnais! Gascons des Gascons! rrrr!... Il me prend quelquefois envie de jeter toutes ces baraques dans l'Adour... Patience! chaque pays produit son gibier : il y a des aigles sur la Rhune; on ne trouve à Bayonne que des moineaux... et le procureur du roi... et ce cagotin qui a eu la malice, parce que je suis ivre, de s'emparer de ma pipe pour y mettre de la poudre et la faire sauter en éclats, ma bonne pipe garnie de laiton... au risque de me crever un œil... Au fait, ce n'était rien, pour qui connaît aussi bien que moi la poudre des pantalons-rouges et des douaniers. » Le contrebandier grommela cette dernière phrase, et broyant avec colère le tuyau de la fameuse pipe, en jeta les débris à travers les jambes d'une sentinelle. « *Achut!* » Nous venions de franchir la *Porte d'Espagne.*

Il m'a été facile de reconnaître, à la mise et au langage de mon Labourdin, que j'avais affaire à un contrebandier subalterne, un *hachero* ou porte-faix; mais je ne désespérais point d'en

obtenir les renseignemens dont j'avais besoin.
Je n'étais pas la dupe de sa feinte ivresse : il
s'aperçut du plaisir que je prenais à son entretien, et cette remarque le mit en verve. « Le
proverbe dit qu'il y a des yeux et des oreilles sous
les buissons; ici, je trouve autant d'oreilles que
de pavés, autant d'yeux que de grains de sable;
et pourtant l'homme a des secrets. » En parlant
ainsi, le contrebandier fixait sur moi des regards
pénétrans. — « Pardon, monsieur, mille fois
pardon : l'on peut nous voir, mais je défie qui
que ce soit de nous entendre. Votre plumage
m'annonce un oiseau qui n'est point obligé,
comme moi, d'aller chercher son millet sous le
feu des chasseurs. Etes-vous de passage? — Je
ne pus m'empêcher de sourire à cette question
allégorique. — Je vous dis cela, poursuivit-il,
parce qu'enfin chacun a son idée; et si la vôtre
était de passer de l'autre côté des montagnes,
je connais le sentier qu'il faut suivre, le bois où
l'on peut descendre, et la branche sur laquelle
il convient de se percher. » Le contrebandier

s'arrêta comme pour mieux écouter ma réponse :
elle ne se fit point attendre. — « Ami, je vous
crois aussi fin qu'un vieux renard, et je compte
sur votre fidélité de Basque à toute épreuve.
Il s'agit de servir de guide à un de mes amis
qui désire partir ce soir pour Lessaca. — Bon !
répliqua le hachero, voilà qui s'appelle parler
basque, parler clair. Je dis, à mon tour, que
je ne saurais accompagner votre ami moi-même,
attendu que j'ai donné ma parole au maître; et si
les pantalons-rouges et les douaniers ne sont pas
plus éveillés que de coutume, j'espère franchir
la Rhune, après minuit, avec un ballot de salpêtre
sur le dos. Mais votre ami n'y perdra rien, puisqu'il aura pour compagnon le chef de file. Plus
fort que trois, plus audacieux, plus rusé que
toute la bande; il a sucé de fameux lait, celui-là !
Où loge votre ami ? — C'est ce qu'il serait inutile
de vous apprendre. » — Le contrebandier réfléchit un instant. — « Eh bien, dit-il, qu'il vienne
sur la brune, au pied de cette grande croix qui
est au bord du chemin : large escarcelle et petit

paquet, telle est la consigne : vous m'entendez?
— Fort bien, ami: en attendant, voilà pour des pipes. » — Il reçut, avec une distraction affectée, l'argent que je lui offrais; nous scellâmes notre convention par un serrement de main, et le hachero rentra dans Bayonne à grands pas.

Je continuai seul ma promenade le long de la Nive : cette rivière joue un rôle important dans la légende de saint Léon, que les Bayonnais révèrent comme leur premier évêque. Lapurdium, au commencement du xe siècle, était au pouvoir des Normands, et, s'il faut en croire les chroniques contemporaines, les Basques faisaient une rude chasse aux barbares. Saint Léon arriva par le chemin qui borde la mer, et trouva les portes de la ville fermées : les sentinelles refusèrent d'ouvrir. Il fut obligé de se réfugier sur une colline aux bords de la Nive, et passa la nuit dans une cabane de feuillages. Quelques Basques, portant des torches allumées, vinrent le secouer rudement pour le réveiller : ils le menacèrent même de leurs armes, et lui firent, en leur langue, diverses questions auxquelles, dit la légende, saint Léon ne put rien comprendre : probablement qu'il n'avait point reçu le don des langues. Trop bien parlait-il le patois normand; car, deux jours après, il irrita tellement les barbares par ses prédications, qu'ils lui tranchèrent la tête. Les fables populaires accompagnent ce récit historique de circonstances merveilleuses. L'autel de saint Léon est fameux, à Bayonne, par le traité de paix qui y fut juré, en l'année 1357, entre les Bayonnais et les Basques.

Il faut savoir que les montagnards, resserrés, par les armes carlovingiennes, dans leurs anciennes limites de Soule, Basse-Navarre et Labourd, avaient conservé, parmi les Gascons, la plus haute estime et d'honorables priviléges, reste de leur glorieuse domination dans ces contrées. Les Basques souletins jouissaient d'une entière franchise, pour le transport de leurs marchandises et de leurs denrées, jusqu'à Toulouse, et dans tout le rayon des provinces si vaillamment défendues par nos ancêtres : les marchandises des Labourdins réclamaient les mêmes franchises aux entrées et sorties de la ville de Bayonne. Ce privilége, impérieusement exercé, par les montagnards, après cinq siècles, déplaisait singulièrement au conseil municipal de la ville : il avait essuyé jusque-là de fréquentes oppositions; mais les Basques, dans tous ces démêlés, avaient fait triompher leur droit par les armes. Certain gentilhomme landais, appelé Pierre de Puïane, était l'ennemi le plus acharné des priviléges basques. Il avait commandé une flottille anglaise au célèbre combat de l'Ecluse, et ses exploits contre les Français, lui avaient acquis la faveur du roi Edouard. Sa réputation de marin brave et habile, et surtout la haine qu'il portait aux Basques, lui valurent, en l'année 1341, la dignité de maire. Le premier acte de son administration fut de faire abolir, par les cent pairs de Bayonne, la franchise des Labourdins : il fit plus; informé que leurs marchandises étaient librement transportées en Labourd par le pont de Villefranque sur la Nive, il y plaça des gardes et fit exiger un péage inusité : en vertu, disait-il, des anciens titres de la ville, qui faisaient remonter sa juridiction sur cette rivière jusqu'au point de la plus haute marée. Les Basques, à cette nouvelle, courent au pont de Villefranque, envahi par les satellites du maire, massacrent les uns, chassent les autres, en disant avec ironie qu'ils venaient vérifier à l'amiable, si la marée de l'Océan remontait aussi haut que l'avaient prétendu le maire et la communauté de Bayonne. Les chroniques rendent témoignage que, dès le temps du pèlerin Euloge, les Basques laissaient paisiblement circuler dans leurs vallées les trafiquans que l'esprit industrieux et le commerce des Maures attiraient chaque année à Saragosse ; mais l'ennemi, quel qu'il fût, éprouva toujours leur vengeance implacable, et paya le passage de leurs montagnes par un tribut de sang. Les Bayonnais ne tardèrent point à l'apprendre ; quelques-uns de leurs marchands, qui se rendaient en Espagne, furent tués dans le Labourd, et leurs marchandises pillées. Une lettre menaçante d'Edouard III fut vaine pour engager les autorités du Labourd à sévir contre les fauteurs de ces vengeances publiques. Dans une lettre suivante, le monarque anglais autorise le maire et les cent pairs à rétablir les compositions pour meurtre; attendu que les Basques, malgré ses représentations, ne veulent point renoncer à ce vieil usage.

La Saint-Barthélemy, fête patronale de Villefranque, approchait. Les Basques s'y rendaient en foule chaque année, pour se livrer aux jeux et aux exercices dans lesquels ils excellent sur tous les peuples voisins. Puïane, qui avait juré d'assouvir sa haine, se fit précéder dans la ville par un affidé : cet espion l'informa que la foule des Basques et cinq de leurs principaux chevaliers passeraient la nuit au château de Miots, qui n'est plus aujourd'hui qu'une masure. L'émissaire acheva son billet par deux vers gascons :

Pés de Puïane, heïts quan pots :
Nou sabes pas quan sera ops.

« Pierre de Puïane, agis quand tu peux : tu ne

sais point quand cela deviendra nécessaire. »
La nuit venue, les Basques, après les plaisirs
fatigans du jour, auxquels ils s'étaient adonnés
avec leur passion et leur coquetterie ordinaires,
reposaient au castel hospitalier, dans la profonde
sécurité qu'inspirent les réjouissances publiques
en pays ami. Secrètement accouru de Bayonne
avec un ramas de bandits, Puïane cernait le
château de Miots. Au signal convenu, les portes
sont brisées, le château envahi : les Basques,
surpris au plus fort de leur sommeil, nus, sans
armes, furent massacrés; les cinq chevaliers
réservés seuls, pour une vengeance plus raffinée
du maire. Il les fit garotter sous ses yeux et
traîner jusqu'au pont de Villefranque : on les
attacha aux arches du pont. Là, tandis que la
marée montante les battait de ses flots, prête à
les engloutir, le Gascon jouissait de leur rage
impuissante, et disait avec une dérision tran-
quille qu'il venait, à son tour, vérifier à l'amiable, si la marée de l'Océan remontait effective-
ment aussi haut que le maire et la communauté

de Bayonne l'avaient prétendu. Tel ne fut point le noble vicomte d'Orte, qui, sous un ordre de sang tracé par un despote imbécille, écrivit, en pareille nuit de Saint-Barthélemy, au nom de la garnison et des Bayonnais, la belle réponse qui fait leur gloire. La trahison de Puïane devint un signal de guerre. Beaucoup de sang fut répandu, dit le chroniqueur, homme contre homme et bande contre bande. Enfin, les Bayonnais, menacés d'une extermination totale, proposèrent aux Labourdins de choisir pour arbitre de leur querelle Bernard Ezy, sire d'Albret : les Basques l'acceptèrent sans hésiter. L'arbitre condamna la ville de Bayonne à payer au Labourd, par forme de réparation, la somme de quinze cents écus d'or neufs, et à fonder dix prébendes en l'honneur des chevaliers noyés, et pour le repos de leurs âmes. Les Bayonnais firent appel de cette sentence devant le roi d'Angleterre, dont ils possédaient la faveur. Ce monarque commit ses pouvoirs au prince de Galles, lieutenant en Guyenne. Un jugement définitif rendu à Bordeaux, le 11 avril 1357, réduisit à cinq cents écus d'or l'amende des Bayonnais, et à six le nombre des prébendes à fonder ; il confirma la sentence du sire d'Albret dans tout le reste de son contenu. Les Labourdins, conformément aux termes de l'arrêt, vinrent jurer sur l'autel de saint Léon qu'ils accorderaient à l'avenir paix à la *ville :* c'est ainsi que les montagnards désignent Bayonne. Mais ils retranchèrent nominativement, du pacte de paix, les deux fils de Puïane, se réservant le droit de les mettre à mort, partout où ils pourraient les rencontrer. Quant au père, il avait misérablement péri dans les précédens massacres.

Jusqu'à la révolution de 89, époque à laquelle la fusion librement acceptée par les Basques les soumit à l'empire d'une loi commune et aux oscillations rétrogrades de la régénération française, il ne paraît point que les Labourdins aient été désormais inquiétés dans la jouissance de leurs antiques priviléges. Les Bayonnais, dans la pensée de raffermir la bonne intelligence, choisirent, quelques années après, pour leur gouverneur, un seigneur navarrais, Antoine de Belsunce. Originaires de la Navarre espagnole, les Belsunce s'établirent, au commencement du xi° siècle, dans la Cantabrie française, qui s'enorgueillit de posséder depuis lors cette illustre maison, fertile en héros de la guerre et de l'humanité. Gaston de Belsunce, fils du ricombre Garcie Arnaud, est célèbre dans les annales bayonnaises et les traditions de nos montagnes.

En 1407, un serpent monstrueux, sorti des abîmes des Pyrénées, exerçait d'affreux ravages sur les bords de la Nive. Tout désertait les environs d'Irubi, où une grotte servait de retraite à cette hydre, et les plus hardis des chasseurs montagnards n'osaient s'exposer à sa fureur. Gaston de Belsunce, à peine âgé de dix-neuf ans, accompagné d'un seul écuyer, sans autre arme que sa lance, vint défier le monstre dans son repaire. A la vue de l'énorme reptile, sorti frémissant de sa caverne, le domestique éperdu prit la fuite : l'intrépide Gaston resta seul, et l'on ignore les circonstances de sa victoire. Il parvint à blesser le monstre avant d'être enveloppé; et tous deux étroitement serrés l'un contre l'autre, ayant roulé en se débattant sur le sable, tombèrent dans la Nive, et furent, le lendemain, trouvés morts au fond de l'eau. Les traditions populaires donnent à cette hydre pyrénéenne trois têtes et une queue ardente. Le fait principal n'en est pas moins réel. La ville de Bayonne témoigna sa reconnaissance, en décernant à l'aîné des Belsunce, à perpétuité, le titre de premier bourgeois de la ville, quoique l'on ne reconnût aucun privilége de noblesse dans la communauté des Bayonnais. Elle fit donation a la famille de quatre maisons dans l'enceinte de ses murs. La terre d'Irubi, concédée par acclamation populaire, resta aux Belsunce comme une conquête du brave Gaston; et le roi de Navarre, Charles III, le Noble, afin de perpétuer la mémoire d'un si beau dévouement, permit à la famille d'ajouter un dragon à l'écu de ses armes.

II.

LES CONTREBANDIERS.

Les souvenirs historiques se succédaient dans mon esprit au bruit de la Nive, dont je remontais le cours. Je ne pouvais jeter les yeux autour de moi sans rencontrer les Pyrénées, l'Océan ou la ville de Bayonne, avec ses délicieuses maisons de campagne, entourées de jardins. J'aurais prolongé ma promenade jusqu'à la nuit, si le soleil en baissant sur l'horizon, voilé de nuages, ne m'eût averti qu'il était temps de faire les préparatifs de mon départ. Je me hâtai de regagner la ville, et rendis mon paquet aussi léger et aussi portatif qu'il me fût possible, suivant la recommandation du contrebandier : j'eus soin de le cacher sous un manteau des plus larges, et me dirigeai vers la *Porte d'Espagne*, qui se ferme à la nuit. Je ralentis le pas en approchant de ce dangereux défilé, dont la police occupait tous les abords. Il suffisait de mes innocentes moustaches pour donner ombrage à ces messieurs, et j'avais à craindre qu'après avoir exigé mon passe-port, il ne leur prit fantaisie de me fouiller. Ils n'en firent rien et ce fut merveille. Enfin j'arrive au glacis.

Le ciel était orageux et couvert : cette circonstance hâta la chute de la nuit. J'entendis bientôt le cri retentissant du contrebandier : — *Achut!* J'étais surpris de ne voir personne au pied de la croix du rendez-vous, lorsqu'un sifflet modulé partit du grand chemin qui en est proche. Je rejetai mon manteau en arrière, afin que les boutons luisans de mon habit pussent me faire mieux reconnaître dans l'obscurité. Le hachero venait d'engager avec son chef un dialogue allégorique dont j'étais l'objet. « Où donc es-tu, Changarin (*)? — Crains-tu que Changarin ne se perde? Il n'est point ivre comme toi et te prie de garder le silence.—Je te demande, Changarin, ce que tu vas faire là près de cette croix? — Je vais chercher une maîtresse qui m'attend, répondit le guide en m'approchant à pas de loup, tandis que le hachero, complètement ivre en apparence, évolutionnait sur la route avec grand fracas pour écarter les curieux. — Tu possèdes donc une nouvelle maîtresse, braillait le contrebandier; garde-là bien, car s'il lui arrivait quelque malheur, il ne reste plus dans le Labourd une seule fille qui voulût se confier à toi. J'étais bien sûr que tu n'allais point à cette croix réci-

---

(*) Pied léger.

3

ter des prières; car tu n'as pas plus la crainte de Dieu que le dernier des cagots et des Bohémiens, Changarin ! »

Le lecteur croira sans peine que mon explication avec le guide au pied léger fut des plus laconiques. Je remarquai avec plaisir la richesse de son costume, et j'augurai bien de sa parole brève, de son air ferme et froid. — Hâtons-nous, dit-il, en me présentant une veste pareille à la sienne et une ceinture rouge : donnez-moi ce paquet et ce manteau, veuillez quitter votre habit, ôtez cette cravate, le cou nu, s'il vous plaît : vous avez donné ce matin de l'argent à mon tapageur : il est soûl beaucoup plus qu'il ne le faudrait,... Mais j'entends nos filles; partons. — A ces mots, le guide, roulant tous mes effets dans le manteau, le lança fort loin le long du glacis au devant d'un groupe de jeunes filles qui venaient en chantant de notre côté. Le paquet fut en un clin d'œil relevé sur le gazon, et partagé, sans que le groupe jovial arrêtât pour cela sa marche dansante. Les personnes que leurs sympathies pour la nationalité basque, ou les droits légitimes de don Carlos, ont appelées au milieu de l'insurrection navarraise, savent par expérience que ces précautions extraordinaires suffisent à peine pour mettre en défaut la surveillance rigoureuse de la police. Le hachero formait l'avant-garde et nous précédait de fort loin, prenant à lui seul toute la largeur de la route et revenant à nous sans affectation dans sa marche irrégulière, toutes les fois qu'il signalait des promeneurs suspects. Je m'aperçus qu'il calculait savammment les zig-zags de son pied titubant, de manière à se balancer autour de moi pour m'effacer au passage. Quelquefois il venait s'appuyer pesamment sur mon épaule, et m'entraînait jusqu'au bord du chemin : *Debroin aha mala*, me dit-il dans un de ces momens ; la trop longue queue trahit l'écureuil dans son petit trou ; vous n'auriez pas plus mal fait de donner un coup de ciseau à vos moustaches. — Je gardais le silence. — Marche comme un Basque et parle haut et clair, ajouta-t-il d'une voix terrible. Je compris l'invitation ; et à la satisfaction marquée du guide, j'engageai avec le contrebandier un dialogue allégorique, en imitant les inflexions variées et la note éclatante qui caractérisent le langage des montagnards. Je crois même que je feignis l'ivresse comme le hachero : le guide paraissait enchanté. Périsse le Navarrais plutôt que de dépouiller les instincts de sa race !

J'ai peint la jeunesse labourdine se rendant à la ville le matin par couples amoureux ; les filles et les garçons se séparent au soir, et le retour n'offre plus sur les chemins que les groupes de l'amitié. Ce sentiment de l'amitié, éminemment social, n'a jamais présenté parmi les Ibères le caractère exclusif et vicieux dont il fut terni chez les anciens peuples. Un ami s'appelle en langue basque *Adis-Khide*, égal d'âge, et dans cette famille patriarcale et libre, la population se trouve naturellement classée sur une échelle de subordination morale, dont l'âge détermine les degrés ; l'amitié se compte par générations :

société vraie! mœurs sublimes! L'amour lui-même, dégagé de toute idée d'application relative à l'homme, se trouve désigné par un de ces mots généralisateurs, resplendissans (*), qui donnent une si vaste intelligence, une profondeur si divine à la poésie panthéistique des montagnards.

Les jeunes filles marchaient en avant, portant des paquets sur leurs têtes; les garçons suivaient à quelque distance, les bras entrelacés autour du cou, mêlant leurs noires chevelures : leurs visages que j'entrevoyais passer empruntaient aux reflets sombres et orageux de la nuit des regards singulièrement animés et une expression magnétique d'exaltation. Des bardes improvisateurs précédaient chaque groupe, en guise de coryphées, et chantaient alternativement, sur un air simple, mais gracieux, des couplets tour à tour naïfs et folâtres. Je me souvenais d'avoir joui d'un spectacle à peu près ana-

---

(*) *Ama oro* : producteur de tout.

logue à des fêtes de village, où jeunes filles et garçons, réfugiés par centaines sous les portiques des maisons, de chaque côté d'une rue, se communiquaient leurs sentimens par l'organe d'un barde inspiré, et comme aux fêtes nocturnes des Cantabres nos aïeux, attendaient, à la clarté des étoiles, le retour du matin, dans la double ivresse de la poésie et de l'amour. A chaque improvisation des bardes, les groupes répétaient en chœur des refrains d'une monotonie mélancolique, que la sonorité des vallées renvoyait plus beaux; et ces chants ibériens, entrecoupés de silences, communiquaient à l'âme les rêveries intimes, les vibrations indéfinissables, qui dévoilent à l'homme harmonique les mystères de la vie et de la création.

Le hachero voyait avec la plus parfaite indifférence les scènes qui m'impressionnaient si vivement, et d'un air comique, me montrait une superbe pipe neuve dont il avait fait l'acquisition. Le guide marchait soucieux, rêvant, non point amour et poésie, mais ballots, mais douaniers, saisie, confiscation, amende, prison peut-être et procureur de roi, lorsqu'un chant nouveau le fit tout à coup tressaillir. — « Voici votre porte-manteau qui nous arrive, me dit-il; » et tournant la tête, il fit entendre le cri national des Basques (*), exprimant l'audace, l'exaltation, le plaisir, et par lequel les aborigènes hispaniens semblent avoir imité le hennissement des coursiers de Lusitànie, appelant leurs cavales. Je crus distinguer, dans le groupe nouveau, la jolie brune du matin. L'apparition d'un inspecteur de police qui venait à cheval, vêtu d'une redingote grise et suivi de ses agens, m'empêcha d'aborder les jeunes filles : elles avaient aperçu le cavalier gris, et s'inspirant d'un à-propos malicieux, chantèrent à gorge déployée une de nos romances les plus populaires, que le lecteur me pardonnera de citer :

| Tchorittoua, nourat houa, | Où vas-tu, petit oiseau, |
| Bi hegalez aïrian? | En l'air avec tes ailes? |

(*) Appelé, suivant le dialecte, *zinkha*, *irrintzin*, *kikissaï*, etc.

Españalat jouaïteko,	Pour aller en Espagne,
Elhurra duk bortian :	La neige est sur les ports :
Algarreki jouanen gutuk	Ensemble nous irons
Elhurra hourtzen denian.	Quand la neige fondra.
San Josefen ermitha	L'ermitage de Saint-Joseph
Desertian gorada.	Est élevé dans le désert.
Españalat jouaïteko,	Pour aller en Espagne,
Handa goure paüssada.	Là se trouve le lieu de notre halte.
Gnibelerat so-guin eta,	Regardant en arrière,
Hasperenak ardura.	Fréquens sont nos soupirs.
Hasperena habilona,	Soupir, va-t-en
Maïtiaren borthala.	Jusqu'à la porte de ma bien-aimée.
Bihotzian sarakio,	Pénètre dans son cœur
Houra eni bezala.	Comme elle dans le mien.
Eta guero eran izok	Puis tu lui diras
Nik igorten haïdala (*)	Que moi je t'envoie.

(*) J'ai rétabli ce texte dans son dialecte originaire, qui est le souletin; le dialecte labourdin donne les variantes suivantes :

I.

1. Chorinoa norat hoa...,
2. Españalat ioaïteko...
3. Algarreki ioanen guituk...

II.

2. Desertuan gorada...
3. Españalat ioaïteko...

Je suivais les chanteuses. — « A droite! voici notre route, s'écria le contrebandier, en me poussant du bras pour me faire entrer dans un chemin vicinal étroit et sombre; et si les chansons vous font plaisir, je chanterai pour quatre, jusqu'à demain matin, mieux qu'un rossignol. » Le hachero saisit cette occasion de déployer une voix naturellement belle, et fit entendre le couplet suivant, où je reconnus un de ces mythes dont la poésie originelle fut contemporaine des civilisations ibériennes, et que les Grecs polythéistes reçurent au deuxième âge, de l'Afrique ou de l'Orient :

> Hourandian, umen bada
> Kantazale eder bat,
> Zerena deitzen-den-bat.
> Itchassoan, ingauatzen.

III.

1. Hasperena habiloa...
2. Maîtearen borthala...
4. Houra neri bezala...
6. Nik igortzen baütala...

Ditu hak passaïerak ;
Hala nola, ni maïtenak.

Il existe dans l'Océan
Un beau chanteur
Que l'on appelle syrène.
C'est elle qui, sur les mers,
Enchante et séduit les passagers,
Comme ma bien-aimée, moi.

L'obscurité de la nuit et les sentiers dégradés par les pluies ralentissaient notre marche; à chaque instant, j'enfonçais l'un ou l'autre pied dans des flaques d'eau. Le hachero poussait des cris et des exclamations risibles, comme s'il fût tombé lui-même, et s'amusait à me voir essuyer les bottes contre les bruyères. Il entendit le cliquetis de mes éperons : « Le jeune coq a de longs ergots, dit-il, dans son langage allégorique. » Nous devions passer certain pont gardé par un soldat de ligne. Les douaniers chargés de la police des routes se tenaient tout près de là, dans un hangar. Le hachero se mit à chanter ; de loin, marquant chaque note inégale d'un pas pesant : Tra... la !... la... la !... — « Suivez, suivez, me dit tout bas le guide; et quand il s'arrêtera, passez vite. » Le faux ivrogne, perdant son centre de gravité, fit un galop vers le factionnaire, puis tout à coup se retenant, reprit son équilibre, en frappant du pied la terre : *Achut!* cria-t-il d'une voix foudroyante. Ce cri, l'apparition fantasmagorique du contrebandier, son regard effrayant, suspendirent l'attention du conscrit. Le guide s'était réservé dans cette scène un rôle facile, tandis que je remplissais le mien en m'esquivant. Il saisit le hachero d'un bras d'athlète.— « Est-ce que tu veux te faire tuer, sauvage, ivrogne? dit-il en le repoussant rudement vers le pont; et se tournant vers le factionnaire : — Mille excuses, monsieur le soldat; veuillez ne point faire de mal à cette brute : c'est un paysan de mon voisinage, il est gris; il ne sait plus ce qu'il fait, et manquerait de respect à l'écharpe du plus illustre général. » J'avais déjà franchi le pont : le guide nous rejoignit en riant. — « Si les douaniers étaient venus, me dit-il, je restais seul avec le camarade pour subir leur interrogatoire, et vous n'aviez pas à craindre d'être rappelé ni poursuivi, car je suis bien sûr que le pantalon rouge ne vous a point vu passer : le nigaud est resté tout ébahi. » — Tra... la... la... la !... chantait encore le hachero, avec une étrange expression de ruse et d'ironie.

Le devoir d'un guide comprend deux points essentiels : remettre le voyageur sain et sauf à sa destination, et le désennuyer le long de la route. Nos Basques accomplissent le premier avec la plus religieuse fidélité, qui s'exalte dans les périls, et ne négligent point le second. Le hachero, sans quitter son langage figuré, ne cessa de m'adresser mille flatteries, imaginant que c'était le meilleur moyen de m'intéresser à sa conversation. Le Basque, naturellement enthousiaste, suit toujours l'inspiration du cœur : dès que l'on réussit à captiver son affection, il fait de vous son idole, et l'expression exagérée de sa louange a quelque chose de naïf et de touchant. Le hachero ne cessa de me désigner sous l'allégorie d'une fiancée du guide. « — Changarin ! combien as-tu possédé de maîtresses depuis six mois ? — Seize, répliqua l'Achille des contrebandiers. Je priai le guide de m'apprendre le nom de la dernière. — La dernière, c'est vous ; l'avant-dernière fut le colonel E***. Ils étaient tous les quinze Français, Anglais ou Espagnols, excepté vous. — Le hachero, sans tenir compte de nos *à parte*, suivait imperturbablement le fil de ses allégories. — Seize maîtresses ! c'est beaucoup, Changarin ! je gagerais les cinq sens, dont la nature m'a doué, que toutes ces femelles ont dû te faire passer de rudes nuits. J'en ai vu quelques-unes ; mais pas un grain qui fût comparable à celle-ci. Par le Dieu vivant ! Changarin, garde ta nouvelle maîtresse comme la prunelle de tes yeux ; car c'est une fleur de nos montagnes, une goutte pure de sang euskarien (*) ; elle est de la race des chrétiens antiques, et n'a rien de commun

---

(*) Les Basques se désignent entre eux par le nom de *Eskaldun*, seul national, qui est un mystère historique.

avec les Bohémiens, les Cagots et les Gascons. »

Au détour d'un petit bois, le contrebandier cessa de parler, et marcha silencieux l'espace de dix minutes. Je m'avisai mal à propos de le railler.

— « Homme léger, dit-il, me prends-tu pour un histrion dont le rôle est de te faire rire? Heureux toi dont les pensées sont toujours sereines! Il est des instans où tout l'argent que tu pourrais donner au pauvre contrebandier n'aurait pas le pouvoir de le rendre joyeux. La terre que nous foulons m'a été fatale, et je ne sais point chanter à l'oreille des morts. » — A ces mots prononcés avec dignité, le hachero s'arrêta, grave et mélancolique, ôta son berret, et se signa lentement. Une petite croix de sapin était plantée sur la bordure du sentier : la fleur des trépassés, le *hil lilia* des anciens Ibères, croissait auprès, et je distinguais sa couleur jaune-terre, choisie spontanément, pour l'emblême du deuil, aux bords des lacs glacés du Scandinave indigène et sous le ciel parfumé de l'Indien. — « Changarin, dit le hachero sombre, et comme frappé d'une vision surnaturelle, ne vois-tu rien auprès de cette croix, une ombre..... un fantôme? — Je ne vois rien, répliqua le guide avec humeur, si ce n'est un homme ivre, qui est toi. — Pas plus ivre que dans cette triste nuit, où l'Esprit des enfers conduisit ici nos pas. La mêlée fut cruelle et la fusillade brûlante!... Si des ballots restèrent sur la route, ce ne fut pas le mien, Changarin, tu le sais!... mais mon frère... mon frère! ils l'ont tué! » — Deux grosses larmes coulèrent sur les joues cuivrées du montagnard : un souffle orageux agitait sa longue chevelure, et faisait gémir les bruyères. — « Ils l'ont tué; je l'ai vengé, Changarin; car tout cela devait être! » — Le Labourdin se signa de nouveau, remit son berret, et frappant la terre de son bâton, repartit à grands pas. La religion catholique n'a rien fait perdre à l'Ibère de son fatalisme primitif : *hala behar beïtzen!* cela devait être; telle est la seule plainte qu'arrache au Cantabre le sentiment profond du malheur, et souvent on l'entend dire, comme l'Islamite : Dieu l'a voulu ! c'était écrit !

Les collines du Labourd, que nous traversions, n'ont rien de pittoresque, mais leur aspect est riant : la végétation partout s'y montre vivace ; la fougère y grandit à hauteur d'homme ; le genêt, avec ses brillantes fleurs dorées, y fait croître des fourrés impénétrables qui sèchent tous les deux ou trois ans. Les bergers alors y mettent le feu, choisissant pour l'incendie quelque nuit bien sombre et le vent du sud : rien n'égale la rapidité de l'embrasement et la beauté de l'illumination sauvage, dont la clarté rouge se répand et se réfléchit de toutes parts sur les masses imposantes, les groupes bizarres des montagnes, suivant la gradation des lointains. Les landes ainsi brûlées se couvrent bientôt d'une verdure nouvelle, et les bergers y conduisent leurs troupeaux durant l'hiver. Le genêt, mélangé de foin, sert à la nourriture du bétail ; mais il faut le hacher menu. Ce travail se fait d'ordinaire pendant la nuit, avec des massifs de bois, garnis de fer tranchant. Les battemens monotones de cet instrument, sortant des maisons solitaires dont notre route se trouvait parsemée, étaient alors le seul bruit que l'on entendît dans le silence des collines.

Nous entrâmes dans le bois de Saint-Pé. Je voyais le hachero tourner incessamment la tête d'un côté et d'autre, et semblable au chien du chasseur, s'allonger, puis s'abaisser en marchant, afin de mieux plonger ses regards dans les clairières de la forêt. Il s'arrêta : — « Changarin..., dit-il d'une voix basse qui fit murmurer l'écho, peut-être que je suis encore ivre et que j'ai de vains fantômes dans les yeux : n'aperçois-tu rien que des troncs d'arbres, là-bas sur cette lisière?... » — Le guide fixa quelques instans le point désigné. — « Je vois un douanier. — Et tu vois bien, Changarin, répliqua le hachero, dont les yeux étincelaient. Il échange un regard avec le guide, part comme un trait, glisse à travers les arbres, se courbe et disparaît. Jamais chat sauvage, guettant sa proie, ne rampa sur la terre avec plus de précaution et moins de bruit. Je n'avais aucune autorité sur ces deux hommes : tout ce que je pouvais faire de mieux était de me taire et d'observer. — L'attente ne fut point longue : au bout de quelques minutes, j'entendis comme un coup violemment asséné, puis un cri sourd... puis rien, si ce n'est des bruits orageux circulant dans les profondeurs du bois. Le guide restait impassible : toutefois il ne put retenir un geste de satisfaction quand il vit son contrebandier revenir. — « Celui-là, du moins, ne croisera pas la baïonnette sur notre chemin : il ne nous demandera point de passe-port, car j'ai expédié le sien. » Le hachero n'en dit pas davantage sur ce coup de main, et nous reprîmes notre course rapide.

Cependant les nuages devenaient plus noirs et plus épais, des vents croisés commençaient à souffler. Le guide parut observer avec plaisir ces signes avant-coureurs de l'orage. — La pluie nous menace, dit-il : encore un quart d'heure, et je vous mets au gîte pour cette nuit. —

Nous fîmes halte un instant sur une éminence.

— « Ce n'était point un douanier, mais un soldat, un soldat français, Changarin, dit le hachero, frappant avec le plus grand flegme une pierre à fusil pour allumer sa pipe. — Douanier ou soldat, peu m'importe en ce moment : cesse de battre ce briquet, on peut voir de loin les étincelles. — Impossible, Changarin, la lame de mon couteau (*ganibet*) n'a plus de feu. — Sans doute que tu viens de l'éteindre avec du sang. — Pour cela, non, grâce à Dieu ; le pantalon-rouge en sera quitte pour dix jours d'hôpital et le chiffre de mon bâton que je lui ai gravé sur le crâne. Dans ce temps où le militaire se fait douanier, je le traite comme un donanier, c'est-à-dire un peu plus mal qu'un vieux chien soupçonné de rage. Hors de là, je suis un homme pacifique et bon. — Toi! bon? reprit le guide : oui, s'il est possible de l'être, avec l'instinct féroce du loup et le cœur impitoyable du vautour. — Changarin, point de reproches : est-ce au bras qu'il appartient de dire à la hache, pour-

quoi frappes-tu? Il est plus d'une nuit sombre dans l'année, et si tes pieds sont agiles, ton bras fut souvent plus prompt qu'il ne faut. Et pourtant l'âme errante (*) d'un frère égorgé ne te poursuit pas comme moi dans les ténèbres; elle ne se dresse point devant toi couverte d'un blanc linceul; comme moi, tu ne l'entends point marcher sur les bruyères et hurler avec les vents... »
— Ici finit le colloque des montagnards superstitieux.

Le hachero s'approcha de moi. — « Le lit de la fiancée est tout prêt, et vous n'avez plus besoin d'ivrogne pour criailler sur la route, et donner le change aux espions qui ont la vue et les oreilles longues. J'ai joué le rôle qu'il fallait; mon ballot m'attend. Veuillez excuser les familiarités (**) que j'ai pu me permettre. Les hommes se reconnaissent aisément quand une fois ils ont marché sur la même trace. Au revoir donc, et

---

(*) *Arima herratu.*
(**) *Nabastarriak*, littéralement *sauvageries*.

bon voyage. » Tels furent les adieux du contrebandier : sa large main pressa la mienne, et de la hauteur où nous étions, il prit son élan vers la forêt que nous venions de quitter. Presque au même instant, des éclairs suivis de tonnerre illuminèrent le paysage, et j'aperçus le hachero, déjà loin, avec ses larges épaules et sa flottante chevelure, bondissant par dessus les genêts et les bruyères, tout aussi agilement qu'aurait pu le faire Changarin, le guide au pied léger.

Le mauvais temps n'était point le seul obstacle qui m'empêchât de franchir la Rhune cette nuit. El Pastor et les constitutionnels occupaient encore, la veille, la ligne de villages que je devais traverser pour me rendre auprès de la Junte de Navarre. Les peseteros infestaient toutes les avenues de la frontière. Ces miliciens basques, entraînés sous la bannière de Christine par les séductions et les mensonges de quelques chefs libéraux, reçoivent chaque jour une *peseta*, ou deux réaux de solde, d'où leur vient ce nom de *pesetero* que leurs cruautés laisseront à jamais odieux. Dispersés en guérillas, au nombre d'environ trois mille, non moins alertes que les volontaires nationaux, comme eux vaillans, infatigables, connaissant parfaitement le pays, ils parcouraient les montagnes en chantant la *Marseillaise* et réalisaient partout, à leur passage, les proclamations féroces de Mina. Mon guide, avant le retour de ses espions, ne voulait point s'exposer à s'approcher de Vera, de peur de tomber entre les mains de ces bandoleros.

Nous nous trouvions à quelque distance de Sare. Ce village, le dernier du Labourd français, touche à la Navarre espagnole : son territoire se confond avec celui de Vera, sans qu'aucune limite naturelle marque, dans les Pyrénées, la séparation des deux royaumes. Une pierre-borne, plantée sur la Rhune, divise politiquement ce que la nature avait uni. Mon guide voulait me conduire à Sare, et me laisser, pour la nuit, dans la maison d'un de ses affidés : je préférai demander tout simplement l'hospitalité dans une maison voisine que je ne voyais point, à cause de l'obscurité, mais où j'entendais battre du genêt. Le guide m'apprit qu'elle appartenait à un paysan aisé, vivant avec sa femme et son fils. Il m'accompagna jusqu'à la porte, de l'habitation, et promit de venir me reprendre de grand matin. — « Belle nuit de contrebandier! dit-il en étendant la main pour recueillir les premières gouttes de pluie qui tombaient. Puisse l'orage durer jusqu'au jour, et vingt quintaux de salpêtre entreront sans faute dans la poudrière des insurgés. » — En disant ces mots, le guide, jusqu'alors apathique, parut s'électriser à l'idée de la fatigue et des périls; et, frappant deux coups sur la porte hospitalière, partit dans la même direction que le hachero, avec la vélocité d'un cerf.

III.

LE VIEUX LABOURDIN.

Le Basque exerce noblement l'hospitalité, soit comme individu, soit comme peuple. L'histoire a conservé le souvenir de l'asile accordé par la fédération cantabrique au célèbre Corocota. Les Vascons cis-pyrénéens soulevèrent jadis toute l'Aquitaine pour défendre, contre Ebroïn, maire du palais, les seigneurs neustriens et bourguignons qu'ils avaient accueillis. Saintila le Grand, l'un des rois visigoths les plus illustres, ne trouva point dans son infortune de refuge plus assuré que les vallées de la Navarre, si cruellement ravagées par ses armes. Je pourrais citer mille exemples moins connus, quoique plus récens. Cette générosité du caractère national se retrouve dans les mœurs familiales du Basque. Il est inouï que le montagnard ait fermé sa porte au voyageur et refusé l'hospitalité convenablement demandée. Rien, dans ses idées, n'est sacré comme la personne d'un hôte : il ne se permettra jamais une indiscrète curiosité; dès qu'il vous aura donné place au foyer patriarcal et tendu la main, en signe d'amitié, quels que soient les périls qui vous menacent ou l'inimitié qui vous poursuit, vous pouvez compter, au prix de sa fortune et de sa vie, sur la protection inviolable qu'il croit vous devoir. Mais, pour gagner l'estime du Basque, provoquer sa confiance, exciter sa franchise naturelle, il ne faut rien dire qui choque le sens profond du montagnard : surtout il ne faut point blesser la dignité d'un homme libre, auquel le sentiment, ou, si l'on veut, le préjugé de sa noblesse originelle, permet rarement de voir son égal dans un étranger. — Je dédie ce petit paragraphe de ma relation à quelques écrivains français du Midi, détracteurs de l'hospitalité cantabre.

Sur le coup frappé par le guide à la porte de l'habitation labourdine, les hachoirs de genêt cessèrent de battre : un jeune paysan vint ouvrir. J'entre et je m'avance jusqu'au père ; en le saluant d'un *Gaü hon Etcheko-Iaona* : Bonsoir, maître, ou seigneur de la maison : les chefs de famille reçoivent tous ce titre. Le vieillard me rendit le salut, et reprit gravement son travail. J'étais trop au fait des manières cantabres pour m'inquiéter de cette réception. Le Basque n'a point acquis la promptitude d'esprit et l'apparente spontanéité de politesse qui cachent, sous de rians abords, l'indifférence égoïste et l'insidieuse fausseté de ses voisins. Tous ses mouvemens partent de l'âme : ses idées suivent les faits extérieurs dans l'ordre de leur succession poétique. Tout entier à la réalité du sentiment et des émotions, il vit, pour ainsi dire, de sa vie propre, et n'éprouve point ce vide profond que la prodigieuse activité d'une existence factice et d'une sociabilité conventionnelle ne saurait remplir chez les barbares les mieux policés. Le Basque est l'homme naturel et vraiment social ; l'instinct de la vertu règle sa liberté indéfinie, et toutes les fois que des situations violentes n'ont point irrité son indomptable vouloir, ou soulevé ses passions terribles, il se montre calme, réfléchi, contemplatif.

Je ne trouvais rien que de simple à la conduite du vieux Labourdin, et je n'eus garde d'en paraître surpris ou impatienté. Je croisai tranquillement les bras en parcourant des yeux une belle collection d'instrumens aratoires suspendus aux murs. Mes observations s'arrêtèrent sur le jeune paysan et sur le vieillard, qui, de son côté, lançait de temps en temps sur moi, sans tourner la tête, un regard de travers, que tout étranger n'aurait point manqué de trouver menaçant. La lueur d'une torche de résine exagérait singulièrement l'expression de ses traits rembrunis, et faisait ressortir le visage mâle et caractéristique du fils. L'énergie du front, la noirceur des sourcils bien arqués, et le reflet de sang qui colore et enflamme le regard du Basque, lui donneraient un aspect dur et farouche, si la régularité du nez, la beauté de l'angle facial et la coupe légère du menton ne communiquaient à l'ensemble de sa physionomie un caractère dominant de noblesse, de franchise et même de jovialité. La tête du Basque, fortement construite, a dans ses parties supérieures de l'analogie avec celle de l'aigle et des oiseaux de proie : elle offre les proéminences que Gall et son continuateur Spurzheim ont assignées pour siége aux instincts destructeurs. Les croyans de la phrénologie n'ont point manqué d'y chercher la preuve de ce penchant au vol que l'on reproche aux Labourdins; mais, à part l'autorité fort suspecte des bosses, l'accusation est gratuite : rien ne la justifie, si ce n'est les anciennes incursions des Basques dans l'Aquitaine. Les Francs, leurs ennemis, les regardaient comme les plus audacieux larrons de toute l'Europe. — « Il faut convenir que vous êtes de fiers voleurs, disait un courtisan du roi Dagobert à l'un des Basques qui s'en vinrent jusqu'à Clichy jurer un traité de paix avec ce monarque. — Tu dis vrai, répondit le chef montagnard; car nous n'avons pas craint de voler le Béarn, la Bigorre, et toute la Novempopulanie à ton maître. » Les Cantabres exerçaient sans scrupule, à titre de représailles, le droit de guerre et de conquête apporté du nord par les barbares.

Telles étaient mes pensées pendant que le Labourdin battait son genêt sans rompre le silence et sans s'occuper autrement de moi que pour diriger son coup d'œil inquisiteur, tantôt sur mes bottes couvertes de boue, tantôt sur mon costume mi-militaire et mi-paysan. Le peu d'empressement du vieillard avait un autre motif dont je me doutai bientôt en entendant sa femme balayer vivement la cuisine, arranger de la vaisselle et souffler le feu. Je voyais de loin ses allées et venues par une porte, où furtivement elle s'arrêtait pour lorgner l'hôte inconnu. Dès que les préparatifs d'une réception convenable furent terminés, le Labourdin jeta de côté l'instrument de son travail, et prit enfin la parole, en s'adressant d'abord à son fils, comme pour me familiariser avec le son de sa voix. — « Dominika, vas donner à manger à ces vaches! Dieu! l'horrible temps qu'il fait! mauvaise queue d'un hiver pluvieux! Je crois entendre le tonnerre.... J'espère, monsieur, que vous n'avez point envie de sortir de ma maison aussi vite que vous y êtes entré. — Ma foi, non, répliquai-je gaîment, s'il vous plaît de m'accorder une place au foyer pour sécher mes vêtemens, et un lit tel quel pour dormir. — C'est ce que nous allons demander à la dame de la maison (*), dit-il en m'introduisant à la cuisine. — Je saluai respectueusement l'*Etchekanderea*,

---

(*) *Etchekanderea.*

dont le visage agréable conservait encore les vestiges de son ancienne beauté. Elle répondit à mon *agour* par un gracieux *ongui-ethorri* : soyez le bien-venu. Le vieux Labourdin trouva sans doute que nous allions trop vite en connaissance, et nous rappela gravement aux formules de l'étiquette. — « Dame, dit-il, voici un Souletin qui vient nous demander l'hospitalité pour cette nuit : consentez-vous à la lui accorder? — Il en sera ce qu'il plaira au maître, répondit-elle avec le même naturel, mais plus de sérieux que la première fois. — Dans ce cas, monsieur, veuillez vous asseoir, ajouta le vieux Basque en prenant lui-même la place du coin, dont il ne jugea pas convenable d'honorer le jeune inconnu. J'étais à me demander si le ménage labourdin retraçait ou non Philémon et Baucis, plutôt qu'Abraham et Sara.

Le Labourdin fuma sa pipe, tandis que la vieille Basquaise faisait les apprêts de notre souper. Dès que nous fûmes à table, je me récriai sur la propreté du service, la finesse du linge, la blancheur et la légèreté vaporeuse du pain, et sur d'autres détails non moins intéressans pour mon appétit. C'était prendre par son faible la maîtresse du logis. Les éloges dont je comblai le goût parfait des Basquaises, leur amabilité à faire les honneurs de la maison et leur propreté proverbiale, achevèrent de me mériter toute sa bienveillance. Elle nous servait debout, et ne prit point part au souper. Le Labourdin, s'apercevant que je n'avais pas moins de plaisir à parler qu'à manger, ne détourna pas un seul instant la conversation de la direction qu'il me plaisait de lui donner. — « Vous saurez, seigneur Labourdin, que j'habite Paris depuis plusieurs années. De toutes les choses de mon pays natal, devinez celle que j'y regrettais le plus... c'était l'eau ! Combien de fois, dans les cafés splendides de la grande ville, ai-je soupiré pour l'onde vive et fraîche de nos rochers ! J'en étais altéré jusqu'à la fièvre : j'y rêvais la nuit. » Le Labourdin rit aux éclats de mon enthousiasme pour l'eau de source ou de torrent. — « Pour ce qui est de l'eau, grâce à Dieu, dit-il, la nôtre est claire; mais j'ai bien peur qu'au rebours vous ne rêviez ce soir au vin de France, car celui que j'ai l'honneur de vous offrir est bien mauvais. — Apprenez, seigneur Labourdin, que je suis un Cantabre de la bonne roche, un véritable Ibère; j'observe la loi, et je ne fais point usage de cette liqueur traîtresse dont l'excès abrutit l'homme en abrégeant sa vie. Je ne bois jamais de vin. » Le vieillard demeura fort étonné. — Par saint Pierre! tu fais bien et tu dis vrai, jeune homme : tu vivras long-temps comme nos ancêtres, et tu ne trahiras point tes secrets. » Pendant que le Labourdin me parlait de la sorte, avec la brusquerie la plus amicale, sa femme mit le dessert sur la table, puis s'assit à côté de son mari : tel est l'usage chez nos paysans. « Seigneur Souletin, vous voyez cette bonne femme; elle parle, quand elle veut, mieux qu'un livre, chante comme un séraphin, et fut dans son temps l'une des plus jolies filles de tout le Labourd. » Le bon Basque, en faisant ainsi l'éloge de sa moitié, crut revenir au temps éloigné dont il parlait avec tant d'effusion.

La causerie tomba sur l'agriculture. Je laisserai parler le vieux Labourdin. « Les Français, dit-il, nous reprochent d'être arriérés dans le grand art de cultiver la terre, et d'être opiniâtrément attachés aux usages de nos ancêtres. Nous tenons à ces usages traditionnels, parce qu'ils sont les meilleurs; mais le Gascon est frivole et vain dans ses paroles et n'approfondit point la raison des choses. Un beau monsieur se moquait un jour devant moi des petites charrettes criardes que nous employons dans les montagnes : il blâmait leurs roues tranchantes et le bruit aigu qu'elles font entendre. Je le laissai dire. A quoi bon éclairer un sot sur un point, quand la légèreté et la fausseté de son esprit l'induisent en erreur sur mille autres? Je me contentai de répondre : les chariots de nos pères étaient ainsi; nous n'avons point la prétention d'être plus sages que nos pères. — Ce Français-là prenait les Basques pour autant de sauvages.

Quant aux chariots dont je viens de parler, leurs roues sont tranchantes, pour qu'elles puissent pénétrer profondément dans la terre glaise, sans quoi elles glisseraient, non sans danger, sur les pentes escarpées que nous sommes obligés de parcourir. L'essieu est fait de manière à rendre un bruit perçant et continu, afin que sur deux bouviers qui cheminent en sens contraire, sans se voir, dans les sentiers étroits et tortueux, celui qui monte s'arrête, en attendant que l'autre descende et l'ait dépassé. Ces petits chariots n'ont point le mérite de l'élégance, le son qu'ils rendent est désagréable, importun ; mais leurs défauts apparens ont été calculés avec bon-sens et réflexion : et ce qui est le plus utile et le plus convenable est toujours parfait. »

— « *Zahar elhe, Zuhur elhe!* Parole de vieillard, parole de sage, m'écriai-je aussitôt. Quand le génie des hommes libres, aiguisé par le besoin, s'est exercé pendant une longue suite de siècles sur quelque objet, le cercle de ses découvertes n'est pas loin d'être fermé. J'applique ceci à l'agriculture, qui est le plus naturel et le plus respectable des arts, et fut, dès l'origine du temps, la première occupation des patriarches ibériens, ainsi que le prouvent les noms significatifs donnés aux divers mois de l'année par nos ancêtres.

Janvier.	*Ourtarill.*	Lune qui commence l'année.
Février.	*Otsill.*	Lune de loup.
Mars.	*Ephaïl.*	Lune de la coupe ou de la taille.
Avril.	*Joraïl.*	Lune du sarclage.
Mai.	*Ostaro.*	Saison de la feuillaison.
Juin.	*Ekhaïn.*	Exaltation solaire.
Juillet.	*Uztaïl.*	Lune des moissons.
Aout.	*Agorril.*	Lune des sécheresses.
Septembre.	*Uraïll.*	Lune du labourage.
Octobre.	*Vrill.*	Lune des pluies.
Novembre.	*Azill.*	Lune des semailles.
Décembre.	*Lotazill.*	Lune du sommeil.

J'avais eu soin de prendre ces dénominations du calendrier basque dans le dialecte labourdin. — Voilà cinquante ans, exclama le vieillard, que je répète ces noms-là, sans jamais avoir fait attention à leur valeur expressive et à la conséquence que l'on doit en tirer. Je m'aperçois, seigneur Souletin, que vous n'êtes point étranger à la science des devins (*), qui rendent raison de toute chose. Pour moi, quoique avancé en âge, j'ai vu peu, et je n'ai guère appris (**); toutefois, je soutiens que les Basques entendent l'agriculture aussi bien qu'aucun autre peuple de la terre; celle des Français a été jusque dans ces derniers temps un travail de serf et d'esclave; mais elle se perfectionne chaque jour : la nôtre est arrivée depuis long-temps au point où elle ne saurait plus changer sans déchoir, car elle est parfaitement appropriée à la localité. La comparaison des instrumens aratoires est décisive en notre faveur, et les nôtres pourront servir de modèle aux Français, s'ils viennent jamais à les connaître et à les apprécier. Un faucheur basque fera seul, depuis le lever du soleil, plus

---

(*) *Asti.*
(**) *Guti ikhoussi, guti ikhassi* Proverbe basque.

de besogne que quatre Normands : pourquoi cela? parce que la faux du montagnard est d'une structure plus savante et plus légère. Les Français attellent leurs bœufs au collier, et perdent ainsi la plus grande force de cet animal, qui réside dans la tête et dans les muscles du cou. Le joug dont les Basques se servent pour fixer un timon très simple est un petit chef-d'œuvre. Les bœufs, contraints de baisser la tête, tirent avec plus d'ardeur et moins de fatigue. Un petit enfant suffit pour les diriger avec un aiguillon, et le sillon se fait plus droit. Ce n'est pas tout, la charrue du Basque est légère : la mobilité du soc, qui passe à droite ou à gauche, suivant la direction que l'on veut prendre, permet de tourner le sillon avec la plus grande facilité; tandis que, dans la plupart des provinces françaises, le laboureur, après avoir tracé son sillon d'un côté, se trouve obligé d'aller en reprendre un nouveau, chaque fois, à l'extrémité opposée du champ. J'ai vu, parmi les Français, car j'ai été soldat de l'empereur, mille choses aussi maladroites dont ils ne se doutent point. »

Je fis plaisir à ce digne Basque en lui apprenant qu'un agronome anglais, des plus célèbres, avait appelé les Cantabres les premiers laboureurs de l'Occident. Je lui racontai l'anecdote suivante, dont je ne puis faire grâce au lecteur. « Seigneur Labourdin, nous venons de manger, vous et moi, quelques tranches d'un gâteau de maïs, nourrissant, frais et agréable au goût. Je vous dirai qu'il y a quelques années, une respectable académie de Paris recherchait par quel procédé chimique on pourrait parvenir à la fabrication d'un pain de maïs quelconque. Tous ces savans regardaient un pareil résultat comme très difficile, sinon comme impossible. Certain député des Basses-Pyrénées, qui les voyait en peine, se vanta de résoudre le problème, et demanda quinze jours. Il écrivit de suite à Bayonne, et fit venir par la diligence une superbe panification de maïs, du poids de trente livres, qui fut solennellement déposée au secrétariat de l'académie agricole. Convocation extraordinaire, cri d'admiration! La société décide à l'unanimité qu'une médaille sera décernée à l'inventeur, et la découverte proclamée dans tous les journaux. Messieurs, dit enfin le malicieux député, l'embarras est de savoir à qui la médaille doit être remise, attendu que, durant les trois quarts de l'année, les paysans de mon département se nourrissent avec ce pain, je ne puis dire au juste depuis combien de siècles. L'académie, mordant ses lèvres de dépit, goûta, non point la plaisanterie, mais le pain de maïs : elle reconnut qu'il était bon, parfait. La mystification valait mieux encore. »

La vieille Basquaise, nous voyant engagés dans ces dissertations, s'esquiva pour aller préparer mon lit. A son retour, nous avions repris nos places autour du foyer. Il est un noble usage auquel le Basque ne déroge point, c'est de vous inviter à sa table et de vous faire le plus généreux accueil avant de s'enquérir du motif qui vous amène chez lui. Le montagnard apprend avec plaisir les nouvelles des pays lointains. Il regarde comme une bonne fortune l'arrivée d'un étranger dont les entretiens intéressans doivent charmer sa veillée ; mais il exerce trop dignement l'hospitalité pour la faire payer à ses hôtes par la confidence de leurs affaires personnelles. Quelques questions banales avaient seules trahi la curiosité de la vieille Labourdine, de savoir dans quel but je me trouvais errant la nuit, si près de la frontière d'Espagne ; j'avais dit à plusieurs reprises que j'arrivais directement de Paris. Cette circonstance suffisait pour faire conjecturer la vérité. Le vieux Labourdin évita de provoquer, même indirectement, l'aveu que je croyais devoir à ces bonnes gens, et que je n'hésitai point à leur faire. La Basquaise, en apprenant que, dès le point du jour, un guide viendrait me chercher pour me conduire sur le théâtre de la guerre, fit une exclamation d'effroi. — « Femme, dit le stoïque vieillard, pourquoi ces marques de surprises ? Notre hôte ne vous a point fait part de son projet pour savoir votre avis là-dessus. Quant à vous, ajouta-t-il, en s'adressant à moi, suivez votre sort; car partout il saurait vous atteindre, et rien ne vous arrivera que ce qui doit être. Il est une heure pour chacun; j'ai vu plus d'un champ de bataille, j'ai suivi l'empereur à travers les glaces de la Russie, et je mourrai probablement dans le lit de mon père et de mon aïeul. »

J'admirais, dans la bouche du vieux Labourdin, l'expression poétique de son fatalisme religieux. Je le voyais s'exalter au souvenir de Napoléon. C'est au prestige de cette immense gloire que la France est redevable d'avoir subjugué le génie de la nationalité cantabre. Long-temps, sous le toit du montagnard, on parlera de cet homme extraordinaire, comme on y parle encore, après bien des siècles, d'Annibal, de Pompée et de Sertorius.

Le Labourdin, désirant réparer l'apostrophe un peu dure qu'il venait d'adresser à sa femme, et peut-être jaloux de faire briller le talent de parler avec grâce, qu'il avait vanté en elle, l'interpella fort amicalement d'un *Etchekanderca!*...

Il ralluma sa pipe, tandis que ce titre flatteur produisait son effet sur l'amour-propre féminin, et termina sa phrase comme dans les *Mille et une Nuits*. « Contez donc à notre hôte un de ces *Elhe-zahar* que vous contez si bien. » Le mot *Elhe-zahar* se traduit en langue basque par *vieille parole* ou *vieux récit*, et désigne les fables cosmogoniques dont se compose la littérature traditionnelle des montagnards.

La vieille Basquaise sourit à la prière de son époux : elle arrêta le fuseau qui tournait entre ses doigts, et parut chercher dans sa mémoire. — « Pour moi continuait le Labourdin, j'ai toujours ri de la plaisante extravagance de cet homme qui montait nu sur le toit de sa maison, et sautait dans la basse-cour pour enfourcher sa culotte, qu'un domestique lui tendait d'en-bas. J'aime encore l'histoire de ce fils de meunier, qui fit fortune en vendant aux *Tartares* (*) une

---

(*) Les Basques donnent le nom de *Tartaro* aux Celtes de la première invasion. Ils les désignent encore par

faucille, un chat et un coq. — Tous ces contes sont trop puérils, dit la Basquaise, et notre hôte a dû en lire de plus intéressans dans ses livres. — Ils n'en cachent pas moins un sens profond, répliqua le Labourdin; car ils rappellent que les Ibères, nos ancêtres, ont appris aux hommes venus du Nord à porter des culottes, à scier le froment, à tenir une maison et à connaître les heures. Mais puisque vous cherchez des récits plus sérieux, vous en savez de tels que notre hôte n'en a jamais lu de plus merveilleux : les métamorphoses du *Coursier blanc* (*); la fable de la *Jeune fille* et du *Taureau d'or*; (**); celle de l'*Orphelin*, du *Pigeon bleu* et du *Grand Serpent* (***). — Vous oubliez, dit la Basquai-

---

celui de *Beguibakhar*, qui est l'équivalent parfait de *Cyclope*.

(*) *Zaldi-Chouri*.

(**) *Urhezko Chahala*.

(***) *Heren Sougue*. J'ai fait de cette dernière allégorie le début des *Paroles d'un Voyant*. Je ne puis que rense, que ces allégories sont très longues, et que notre hôte est pressé d'aller dormir.

Elle disait vrai : je ne me contentai point de garder un silence significatif; je levai sur elle des yeux appesantis en souriant de manière à lui prouver que sa remarque était juste, et que je lui en savais gré. — Elle détacha sa quenouille aussitôt, et se leva lestement pour allumer une chandelle. Le vieux Labourdin prit la lumière et me conduisit à la chambre qui m'avait été préparée. Je m'aperçus que la bonne dame avait eu la petite vanité de mettre à mon lit des draps qui n'étaient pas les moins beaux de sa lingerie. J'en fis la remarque à son mari. — « Seigneur Labourdin, les plus belles toiles de Hollande ne sauraient égaler en finesse le linge de table et de lit que les Basques fabriquent en famille, depuis l'âge patriarcal. Les *Tartares* se vantent de leur civilisation; mais il s'écoulera plus d'un siècle

---

voyer le lecteur à ce livre, s'il est curieux de se faire une idée de nos fables cosmogoniques, et de leurs rapports avec les théogonies orientales.

avant que ce peuple ait acquis l'entente de la vie sociale et l'élégance de mœurs qui distinguent mes compatriotes. Je sais une province française où les paysans sont vêtus de peaux de bêtes : ils mangent leur soupe dans des cavités pratiquées sur leurs tables, ayant pour convives familiers les hôtes de la basse-cour. La cuisine devient, le soir, chambre à coucher. Le lit commun se compose d'une grande armoire étagée où chacun entre par un trou pour s'étendre sur de la paille : de sorte que, si l'un ou l'autre vient à étouffer ou à mourir, on doit le retirer par les pieds. — Seigneur Souletin, vous aimez la raillerie, et vous parlez des Bretons : je les connais ; ils sont un peu sales et galeux, mais leur âme est belle. J'en ai vu beaucoup dans les armées ; j'ai trouvé en eux loyauté, franchise et valeur. Ce sont les hommes de France avec lesquels le Basque sympathise le plus volontiers, les seuls peut-être dont il recherche l'amitié. Les Bretons parlent comme nous une langue distincte, mais qui n'offre aucune analogie avec notre *Eskuara*. J'ai connu particulièrement un grenadier fameux de cette province : il s'appelait La Tour-d'Auvergne. Je voudrais être né Basque ! disait-il souvent. C'était pendant la guerre de 93, où Harispe donna les premières preuves de la valeur téméraire et du rare sang-froid qui distinguent ce général de l'empereur. Dix mille chasseurs cantabres, tels que nous étions alors, seraient plus formidables à Zumala-Carreguy que cinquante régimens de ligne. — Seigneur Labourdin, si le gouvernement français, en intervenant contre Zumala-Carreguy, déclarait une guerre d'extermination à l'indépendance de notre race, j'ai lieu de croire qu'au lieu de marcher contre leurs frères espagnols, les Basques de France ne reculeraient point devant une résolution hardie, dictée par les intérêts de leur gloire et de leur liberté. »

L'effet de ces dernières paroles, sur le vieux Labourdin, fut électrique. Les magiques souvenirs de l'indépendance nationale et des splendeurs de la patrie, mêlés à mille images confuses d'avenir sanglant et périlleux, s'offrirent soudainement à son esprit, et réveillèrent, comme en sursaut, le patriotisme exalté du montagnard. Ses yeux prirent flammme, et, comme des nuages successifs, les rides vinrent couvrir son front assombri : il saisit ma main qu'il serra fortement; mais il resta silencieux. La pensée orageuse que j'avais soulevée en lui retomba d'elle-même dans les profondeurs mystérieuses de l'âme, et son regard farouche s'évanouit, semblable à ces éclairs sans foudre qui brillent et s'éteignent dans un ciel noir. Enfin le noble paysan se rapprocha de la porte à reculons : — Bonne nuit et bon réveil, seigneur Souletin. — Et la tête penchée sur sa poitrine, le vieillard, prenant un pas grave et solennel, s'en alla rêveur...

Il était plus de minuit lorsque le vieux Labourdin me quitta pour aller rejoindre sa femme. — Jeune, le Basque est fidèle à la maîtresse de son choix : dès que le mariage a resserré les nœuds formés par l'amour, les époux ne se quittent plus de toute la vie, et passent du même lit dans le même cercueil : usage touchant par sa simplicité, qui retrace la fidélité naturelle et l'union instinctive de quelques espèces d'oiseaux et d'animaux. — L'orage durait encore, la pluie tombait à flots pressés. Je me mis dans les draps bien blancs de mon lit, qui conservaient un parfum de prairie, et je m'endormis, pour rêver insurrection, combats, indépendance.... Je fus réveillé par un chant matinal, dont les roulades sonores m'annonçaient un air vibrant et pur, à l'aurore d'un beau jour de printemps :

Jeïki, jeïki etchenkoak;	Debout, gens de la maison, debout;
Arghia da zabala :	Il fait grand jour :
Itchassoñi mintzatzen da Zilharrezko trumpeta;	Déjà résonne sur les mers La trompette d'argent,
Bai eta're ikharatzen	Et tremble au loin
Olandesen ibarra.	La rive landaise.

La voix s'arrêta : j'ouvris une fenêtre qui donnait sur l'enclos de la maison. Le jour commençait à poindre; j'eus quelque peine à reconnaître Changarin; il avait changé de costume. Un berret usé retenait ses longs cheveux, retroussés par derrière; son large pantalon et sa veste de toile blanche étaient enduits de boue : un énorme bâton qu'il tenait à la main et des souliers ferrés complétaient la toilette nocturne du chef contrebandier. Il était visible qu'en guidant la marche de sa troupe, à travers l'orage, Changarin n'avait point passé la nuit aussi paisiblement que moi. Nous échangeâmes un *agour* amical.

— « Eh bien ! me dit-il à demi-voix, d'un ton reposé, qui annonçait un homme intérieurement satisfait : vous avez eu bon souper et bon gîte...; on peut se passer du reste, une fois, ajouta-t-il en souriant. Pour nous, la nuit n'a point été si douce, et nous avons vu d'autre feu que celui du ciel, *arraïo!...* » Le guide roula ses grands yeux noirs et hocha la tête, pour rendre ce juron plus expressif. — « C'est égal, poursuivit Changarin tranquillement, tous mes ballots sont en sûreté et mes hommes se portent bien ; à l'exception du hachero d'hier, qui a reçu une balle au haut du front. Par sa faute, l'animal ! Pourquoi s'acharnait-il, comme un taureau, sur le pantalon-rouge au lieu de fuir? » Le hachero serait tombé mort sur la place qu'il n'aurait point eu, de la part de son chef, d'autre oraison funèbre.

— « Les christinos n'y sont plus, continua Changarin, à voix basse : les uns s'en retournent à Pampelune, El Pastor est en marche, avec sa colonne, pour Saint-Sébastien, et le brigadier royaliste Saraza doit être à Vera ce soir ou demain matin. La Rhune est libre en ce moment : sortez au plus vite; il faut partir. » Le guide, sans attendre ma réponse, franchit lestement la haie du verger, et gagna la route voisine.

Les maisons labourdines se ressemblent toutes, et présentent au dehors le même aspect. Une porte surmontée d'une treille donnait entrée au jardin, du côté de l'orient : tout près, s'élevaient des ruches protégées par une toiture. Le parterre, placé, suivant l'usage, à la proximité des abeilles, se ressentait de l'absence des jeunes filles, et me parut négligé. Le jardin, au contraire, parfaitement cultivé, attestait les soins laborieux de la vieille Basquaise. A l'un de ses angles verdissait un laurier : les montagnards regardent encore cet arbre comme un préservatif contre la foudre. Les pommiers faisaient le principal ornement du verger, et sur la haie d'aubépine, bien taillée, qui formait sa clôture, des néfliers élevaient leur tige de distance en distance. Plus loin, s'étendaient les champs, les prairies et les cultures diverses, qui complètent le domaine patriarcal du Basque, l'entour de maison, l'*Echaltea*, que le montagnard est si jaloux de conserver intact, et de transmettre en héritage à ses enfans. — Tandis que je me livrais à cette inspection, en humant de ma fenêtre l'air frais du matin, Changarin, appuyé sur son bâton, se tenait debout, sur la route, immobile comme une statue.

Je fus bientôt habillé. Le vieux Labourdin s'était levé d'auprès de sa femme, et se disposait à m'accompagner. Au lieu du bâton ferré de néflier, arme inséparable du Basque, durant sa jeunesse, le Labourdin prit un long bâton de frêne blanc, sceptre pacifique que les vieillards euskariens portaient à la main, dans les fêtes et les jeux publics, comme un symbole de leur autorité patriarcale. Il mit des sabots qui rehaussaient sa taille inclinée par l'âge, et se couvrit de la dalmatique noire (*), dont le capuchon pointu et les ailes tombantes semblent avoir servi de modèle à l'habillement pittoresque de quelques ordres religieux. — J'ai dit ailleurs que la crosse et la mitre des Evêques chrétiens, pasteurs du peuple, imitent la grande houlette et la coiffure solaire des voyans ibériens, et que le costume primitif de ces aborigènes s'est conservé, en grande partie, dans les riches ornemens des prêtres catholiques.

Le vieux Basque aborda Changarin, en le tutoyant familièrement; et, malgré les trente ans du chef contrebandier, ses réponses faites d'un ton modeste et respectueux, témoignaient une déférence marquée : tant l'empire des mœurs

---

(*) *Kapusaïlla, Eskapila.*

nationales élève, parmi les Basques, l'état de laboureur au-dessus de tous les autres, et rend l'âge vénérable! Le chemin que nous suivions nous conduisait au pied de la Rhune, entre les villages français de Sare et d'Azkaïn. Le Labourdin ralentit son pas, comme pour inviter Changarin à prendre les devants. Notre dernier entretien roula sur l'insurrection navarraise. Le lecteur me pardonnera d'en citer les principaux traits, en faveur de quelques aperçus historiques.

— « Vous savez, comme moi, seigneur Labourdin, que les Basques tirent leur origine du patriarche ibérien Aïtor, et que tout paysan de race cantabre, tout soldat illustré, tout homme libre est réputé noble parmi nous, et enfant d'Aïtor, *Aïtoren seme?*

— Il est vrai, » répondit le vieillard.

— « Je vous dirai maintenant que ce nom d'Aïtor (*) est allégorique : il signifie père uni-

---

(*) Ce personnage allégorique paraît être le même que l'*Abram* ou *Abraham* (père élevé, père de la multitude) des anciens Israélites et des Arabes.

versel, sublime, et fut imaginé par nos ancêtres pour rappeler la noblesse originelle et la haute antiquité de la race euskarienne.

— « Nos ancêtres, dit le vieillard, furent voyans et lettrés : ils eurent une multitude de devins et de prophètes, et l'*Agneau* brilla sur eux, durant l'âge primitif; leurs enfans marchent dans la nuit obscure, ils sont pêcheurs !... »

Cette réflexion du vieux Labourdin fut suivie d'un instant de silence.

— « Vous n'ignorez point, seigneur Labourdin, que les Ibères, nos aïeux, ont repeuplé l'Espagne, la Gaule et l'Italie, après le grand déluge (*); et que les patriarches, en formant leur république solaire, improvisèrent, avec l'inspiration de Dieu, notre langue *Eskuara*, dont chaque son est harmonie, chaque mot vérité; — qu'enfin les Basques, distingués de tous les peuples de l'Occident, par la connais-

---

(*) Voir les *Recherches de M. G. DE HUMBOLDT sur les anciens Ibères*.

sance de ce Verbe divin, s'appellent entre eux Euskariens, *Eskualdun;* en même temps qu'ils donnent le nom de *erdara*, verbe imparfait, demi-langage, aux dialectes mixtes, aux jargons ténébreux des peuples étrangers, sans en excepter les langues espagnole et française?

— Tout cela est vrai, » dit le vieillard, dont l'attention devenait à chaque instant plus intense.

— « Peut-être, seigneur Labourdin, aurez-vous entendu raconter l'invasion des peuples du Nord et des Tartares, qui termina l'âge d'or, et commença pour l'humanité l'ère de sang et de ténèbres et le règne du mauvais génie. La conquête des Barbares déposséda nos ancêtres de leur beau territoire, et renversa dans toute l'Ibérie les chênes de leurs républiques fédérées. Le pays des Euskariens, *Eskual-Herria*, qui embrassait primitivement toute la Péninsule hispanique et une partie des Gaules, se trouva désormais restreint aux sept petites provinces que les Basques occupent encore aujourd'hui, dans les Pyrénées occidentales.

— Parce que tout cela devait être ! » répliqua le montagnard fataliste, en levant au ciel ses deux bras, qui laissaient pendre les larges manches de sa dalmatique.

— « A dater de l'invasion hyperboréennne, divers peuples, tels que les Celtibères, les Phéniciens, les Carthaginois, les Romains, les Goths et les Maures ont tour à tour conquis l'Espagne; et pendant plus de trente siècles de combats, la fédération euskarienne, retranchée dans ses montagnes, a su défendre, contre les hordes barbares, l'indépendance originelle de ses républiques, ses mœurs et ses lois patriarcales, les dialectes de sa langue primitive et la gloire de son antique nationalité.

— Vrai tout cela! » s'écria le Labourdin, avec un signe affirmatif, en étendant le bras, pour frapper la terre de son bâton blanc; — car le Basque ne saurait parler sans gesticuler, et la vivacité de ses impressions se manifeste, au dehors, par des éclats de voix et le jeu continuel d'une mime expressive, que le mouvement des passions rend souvent théâtrale et pittoresque.

— « Vous saurez donc, seigneur Labourdin, que les Hauts-Navarrais et les Cantabres sont aujourd'hui en armes, de l'autre côté des Pyrénées, pour défendre, contre les Impériaux de la Castille, leur noble indépendance et l'individualité de notre race primitive et solaire, sous le commandement d'un chef librement élu, Zumala-Carreguy, et sous le drapeau nominal d'un Seigneur et Roi, D. Carlos.

— Ah! je me doutais bien qu'il en était ainsi, dit avec transport le vieux Basque; et j'avais peine à croire les propos étranges que l'on a fait circuler dans notre commune...

— Un ancien proverbe dit, avec raison, que l'homme sage n'est jamais trompé deux fois : vous et moi, seigneur Labourdin, savons très bien d'où viennent les bruits mensongers que l'on cherche à propager dans nos vallées. » Je prononçai ces paroles d'un air mystérieux, en élevant la main du côté du nord?

— « Cependant, les hordes castillanes ont fait

irruption dans la Bizkaïe : le chêne vénérable, au pied duquel se tenaient, depuis trois mille ans, les assemblées de la république, est abattu. Sur la place où s'élevait l'arbre ibérien, les cagots ont écrit, dans la langue nouvelle, cette inscription digne des Barbares : Ici fut Guernika !

— Serait-il vrai ?

— Trop vrai, seigneur Labourdin. Vous n'avez point oublié, sans doute, que le Labourd, jusqu'à la révolution française de 89, était l'une des républiques de la fédération euskarienne. Veuillez me dire où fut situé le chêne d'Ustaritz; car je n'ai point trouvé d'inscription qui m'indiquât la place où les vieillards de cette province tenaient, au printemps, l'assemblée auguste du *Bilzaar?* (*) »

Le paysan fit deux pas en arrière.

— « En vérité, jeune homme, je ne sais si c'est l'ange de la patrie, ou l'Esprit tentateur qui t'a dicté ces paroles hardies...; achève...

(*) Réunion des anciens du peuple.

— Êtes-vous électeur?

— Je ne suis rien, non plus que mes pairs, » répondit le vieux Basque, avec un sourire ironique et triste.

— « Seigneur Labourdin, notre pays est une ruine vivante que les Bizkaïens ont sous les yeux, pour leur annoncer le sort qui les attend, du jour où des institutions oppressives auront aboli, dans la Cantabrie, la république séculaire des enfans d'Aïtor. Tout peuple qui renonce à son nom est rayé de l'histoire et subit la destinée des vaincus. Encore un demi-siècle, et les paysans libres du Labourd qui s'intitulaient, avec orgueil, seigneurs et nobles, chacun dans sa maison, ne seront plus que les fermiers et les serfs des hommes de finance, qui travaillent sourdement à l'usurpation sociale, sous le manteau de la justice : plus dangereux que les anciens Barbares, dont la hache féodale vint jadis se briser contre nos rochers! »

Le Labourdin marchait d'un pas inégal, qui trahissait l'agitation de ses pensées : sa tête allait et venait, avec le capuchon terminé en pointe, et, chaque fois, il lançait sur moi des regards farouches. Il se rapprocha de moi.

— « Augustin..., dit-il d'une voix concentrée, en se penchant à mon oreille qu'il chauffait de son haleine : ce que tu viens de dire, il y a longtemps que je l'ai pensé; mais le jour où cette triste lumière aura lui pour tous les esprits, il fera meilleur porter, dans le pays basque, un berret de simple paysan, qu'un chapeau de bourgeois électeur !

— Vous n'y pensez pas, seigneur Labourdin ! La classe d'hommes dont nous parlions tout à l'heure a pour elle la loi qu'elle a faite, les traîneurs de sabres qu'achète son or, et cent fois plus de baïonnettes qu'il n'en faudrait pour nous exterminer jusqu'au dernier.

— Ici des baïonnettes? » exclama le montagnard, en bondissant, comme un vieux cerf relancé par les chiens.

Au lieu de répondre, je lui tapai doucement sur l'épaule, et je tendis la main devant lui,

Mon geste silencieux indiquait au vieillard une maison isolée de Sare, dont la porte venait de s'ouvrir au soleil levant. Sur le seuil de l'habitation labourdine, se montrait debout, tête nue, un soldat français, reconnaissable de loin à son pantalon garance. — Au même instant un nuage vaporeux voila le soleil à demi, et répandit sur les collines une ombre de tristesse. Je remarquai pour la première fois, sur les traits abattus du Labourdin, les traces profondes de son grand âge.

Je n'hésite point à faire confidence au lecteur de nos entretiens. Nos petits airs conspirateurs lui paraîtront fort innocens. Ce patriotisme exclusif, auquel le caractère basque doit toute sa poésie, semblera bien étroit aux sublimes génies de la presse actuelle, qui depuis long-temps ont oublié le village natal, et dont la patrie s'étend aussi loin que leurs vastes conceptions et leurs magnifiques théories gouvernementales : ces grands hommes politiques prendront en pitié nos regrets d'indépendance et nos vœux de nationalité à venir.

Je ferai grâce au lecteur des adieux échangés avec le vieux Labourdin. Dès que le brave homme eut tourné le dos, je le suivis de l'œil quelques instans. Ses jambes amincies portaient des bas de laine brune, dont la bordure s'élargissait, en tombant sur les sabots, comme dans le costume gothique que l'on voit au pied de la colonne trajane. La coupe de son vêtement avait quelque chose de monumental. — J'ai vu maintes fois, durant l'hiver, au haut des collines tapissées de neige, un Basque faire son apparition, couvert de sa dalmatique, semblable à un noir fantôme, et descendre gravement la tête et les oreilles enveloppées du capuchon triangulaire, sans rien laisser voir que son nez aquilin, ses yeux brillans et son menton barbu. J'ai toujours été frappé de l'air austère du montagnard et de sa démarche imposante.

IV.

LA RHUNE.

Je rejoignis mon guide, au pied de la Rhune : il trépignait d'impatience. — « Je vous croyais, dit-il, quelque penchant à converser avec les jeunes filles, mais je n'aurais jamais pensé que l'entretien d'un vieux paysan pût avoir autant de charme pour vous. — Le sujet de notre con-

versation vous eût intéressé, Changarin; nous parlions d'abolir la douane sur ces frontières.
— Fort bien; mais en attendant que ce beau projet s'accomplisse, je vous préviens que la douane vient de sortir en courant de Sare, et gravit en ce moment la Rhune du côté du village, avec l'intention de nous couper le chemin. Nous avons été aperçus. J'imagine que vous n'avez nulle envie d'être interrogé, fouillé, confronté, puis ramené poliment à Bayonne entre deux gendarmes. Ainsi bon pied, bon œil : nous avons sur ces lévriers dix minutes d'avance ; il ne s'agit que de courir. »

Et nous courions : la lice était rude; mais nous atteignîmes la hauteur les premiers, et les douaniers abandonnant la chasse revinrent sur leurs pas. Un aigle perché sur le rocher de la Rhune fit entendre son cri sauvage et prit son vol à notre approche : le noble oiseau traça quelque temps une ligne circulaire qui s'élargissait à chaque tour, puis acheva rapidement son ascension. Tel fut l'essor de ta gloire, ô Zumala, jusqu'au jour où la flèche empoisonnée te frappa dans le ciel où tu planais !

Je voulais courir à Vera d'un trait. — « La, la, dit Changarin, pas si vite. Les christinos sont peut-être au village : d'ailleurs, les peseteros, vrais coquins, ne sont jamais pressés de partir ; et pour peu qu'il en reste quelques-uns dans les cabarets, ils vous mettraient nu comme un ver et vous feraient sentir la pointe de leurs couteaux-poignards. Attendez ici que je revienne. » Le conseil était persuasif ; je n'hésitai point à le suivre, et le guide partit pour Vera.

La Rhune domine un vaste paysage, le plus beau peut-être des Pyrénées occidentales, si riches en sites pittoresques : au midi, la Haute-Navarre, dont les vallées se déroulent en fuyant jusqu'au bassin de l'Ebre ; au nord, les trois provinces de la Cantabrie française, Bayonne, Pau, les Landes ; à l'orient, la chaîne des Pyrénées, dont les cimes gigantesques, pareilles aux Titans, s'élèvent et s'entassent par milliers, comme pour escalader le ciel ; à l'ouest, les côtes escarpées de la Bizkaïe et l'immensité de l'Océan. La clarté d'un beau jour laissait voir, malgré la distance, le port lointain de Bilbao. Je distinguais, en suivant la côte, Guetaria, Saint-Sébastien, le Passage, Fontarabie et l'île des Faisans, appelée l'île *de la Conférence*, depuis le fameux traité des Pyrénées, auquel se rattachent les noms de Louis de Haro et de Mazarin, et l'entrevue des rois, lors du mariage de Louis XIV avec l'infante Anne d'Autriche. Je voyais la Bidassoa courir, en sortant de la Navarre, vers le golfe, et séparer du Guipuzkoa le territoire labourdin : ce fleuve sert de limite aux deux royaumes de France et d'Espagne.

J'avais à mes pieds le Labourd, que je venais de traverser et dont je pouvais compter les trente villages : Handaye et Ustaritz me rappelèrent les deux époques bien distinctes de l'histoire des Basques cis-pyrénéens, leurs guerres contre les Francs (*), et leurs expéditions maritimes.

(*) Grégoire de Tours. — Frédégaire. — Aimoin.

L'Espagne depuis un siècle était la proie des Visigoths : Athanagil et Agila se disputaient la couronne devenue élective sous Theudis, lorsque les Hauts-Navarrais firent la conquête de l'Alava sur les Barbares et peuplèrent cette province de leurs colonies. Bélisaire venait de renverser en un jour la monarchie élevée sur la côte d'Afrique, par les Vandales fugitifs; Libérius rétablissait les Romains dans l'Andalousie. Les Basques, du Haut des Pyrénées, saluèrent

---

Fortunat. — Chronique de Moissac. — Biclar, Vie de saint Émilien. — Chronique de Victor de Turnon. — Gesta Dagoberti. — Gesta Franc. — Vie de saint Julien de Lescar. — Vie de sainte Rictrude. — Vie de saint Amand. — Eginart, vie de Charlemagne. — Poètes saxons. — Vita Ludovici. — Annales françaises. — De rebus Pipini. — Chronique de saint Uvandregisile. — Annales fuldenses. — Adelmus, Chronique. — Sigebert; De bellis Aquitaniæ. — Nicolas Bertrand, De gestis Tolosanorum. — D. Vaissette, Histoire du Languedoc. — Oyhenart, Notitia utriusque Vasconiæ. — Marca, Histoire du Béarn. — Moret, Annales de Navarre, etc., etc.

par des acclamations le retour de leurs antiques alliés. Les victoires de Bélisaire et de Narsès, et les lois de Justinien, donnaient à l'empire un éclat passager, mais brillant. Les Visigoths, menacés de toute part, tinrent une assemblée générale à Cordoue, et proclamèrent roi Léovigilde, qui fut le Charlemagne de ces Barbares.

Les Suèves, maîtres des Asturies et de la Galice, avaient recouvré leur indépendance : Léovigilde appesantit sur ce peuple le joug de la vassalité, vainquit les Impériaux de l'Andalousie, et, portant la guerre aux Basques alavais, les contraignit, après vingt batailles, à choisir entre la servitude et l'exil. Une colonie de Vascons émigrans franchit les Pyrénées, et vint s'établir dans la Navarre française, dont les collines se déroulent, ombragées de bruyères, entre les deux jolies provinces de Soule et de Labourd.

L'abbé Biclar rapporte, dans sa chronique, un petit incident qui peut donner une idée de la religion des Basques à cette époque. La renommée avait publié, dans l'Alava, les menaces de Léovigilde : le sénat de la province se rendit à Amaïa. Un vieillard, couvert d'une peau de loup, se présente à l'assemblée : chacun reconnaît saint Emilien, qui de berger s'était fait ermite, pour étonner la Tarraconnaise des austérités de sa pénitence. Le vieux solitaire, appuyé sur sa longue houlette, s'arrêta devant le chêne du conseil. Son apparition inattendue élève, dans le *Bilzaar*, un murmure de surprise et de curiosité. Le front chauve de l'ermite est chargé des rides de tout un siècle ; sa barbe aussi blanche que la neige lui descend à la ceinture ; le sommeil de la sagesse semble avoir fermé ses yeux, sur lesquels l'inspiration glisse, comme un songe paisible : le silence redouble ; Emilien va parler. Peut-être le saint homme apporte-t-il de la plaine quelque nouvelle qui intéresse la liberté des Alavais ; peut-être, inspiré du ciel, vient-il révéler les projets de Léovigilde : rien de tout cela. Saint Emilien venait reprocher aux chefs des Vascons leurs péchés, et la loi qui permettait aux prêtres de la Bizkaïe d'entretenir une agape (*barragána*), une chambrière (*guelhari*). Les sénateurs alavais se moquèrent du sermon et rirent au nez du saint homme. Andeka, l'un d'entre eux, invita brusquement Émilien à se retirer, disant que le grand âge avait affaibli sa raison. L'ermite, courroucé, frappe violemment la terre de son bâton, sa tête se relève avec fierté, ses yeux s'allument. — « Anathême ! » s'écria le serviteur de Dieu, d'une voix terrible qui fit ondoyer sa barbe blanche. Andeka pâlit à ce cri, chancelle comme frappé de la foudre, et tombe mort... Tel est le récit des légendaires crédules.

Sous les drapeaux de Léovigilde, combattaient ses deux fils Hermenegil et Recarède, et son vassal, le roi des Suèves, l'indocile Ariomir. Les Alavais se signalèrent par une défense héroïque ; partout la victoire trahit les efforts des Vascons. Irun, dont les ruines occupent un vaste circuit dans l'Alava, Gazteïz, aujourd'hui Vittoria, Cantabriaga, bâti sur une colline, en face de Logroño, Amaïa et quelques autres villes moins considérables, furent incendiés par les Barbares. Mais tandis que le vainqueur faisait construire à la hâte une forteresse au pied du mont Gorbeïo, les Basques abandonnaient l'Alava de toute part, et franchissant les Pyrénées, descendaient en foule dans la Novempopulanie, suivis de leurs femmes et de leurs enfans.

C'est un beau spectacle qu'une peuplade au désespoir, marchant vers l'exil, plus terrible dans sa défaite, en aiguisant les armes qui doivent affronter d'autres combats et conquérir sa nouvelle patrie. Les historiens fixent à l'année du *Christ* 581 l'établissement des Alavais dans la Navarre inférieure, entre les pays de Soule et de Labourd. De cette époque datent les premières incursions des Basques cis-pyrénéens dans la Novempopulanie, soumise aux Francs. Le roi Chilpéric envoya contre eux le général Bladaste. Grégoire de Tours, qui ne se montre point toujours aussi avare de détails, dit fort laconiquement que le duc s'en revint blessé, après avoir perdu la bataille et les deux tiers de son armée.

Le Franc et le Vascon, dignes rivaux l'un de l'autre, se livrèrent, les années suivantes, plus d'un combat acharné. Le Barbare avait pour lui sa taille de géant, le Cantabre son agilité, sa vigueur : le premier jetait de loin ses harpons meurtriers, le Basque ses javelots romains; tous les deux avaient le bouclier rond pour arme défensive. Le Franc lançait, à travers la mêlée, sa hache de fer à manche court; celle du Basque, plus longue, était d'airain et quittait rarement sa main vaillante. Le montagnard maniait avec adresse le sabre ibérien, pointu, large, à deux tranchans, que les Romains avaient adopté jadis pour vaincre les Gaulois et conquérir le monde; le *ganibet*, sorte de couteau de chasse ou de poignard, retenu à la ceinture par une gaîne, complétait l'armure du Vascon, et devenait la dernière ressource de son courage pour se débarrasser du Barbare dans une lutte corps à corps. Le montagnard combattait, vêtu à la manière de ses ancêtres, avec la chemise aux manches larges, aux brillantes agrafes, un petit manteau rond jeté sur l'épaule, la tête nue et les cheveux flottans : des chants guerriers accompagnaient sa marche rapide, et ses bruyantes clameurs semaient l'épouvante, avant-courrière de la mort.

Les Basques, au printemps de l'année 600, achevèrent la conquête de la Novempopulanie, et mirent une garnison dans Bordeaux. — Faire une battue ou chasse générale ; tuer indistinctement les animaux sauvages et domestiques, et suspendre leurs dépouilles aux branches des arbres; se livrer, durant plusieurs jours, à de joyeux festins, où dansaient les guerriers, où chantaient les bardes, et planter dans chaque peuplade le chêne de la liberté, telle était, parmi les Euskariens, la manière de prendre possession d'une conquête (*).

Les rois Théodebert et Théodebalde firent contre les Basques deux campagnes consécutives ; la guerre se termina par un traité de paix, qui cédait aux montagnards les provinces conquises,

---

(*) Mayerne Turquet.

à la condition qu'ils recevraient de la main des rois francs un duc ou seigneur pour les gouverner, sans tribut. Le premier duc des Basques fut Genialis. A sa mort, le roi Clotaire envoya pour lui succéder un seigneur appelé Aghinan. Les Basques, après avoir chassé honteusement le nouveau duc, proclamèrent un chef de leur race, et recouvrèrent ainsi leur indépendance.

Le duché de Vasconie fut nominalement compris dans le royaume d'Aquitaine, érigé en faveur du jeune Aribert ou Caribert, pour le dédommager de sa portion à l'héritage paternel que Dagobert son frère avait usurpée. Le roi de Toulouse, bien éloigné d'armer contre lui l'indépendance des Vascons, rechercha l'appui des montagnards et l'alliance de leur chef Amand, dont il épousa la fille Gisèle, à peine âgée de quinze ans, mais déjà célèbre par sa beauté. L'auteur de la Vie de sainte Rictrude nous apprend que les seigneurs aquitains allaient achever leur éducation parmi les Basques, et se former au maniement des armes à l'école de ces belliqueux montagnards. Plusieurs d'entre eux se marièrent à de jeunes basquaises, à l'imitation du roi.

Écoutons le naïf chroniqueur. — « Aldabalde, favori de Caribert, épousa sainte Rictrude, fille de Lucie et d'Arnaud, de la race des Vascons. Ce jeune seigneur était doué de tous les avantages de la fortune, et des plus belles qualités de l'âme, cultivées par une éducation soignée; on le comparait au roi pour sa bonne mine, et les charmes de Rictrude le cédaient à peine à la grande beauté de Gisèle. Des affaires de famille obligèrent Aldabalde à faire un voyage en Aquitaine, peu de temps après son mariage. Jeune épouse, que d'efforts tu fis vainement pour le retenir! que tes adieux furent touchans, lorsque, alarmée par de noirs présages, et les yeux noyés de pleurs, tes bras ne pouvaient le quitter! Frappée d'une vision funèbre, déjà tu croyais le voir étendu, sur un chemin désert, sanglant et percé de coups! Il partit...; il tomba loin de toi, victime d'un fer assassin... Alors, pour être seule avec ta douleur, tu cherchas l'ombre et la solitude du cloître, et le vénérable Évêque d'Utrecht, en attachant le voile sur ton front, naguère rayonnant de joie et d'amour, ne put lui-même refuser une larme à ton infortune ! »

Le royaume d'Aquitaine, formé des provinces comprises entre la Garonne et la Loire, était habité par quatorze peuples celtiques, dont les Francs voyaient l'indépendance avec ombrage. Dagobert attire à sa cour le roi de Toulouse et le fait empoisonner avec Chilpéric son fils aîné. La reine Gisèle emportant dans ses bras Boggis et Bertrand, derniers fruits de son hymen, se réfugia dans la maison de son père. Le duc des Vascons présenta les deux jeunes princes à l'assemblée de ses guerriers : les montagnards firent serment sur la hache d'armes de leur faire restituer la couronne. Dagobert leur ayant envoyé, dans cet intervalle, un gouverneur, ils le brûlèrent vif, et firent une incursion vers la Loire. Dagobert rassemble aussitôt toutes ses troupes de la Bourgogne, et met à leur tête le grand référendaire Radoin ou Chadoin. Sous ce généralissime, onze ducs commandaient chacun un corps d'armée : Arembert, Almagre, Leudebert, Euvandalmore, Hunalderic, Hermeneric, Barante, Uvilibalde, Egine, Flariarde, Ranlenius. Le moine de Saint-Gall rapporte que l'armée française avait, en outre, dans ses rangs une infinité de comtes et de seigneurs aventuriers. Les Vascons marchèrent à la rencontre des Francs, ayant à leur tête le vieux duc Amand, et perdirent une bataille. Chadoin poursuivit avec ardeur ce premier succès, et ravageant tout par fer et par feu, suivant l'expression d'un chroniqueur, s'avança jusqu'aux dernières limites du duché des Vascons, dans la vallée de Soule. Là, les montagnards, s'étant ralliés, revinrent au combat avec une nouvelle fureur, et remportèrent l'une des plus éclatantes victoires qui aient signalé contre les Francs la valeur des Basques cis-pyrénéens.

Les Barbares savaient admirer l'héroïsme et respecter l'arrêt des combats. Dagobert proposa la paix : le duc Amand conduisit à Clichy les chefs des Vascons. Les montagnards refusèrent de se présenter devant Dagobert au milieu de sa cour, et se rendirent directement à l'église de Saint-Denis, où, de part et d'autre, la paix fut jurée : elle garantissait la complète indépendance des Basques dans les limites de leur duché, et restituait l'Aquitaine aux enfans de Caribert, à titre, il est vrai, de fief relevant de la couronne de France. Ici, les faibles lueurs des chroniques s'éteignent dans la profonde nuit qui enveloppe l'histoire des rois fainéans (*).

Je ne ferai qu'indiquer la chute de la monarchie visigothique sous Roderic, et la conquête rapide de l'Espagne par les Arabes Maures. Le même étendard réunit à la bataille de Tours

---

(*) Amand meurt : les Vascons proclament Loup I (Lupus ou Lopez, appelé *Ochoa*, dans la langue des montagnards). Le successeur de Loup Ier fut Eudon ou Eudes, petit-fils de Caribert ; il monta sur le trône de Toulouse, à la mort de son père Boggis, et transmit le titre de duc de Vasconie à son fils Remistain.

deux chefs et deux peuples rivaux, les Aquitains et les Francs, Eudes et Martel. Le roi d'Aquitaine mourut à Toulouse, en même temps que Pélage dans les Asturies : il eut pour successeur son fils Hunald. L'extermination de la famille de Caribert et la conquête de l'Aquitaine paraissent avoir été la pensée dominante de la politique des Carlovingiens. Les Basques furent à peu près les seuls combattans qui prirent part à ces luttes gigantesques, et qui défendirent, contre les Francs, la nationalité de l'Aquitaine et le trône de Caribert, dont les montagnards avaient fait le rempart de leur indépendance. Mais la fortune avait adopté les Carlovingiens et déserté le drapeau méridional (*) : comment

---

(*) Les chroniqueurs austrasiens, dévoués à la famille de Martel, et les seuls qui nous restent de ce temps-là, ont mis dans le récit de ces guerres d'Aquitaine la plus désolante brièveté et la plus insigne mauvaise foi : les romanciers des siècles postérieurs l'ont défiguré par des fictions grossières. Le roman de Guérin de Monclave et celui des quatre fils d'Aymon sont le grotesque

l'héroïsme isolé des Navarrais aurait-il pu servir de digue au torrent des Barbares, entraîné par des conquérants tels que Martel, Pepin et Charlemagne, le Bonaparte des anciens Teutons?

Les Basques, après la fin tragique de leur duc Remistain, et celle de Loup II, proclamèrent Loup III, petit-fils de Waiffre, le dernier des rois mérovingiens de Toulouse. Le jeune duc avait sucé, avec le lait de sa mère Adèle, la haine la plus ardente contre les Carlovingiens; les Vascons ne respiraient que vengeance. L'expédition de Charlemagne en Espagne leur fournit la plus belle occasion dont ils surent profiter : je parle de la journée de Roncevaux. Quelques écrivains français mettent cette bataille au rang des fables, et la rejettent sur les romanciers du

---

de cette partie de l'histoire. Il est aisé de reconnaître le roi Hunald ou le duc Remistain dans ce ridicule Ivon, prince de Gascogne, que l'on mène pendre, et que Roland trouve monté sur un âne, en habit de religieux.

treizième siècle. Sans doute, la vanité nationale est pardonnable, quand elle n'a rien de trop puéril; mais il ne faut point la pousser jusqu'au ridicule et à l'absurde, comme ces critiques ont fait, en infirmant le témoignage des chroniqueurs et des poètes contemporains. Les Cantabres n'ont jamais écrit leur histoire; il est curieux de lire celle que leurs ennemis leur ont faite! Pour ne citer ici que la victoire de Roncevaux, les Gascons de la Garonne et les Castillans du Duéro ne s'en attribuent-ils point la gloire? Il est fâcheux que cette bataille, gagnée par les Basques cis-pyrénéens et leurs frères de la Navarre espagnole, ait eu pour théâtre la vallée de Roncevaux, si loin des Castillans et des Gascons, que Dieu bénisse, à une époque où ces deux peuples n'existaient point encore!

Le secrétaire Eginart, que l'on présume avoir écrit ses annales sous la dictée de Charlemagne, rapporte que toute l'arrière-garde de l'armée française périt, *jusqu'au dernier homme*, sous la hache des Navarrais. Soixante ans après, les chroniqueurs français se dispensent de citer les noms des courtisans qui trouvèrent la mort dans cette bataille, disant que la renommée les avait assez publiés en Europe. De ce nombre étaient Egibart, grand-maître de la maison du roi, et Anselme, comte du Palais.

Le fameux Roland, comte d'Angers, termina sa carrière chevaleresque à Roncevaux.

La tradition fabuleuse rapporte qu'un Bizkaïen, après de vains efforts pour entamer son armure, jeta sa hache d'armes, saisit le paladin corps à corps, et comme un autre Hercule, étouffa dans ses bras ce nouvel Antée. Les romanciers français peignent Roland survivant au massacre de ses frères d'armes, et d'Olivier qui venait de tomber à son côté; lui-même nageant dans le sang et déchiré de blessures, donnant, avec désespoir, de son cor enchanté, dont le bruit infernal, projeté par les échos, fit tressaillir Charlemagne, fugitif, dans les plaines de la Novempopulanie.

La piété des Navarrais éleva la chapelle de

Roncevaux, où les cendres des chevaliers français reposent dans des tombeaux souterrains. Les montagnards choisirent, pour la sépulture des guerriers plus vulgaires, un terrain particulier, où l'on enterre encore les étrangers qui meurent au passage de la vallée. Les Navarrais montrent, après dix siècles, au crédule voyageur, les véritables bottes et la véritable épée de Roland. Des trophées moins suspects sont les ossemens énormes recueillis dans la plaine spacieuse qui sert d'entrée au Valcarlos, et que, plus d'une fois, le chapelain de Roncevaux vendit au poids de l'or aux pélerins de France, comme un monument curieux de la haute stature des Barbares leurs ancêtres.

Le moine de Saint-Fleurs dit que la défaite de Roncevaux obscurcit, dans le cœur de Charlemagne, toute la joie de ses précédentes victoires : il en repoussait le souvenir avec amertume; et tandis que les Pyrénées et l'Espagne offraient le plus beau théâtre à ses armes, on le vit porter ses fureurs dans d'obscures et froides contrées, et mériter, par des travaux inouis contre les Saxons, les titres odieux de conquérant fanatique et de convertisseur sanguinaire. Charlemagne, en rétablissant le royaume d'Aquitaine en faveur de son fils Louis-le-Débonnaire, paraît avoir eu pour but d'opposer une barrière à la propagande fédéraliste et à l'indépendance des Vascons. Le roi d'Aquitaine engagea de nouveau la lutte, à la tête des troupes les plus aguerries de tout l'empire germanique. Cette dernière guerre dura six ans, elle fut atroce; les prisonniers faits de part et d'autre étaient égorgés ou brûlés vifs. Adalric, fils de Loup III, meurt en combattant; puis Centule, puis Semeno, puis Garcimire, puis Centule-Loup, puis Aznar, tour à tour proclamés ducs des Vascons. — Un dernier rejeton de Caribert et de Gisèle, fuyant la persécution des Carlovingiens, se réfugia dans la Navarre espagnole : plus tard, les montagnards le firent roi, pour marcher à sa suite contre le calife de Cordoue et les Arabes-Maures.

Les Basques cis-pyrénéens, abandonnant à

la féodalité française les provinces de la Bigorre et du Béarn, se retranchèrent définitivement dans leurs limites actuelles de Soule, Basse-Navarre et Labourd, vers l'année 835. Pepin II, roi d'Aquitaine, essaya de leur imposer des gouverneurs, mais ils les égorgeaient tous : de sorte, dit le chroniqueur, qu'il ne se trouva plus de seigneur français assez hardi pour accepter ce poste dangereux ; et force fut aux Barbares de laisser l'indomptable Euskarien goûter, à l'ombre du chêne patriarcal et de ses rochers tutélaires, les joies divines de la liberté (*).

(*) Les Basques de Soule, jusqu'à la révolution de 89, vivaient sous l'empire d'un *For* ou Droit écrit sous le règne de François Ier. Ce recueil des lois et des usages conservés par la petite république des Souletins débute ainsi : — « Par une coutume de toute antiquité, les natifs et habitans de cette terre de Soule sont d'origine libre et franche, sans tâche de servitude : nul n'a droit sur leurs personnes ou sur leurs biens. — Les Souletins portent les armes, en tout temps, pour la défense de leur pays, situé à l'extrémité de la France,

Les Hauts-Navarrais et les Bizkaïens donnent aux Basques de France le surnom de *Ultrapuertos* (ultramontains); ils les appellent encore *Auchak* (Auscicns), de Auch ou Elusaberri, l'une des plus florissantes villes de l'ancien duché des Vascons. — On retrouve, sur les collines de la Novempopulanie, des tourelles en ruines, télégraphes de nuit, qui servaient aux montagnards à se communiquer de loin leurs signaux

entre les royaumes de Navarre et d'Aragon et le pays de Béarn. — Ils peuvent, toutes les fois qu'ils le veulent, s'assembler pour traiter de leurs affaires communes, établir tels statuts et réglemens qu'ils jugeront utiles, et ces conventions auront force de loi : les bourgs et communautés devront s'y soumettre. — Le droit de chasse et de pêche est commun à tous les habitans du pays de Soule, etc. »

Les États de Soule, tenus annuellement, se divisaient en deux chambres : M. Faget de Beaure *(Essais sur le Béarn)* prouve que l'idée fondamentale de la constitution anglaise fut empruntée aux Vascons, par ces insulaires, long-temps maîtres de la Guienne.

par le feu. Ces hauteurs offrent aussi les campemens circulaires, particuliers à la nation des Cantabres : élevés en talus et surmontés d'un parapet, ils ne présentent aucune issue ni ouverture; mais les agiles enfans de la montagne n'avaient point de peine à les franchir. Ils pouvaient contenir de mille à douze cents combattans. C'est là que les Vascons, durant leurs incursions guerrières, passaient les nuits, avec leurs femmes et leurs enfans, à l'abri de toute surprise. Ces fortifications n'ont rien perdu de leur solidité : les pluies, les éboulemens si fréquens dans ces sites déserts, et un abandon de dix siècles n'ont pu désunir la terre qui fut leur ciment; car, jusque dans les monumens les plus simples, la main puissante et magique du peuple aborigène a su imprimer un cachet indestructible de durée et d'immortalité...

Les Basques cis-pyrénéens prirent une part glorieuse aux guerres de la fédération contre les Arabes-Maures, jusqu'au treizième siècle. Avec la paix, commencent les pirateries des Labourdins, qui leur firent donner le surnom de Loups de mer. Il fallait l'audace naturelle au Basque et son génie entreprenant, pour méditer des expéditions maritimes sur le rivage du golfe le plus orageux de tout l'océan. La baleine fréquentait, à cette époque, les côtes du Labourd. Le Basque aperçut du haut de ses rochers l'énorme cétacé, et courut forger le harpon qui devait percer la reine des mers. Les Labourdins suivirent la baleine jusqu'au détroit de Dawis; ils faisaient, en même temps, la pêche de la morue sur les bancs de Terre-Neuve.

Aujourd'hui, les Basques n'ont plus de marine, et plusieurs villages du Labourd, florissans autrefois, tombent en ruines. — « Que sont devenus les habitans de cet endroit? disait un voyageur au vieillard de Handaye, assis en guenilles sur l'herbe de quelques débris. — Les uns sont morts, dit le labourdin, en se levant; quelques uns ont émigré; la guerre a décimé le plus grand nombre...; les autres sont ensevelis dans le grand champ (*alhor andia*) qui est derrière l'Eglise... — Quel champ? » demanda l'interlocuteur. Le Basque regarda fixement l'homme frivole qui ne l'avait point compris, et partit soudain, en faisant du bras un geste solennel : ce geste montrait l'Océan!...

V.

LE PETIT NAVARRAIS.
LE CAPUCIN.

Je me promenais, depuis une heure, autour de la Rhune, et mon guide ne revenait point. Je pris le parti de me réfugier dans une maison isolée de Vera, que j'apercevais à quelque distance. Je reconnus en approchant qu'elle devait appartenir à quelque paysan peu fortuné : je venais d'entrer dans le royaume de Navarre : je ne doutai point que le seigneur ou maître de l'habitation m'en ferait les honneurs en vrai gentilhomme; car le Basque espagnol est encore plus fier et plus austère que le Labourdin.

Je frappe à la porte : un petit bon-homme de dix ans vint ouvrir. Son visage spirituel respirait la santé; ses joues roses, sa chevelure bouclée lui donnaient un air de chérubin, et les vêtemens de grosse toile dont il était couvert ne pouvaient détruire cette première impression. Les regards expressifs et curieux qu'il promena sur toute ma personne annonçaient une intelligence au dessus de son âge. — Il est incroyable combien la langue euskarienne, avec ses racines harmoniques, avec ses mots composés, admirables par la richesse de leurs images et par la transparence de leur idéalité, favorise le développement de l'esprit. Ce bel idiome ne s'apprend point, ne se retient point; il se devine et s'improvise, à cet âge mystérieux où la nature se dévoile à l'homme, étrange et divine, et réagit de tout le prestige et de toute la puissance de ses tableaux sur l'impressionnabilité vierge et sur l'imagination poétique de l'enfant. Tous les sons du langage primitif deviennent pour lui compréhensibles, saisissans; et l'harmonie du Verbe inspirateur redouble l'illumination de la pensée et la vivacité des perceptions intimes.

L'enfant subit encore, dans la société cantabre, d'autres modifications qui influent sur son caractère. Les égards dont on environne sa faiblesse, le droit et la justice que l'on respecte en lui, élèvent son âme. Les occupations habituelles d'un peuple agricole et pasteur, lui permettent de se rendre utile dès ses premières années : il se croit un membre indispensable de la famille, on le traite en conséquence, et la bonne opinion qu'il se forme de lui-même s'accroît toutes les fois qu'on lui adresse d'un air admiratif le titre glorieux d'homme, *guizona!* — Qu'il entre au milieu d'une veillée de trente personnes, les chants et les conversations s'arrêtent aussitôt; un silence profond accueille son *agour* ou son *gaühon*, auquel tous les assistans répondent en chœur. Il explique alors, d'une voix haute, en termes clairs et souvent pittoresques, l'objet de sa venue. — Ces scènes patriarcales ne ressemblent guère aux grandes villes policées, où tout est démoralisateur. Le Basque, élevé dans un autre milieu social, grandit pour honorer sa virilité par les plus nobles vertus. Liberté, droit et justice, sont trois idées naturelles qui s'incarnent en lui profondément. Il faut avoir étudié le long effet de cette éducation familiale, pour comprendre l'intelligence précoce du petit Cantabre et l'héroïsme dont il est capable, la fierté naïve du montagnard à vingt ans, son indomptable énergie à quarante.

L'enfant qui venait de m'ouvrir la porte de l'habitation navarraise représentait pour moi l'*Etcheko-Jaon* : je lui demandai l'hospitalité d'une heure, avec quelques détails obligés sur la circonstance qui m'amenait chez lui. — « Montez, montez, répondit vivement le petit Basque ; et déjà l'enfant joyeux me précédait en courant sur l'escalier, tandis que les boucles de ses longs cheveux sautillaient sur son cou nu. Je trouvai dans la cuisine un grand feu, devant lequel rougissait une marmite de fer, aux dimensions exiguës, emblême du petit ménage qu'elle devait alimenter. L'enfant me présente un escabeau, va chercher le sien, et s'assied gravement, en attisant le foyer, pour imiter son père.

— « Tu es seul dans la maison? — Tout seul; mon père est allé de grand matin à la ville. C'est aujourd'hui fête en Espagne, la fête de l'*Annonciation*. — Et toi, tu ne vas point à l'église? — Hélas! non, jamais! répondit l'enfant en tiraillant sa culotte de grosse toile : j'en ai pourtant bien envie, car on m'a dit que l'on y voit Dieu le père, la Vierge-Marie et l'Enfant-Jésus; mais je n'ai point de vêtemens assez convenables, et vous savez qu'il faut une certaine somme d'argent pour acheter un habillement complet. — Ton père n'est donc pas très riche? — Il n'était point pauvre, non plus, puisqu'il avait dans son armoire jusqu'à trois onces d'or;

mais les christinos lui ont imposé une contribution forcée, il a fallu tout donner, et moi je dois attendre jusqu'à l'an prochain pour être habillé. Mon père a dit que l'on a violé ses *fueros* (ses droits); car les Navarrais ne doivent rien aux rois ni aux reines, et les cortès de Pampelune ont seules le droit de taxer les impôts. Patience! quand la guerre finira, les *fueros* de la Navarre seront rétablis les mêmes que toujours. »

Sophistes, allez apprendre de la bouche d'un enfant les lois d'un peuple libre. L'escabeau sur lequel il parlait, assis, est pour moi plus respectable que les chaires de vos écoles. Petit frère! que ne puis-je dire ton nom au lecteur! Mais je n'ose. Qui sait les chances diverses que la guerre peut encore amener, et si les lignes que je trace ne te seraient point fatales. Les hordes castillanes peuvent encore envahir ma patrie. Je craindrais le tranchant du coutelas pour les mains enfantines qui m'ont présenté le pain de l'hospitalité. L'histoire dira que la cruauté des

barbares fut poussée jusque-là! Qu'avaient-ils fait les petits enfans de la Bizkaïe, pour être ainsi mutilés? Ils avaient maudit le joug de l'étranger, et promettaient d'être vaillans comme leurs pères!...
— « Ça, petit homme, j'ai faim; que vas-tu me donner à déjeûner? — J'ai des œufs frais, du lait, et un reste de gâteau de maïs; mon père en apportera d'autre, sans doute : quant au pain, il y a long-temps qu'il n'en est entré miette dans la maison. » Je fus touché de cette misère, et je maudis l'oppression brutale qui ne respecte rien, pas même les vêtemens et la nourriture du pauvre. Le petit Navarrais me fit les honneurs du frugal déjeûner, que nous partageâmes sur les genoux. — « Si bien donc, mon ami, que les christinos, ont ravi ses trois onces d'or à ton père. — Oh! si vous aviez vu combien il était irrité! Le jour même, il voulait partir volontaire de Zumalikarra. » L'enfant, par un renversement syllabique familier au génie de la langue basque, syncopait ainsi ce nom glorieux, et donnait une grâce infinie à son lan-

gage. — « Je priai mon père de ne point m'abandonner seul, ici, ma mère étant morte : d'ailleurs, on disait que Zumalikarra n'avait point assez de fusils pour en donner aux hommes de son âge. — Mais toi, plus jeune, tu pouvais partir. — Je ne demandais pas mieux ; mais on m'aurait refusé, répondit l'enfant d'un air confidentiel, je n'ai point la taille. — Qu'importe? tu dois avoir entendu raconter l'histoire du petit Guipuzkoan, Perrucho de Mummaras, qui gouverna jadis l'Espagne, et celle du petit Pierre de Navarre, qui devint général en Italie, et fut surnommé le grand capitaine ! Était-il aussi fameux que Zumalikarra? — Non ; car il fit toujours la guerre dans les pays étrangers, et ne se battit jamais pour la Navarre. — J'ai vu, moi, Zumalikarra le jour qu'il traversa ces montagnes ; il marchait à la tête des guides, à pied ; deux volontaires tiraient par les rênes son beau cheval et son grand mulet : le général portait un berret rouge, un pantalon rouge, une simarre noire, avec des agrafes d'or, de longues moustaches et une grande épée... Si vous saviez ce qu'il a fait ces jours derniers ! — Il a pris d'assaut Etcharri-Aranaz..., il a fait grâce à tous les prisonniers ; bien différent des généraux de Christine, qui font égorger nos malades et nos blessés?... — Il a... écrit... une lettre... de défi... pour proposer... un duel de cinq cents Navarrais contre mille Castillans, » dit le petit Basque, qui avait laissé tomber son pain et son couteau, et gesticulait des mains et de la tête, en s'arrêtant sur chaque mot. — « Homme ! que m'apprends-tu là ! » m'écriai-je, en feignant l'admiration. L'enfant bondit sur son escabeau, se lève, et, posant la main sur mon épaule, me regarde dans les yeux : — « Oui? cinq cents contre mille! » Puis, ajoutant avec un ricanement exalté, qui lui fit monter le rouge au visage : — « Et ces poltrons de christinos ont refusé le combat !... voilà .. » Le petit Basque revint à son escabeau ; ses yeux pétillaient, j'entendais son cœur battre, et je le vis pâlir, en reprenant son sérieux. — Telles sont les émotions enfantines qui donnent la première trempe à l'âme des guerriers et des héros.

Je prévoyais que Changarin aurait quelque peine à me découvrir dans l'asile où je m'étais réfugié. Je résolus de revenir sur la Rhune, après avoir donné au petit Navarrais l'argent nécessaire pour s'acheter le modeste habillement dont il regrettait d'avoir été privé. L'enfant ne vit dans cette monnaie que des joujoux brillans, sans y attacher de prix; mais le tintement des *duros* produisit un effet magique sur un individu que j'entendis se lever brusquement au dessus de nos têtes. — « Qui est là-haut?... » Le petit Basque ne répondit point, et se contenta de sourire. Un pas lourd fit craquer l'escalier voisin, et sur la porte de la cuisine parut un fantôme sanglant, la tête enveloppée d'un mouchoir. Le malicieux enfant rit aux éclats de ma stupeur. — « Achut! tra., la.. la.. » C'était le hachero de la veille. En entendant chanter ce pauvre diable, blessé peut-être à mort, je reconnus le caractère basque et l'éducation, qui fait un devoir au montagnard d'étouffer ses douleurs, pour conformer son langage à l'humeur d'autrui. — « Hein!... me dit le hachero d'une voix creuse, vous qui payez si généreusement le plus mauvais déjeûner, dont le service complet ne valait pas cinq sous, ne donnerez-vous rien au pauvre contrebandier pour qu'il achète, je ne dirai pas des pipes, mais un autre pot à cervelle; car celui que mon père avait fait se trouve en très mauvais état... » L'abattement du hachero, ses yeux appesantis, ses cheveux collés dans le sang, et sa voix presque éteinte, faisaient un étrange contraste avec la gaieté qu'il affectait : l'argent que je lui donnai la rendit plus sincère. — Le hachero aurait indéfiniment prolongé ses remercîmens poétiques et allégoriques, sans un bruit de voix qui se fit entendre au dehors. — « Ah! seigneur-roi Carlos, il vous fallait des Basques pour approvisionner votre guerre, des Basques pour l'entreprendre, et Zumala-Carréguy pour les commander! ».

Nous venions d'entendre Changarin. Il amenait un volontaire navarrais, qui devait me servir de guide; j'ignore pour quel motif lui-même n'osait s'avancer jusqu'à Lessaca. Il posa sur la table, en entrant, un paquet qui contenait une partie de mes effets; j'endossai de nouveau mon frac vert girondin, à boutons de cuivre. La couleur d'un habit n'est point chose indifférente en jour de guerre civile et sur terre espagnole. — « L'ami, dit au hachero le volontaire goguenard, il me paraît que vous avez écrasé sur le front la mouche qui vous a piqué. » Le volontaire attira vers une fenêtre le petit Basque, pour échanger avec lui des paroles rapides, à voix basse, pendant que je faisais mes adieux au contrebandier. — « Hachero, mon bon ami, l'oiseau n'a pas si bien dirigé son vol, que le chasseur n'ait pu l'atteindre. Soignez-vous bien jusqu'à guérir. Désormais vous êtes marqué pour que je vous reconnaisse. Au revoir. » Je pris congé de Changarin de manière à ne point le laisser jaloux de l'intérêt que je venais de témoigner à son hachero. Le petit Navarrais observait en silence, et semblait attendre son tour : je n'eus garde de l'oublier.

Le volontaire avait complaisamment chargé ses poches de ma longue-vue, d'un petit vocabulaire et de diverses bagatelles ; il prit sur son dos le peu de mes effets auxquels Changarin avait fait passer la frontière ; ils étaient enfermés dans un sac qui portait le millésime de 1823, avec ces mots : *Fourniture des vivres*. J'étais impatient de partir.

— « Holà! volontario de Navarra, si vous n'êtes point trop fatigué... — Aï! Jésus! fatigué? jamais! — Dans ce cas, vous allez, s'il vouz plaît, me conduire à Lessaca chez don Pedro de Harismendi. — Le boticario (*)? — Lui-même. — Santa-Maria! chez le boticario de Lessaca? Jugez si je le connais! je suis de Vera.

J'étais capucin. Les christinos ont brûlé notre

(*) Pharmacien.

couvent, los perros (les chiens)! J'ai vingt ans; je me fis volontaire : je porte encore mon ancien habit sous ma capote... Voyez... Mais vous êtes pressé. Bamos (allons)! Je vais vous conduire droit comme une balle chez le boticario de Lessaca; je lui sers d'*assistente*. »

Avant de tracer le portrait du singulier compagnon que le hasard m'envoyait, je dois apprendre au lecteur qu'un aide, ou assistant, remplit auprès des officiers les fonctions de domestique. Dans cette guerre, où tout service de la part des montagnards est volontaire, les emplois les moins relevés reçoivent des noms honorables, qui caractérisent la fraternité de ces hommes libres et la noblesse naturelle au génie espagnol. L'espion lui-même devient confident, *confidente*.

Si j'avais été un étranger, le capucin aurait attendu mes questions pour y répondre brièvement. Le lien mystérieux de la langue nationale avait suffi pour établir entre nous, dès l'abord, la même confiance et la même familiarité que si nous nous étions connus depuis long-temps. J'étais le premier Basque français que des sympathies irrésistibles entraînaient vers l'insurrection. L'occasion était bonne pour le capuchino navarrais. Toute l'exaltation que deux années de périls et de travaux incessans, de combats et de victoires avaient amassée en lui, fit explosion par un feu roulant de paroles, tandis que nous descendions, en courant, les collines qui dominent le village de Vera.

Le capuchino était de petite taille ; ses cheveux touffus, surmontés d'un bonnet de police, cachaient à demi sa figure brune, remarquable par deux yeux perçans d'une excessive mobilité. Il portait un mauvais pantalon, et pour chaussure des sandales : une cartouchière bien garnie lui servait de ceinture, par dessus sa capote grise, et retenait sa baïonnette. L'un de ses bras pendait, en tenant un lourd fusil, tandis que l'autre, gesticulant sans discontinuer, accompagnait sa tête, dont le jeu rapide égalait la volubilité de ses paroles. Il se servait invariablement de la langue basque, et les jurons castillans, qu'il entremêlait fort à propos, donnaient à son débit la plus plaisante énergie. Je n'avais garde de l'interrompre; et si les détails qu'il s'imaginait m'apprendre n'avaient pour moi rien de nouveau, sa pétulance et ses exclamations m'amusaient infiniment.

— « Les Basques n'ont jamais été domptés; ils sont invincibles dans leur pays c!... Vous voyez ma capote? C'est celle d'un christino que j'ai tué. Ce fusil, je l'ai pris à un Manchego qui ne mangera plus le pain de la Reine, p...! — J'étais dans les plaines de Vittoria. J'ai vu fusiller le général O-doyle; il fit la grimace en tombant, demonio! — Quel massacre! Il fallait voir Zumala-Carreguy! santiago! ses yeux lancent des éclairs; il est sombre, pas un mot; mais des coups de sabre, caraï! Et ses cavaliers? Dios mio! Figurez-vous les hommes les plus forts et les plus intrépides de la montagne. L'un est habillé en hussard, l'autre en dragon, celui-ci en chasseur, celui-là en je ne sais quoi.

Un mouchoir autour de la tête, des sandales, la poitrine débraillée ; ils sont la terreur de l'ennemi : un contre cinq, ils feraient reculer tous les diables de l'enfer, satanas! — Savez-vous ce que l'on donne au nouveau cavalier? un cheval et une lance ; pour le reste de l'équipement les christinos sont là : nous les mettons nus comme la main. On laisse la cravate à ces hérétiques, pour les mieux reconnaître ; car nous dépouillons aussi nos camarades qui sont tués. Pour ceux-ci, Dieu leur donnera le vêtement de gloire... amen! — Vous me voyez, je parle. Toute une vie ne suffirait point pour vous raconter les horribles souffrances que nous avons endurées, santa madre de Dios! Quels hivers! Christinos par ci, christinos par là, christinos à tous les diables. Nous avons passé plus d'une nuit les pieds dans la neige, sans autre réconfort qu'un peu de vin et des cigares. Plusieurs de nos volontaires n'avaient pas seize ans; ils chantaient tout de même, ces anges! Plus tard ils ont pleuré, quant il a fallu leur couper les

doigts des pieds qui s'étaient gelés, viva Dios!
— Enfin la victoire! Nous sommes aujourd'hui trente mille hommes; nous serions cent mille, si les armes n'avaient point manqué. Il faut un commencement à tout. Notre cavalerie s'est d'abord composée de quatre hommes. Le plus crâne avait, au lieu de bride, un licou. Il dirigeait son cheval à coups de poing, et disait, en brandissant son bras velu, — » c...!, quels coups de sabre je vais donner, c...! » Il n'avait point encore de sabre. — En avons-nous tué, de ces christinos! Nos lanciers les empalent comme des crapauds. — L'un de ces braves se retire de la mêlée en traînant sa lance, dont le fer était tordu ; il va s'asseoir au pied d'un arbre. Le général court à lui (vous savez quel est Guipuzkoan, notre général, et qu'il prononce les *r* comme les *d*), cadajo! ... Le pauvre lancier se mourait de peur. — « D. Thomas, je suis las! je n'en puis plus; j'en ai tué dix-neuf. » Ses camarades assurent que le lancier disait la vérité.
— C'est qu'il ne faut point badiner avec le géné-

ral ; il est terrible sur le chapitre de la discipline. A la moindre faute, palos (coups de bâton)! Si quelque volontaire résiste, ses camarades se chargent d'administrer la correction. Nous appelons cela justice du peuple, ay de mi ! »

Ici le capuchino, tout à fait hors d'haleine, cessa de parler. Nous entrions dans le village de Vera.

Les enfans nous saluèrent par les cris de vive les fueros ! vive Charles V ! Le capuchino marchait d'un air important et affairé, échangeant des adieux avec toutes les personnes de sa connaissance, qu'il affectait d'appeler par leurs noms. — Holà, père Antonio, j'ai pour vous une nouvelle : votre neveu s'était distingué dans le dernier combat ; il est aujourd'hui volontaire dans les milices célestes. — Bonjour, Chachina, Perico demande son pantalon blanc ; il est guéri de sa blessure. — Adios, la Marica, ton fils te fait dire qu'il n'a plus de chemise ; il se porte bien. » — Certain hidalgo, d'assez mauvaise mine, prit la parole dans un groupe : « Qui nous amènes-tu là, capuchino? Serait-ce quelqu'un des noirs? » Je marchai droit au questionneur : — « Plus blanc que vous, seigneur Maure! » Cette réponse, faite en langue navarraise, me valut un houra d'applaudissemens. — Je ne me doutais point qu'il fût Basque, dit le hidalgo, qui se déroba confus. — Les Navarrais donnent aux constitutionnels le surnom de noirs, et comparent la révolution espagnole au soulèvement des Nègres : ils comprennent fort bien l'émancipation castillane; mais ils refusent de s'y associer, et repoussent une communauté sociale qui entraînerait, pour les montagnards, la perte de leur indépendance nationale et de leur liberté civile.

Nous allions sortir du village, et poursuivre notre route jusqu'à Lessaca, lorsqu'une voix forte cria derrière nous : « Arrête, demonio! » Je me retourne, et j'aperçois un colosse d'homme qui nous suivait, à pas de géant, la carabine sur l'épaule. C'était un douanier carliste. Je répondis à son salut, en langue basque,

Le talisman produisit son effet; le douanier, portant respectueusement la main à son berret, me pria de le suivre auprès du brigadier Saraza, chargé de la police des frontières. J'ignorais que cet officier fût déjà entré dans Vera. Je dis au capuchino de m'attendre, et je suivis le gigantesque douanier. Il portait une large ceinture de cartouches, et ses jambes, dont les dimensions étaient en harmonie avec sa taille herculéenne, paraissaient faites pour chausser les bottes de Roland, que l'on garde à Roncevaux.

Nous passâmes devant la mairie de Vera. Cet édifice, dans tous les villages basques, se distingue des habitations particulières par son architecture; il est soutenu, d'ordinaire, sur des arcades, et sa façade blanche est ornée de grandes peintures rouges et d'armoiries. Saraza s'était installé dans une maison voisine. Je fus introduit dans une petit chambre, dont le douanier ferma la porte sur moi. Les images de saint Saturnin (*Jaon done Satordi*), premier apôtre

de la Navarre, et de saint Firmin, premier
évêque de Pampelune, tapissaient le mur. Un
registre, destiné à inscrire les noms des voyageurs, était ouvert sur une table; je me permis
de le feuilleter. Je remarquai que, durant les
premiers temps de la guerre, fort peu d'officiers
castillans avaient quitté l'Angleterre, pour prendre part à l'insurrection; en parcourant les
dates plus récentes, je fus frappé de voir leur
nombre s'accroître. L'orgueil espagnol porte à
l'excès la manie des grades. Chacun de ces
personnages obscurs s'intitulait brigadier, colonel ou commandant. Enfin la porte s'ouvrit
pour laisser entrer le brigadier Saraza. Sa physionomie me parut agréable et spirituelle. Un
berret rouge ombrageait ses cheveux gris; une
veste, ou simarre noire, en peau d'agneau, lui
servait d'uniforme; des pantalons bordés de
cuir, et un grand sabre de cavalerie, complétaient son costume de soldat paysan, adopté par
tous les officiers de l'armée insurgée. Je trouvai
de l'aisance et de la dignité dans ses manières. Il

m'adressa la parole en castillan. — « Seigneur Saraza, si vous ne savez point le français, veuillez me parler en bon *Eskuara*; je suis Souletin et je n'aime point vos patois romances. » Notre entretien prit dès cet instant la tournure la plus amicale. — « Vous êtes le premier Basque qui nous arrive des provinces françaises, me dit-il; décidément les ultramontains ont oublié leurs frères espagnols. » J'écrivis mon nom sur le registre de police. Saraza me demanda combien de temps je me proposais de rester en Navarre. — « Jusqu'à la fin de la guerre, peut-être; à moins que le caprice et la défiance de la camarilla ne m'obligent à m'en retourner à Paris plus vite que je ne le voudrais. » Je fixai le brigadier pour essayer de lire sur son visage si la crainte que je venais de lui témoigner avait quelque fondement. Le rusé montagnard ne jugea point à propos de me laisser entrevoir sa pensée; il prit soudain un air distrait et fit un tour dans la chambre.

— « Les Bayonnais ne vous ont-ils rien donné? »

me dit-il en revenant. — Je vous prie de croire, seigneur Saraza, que je ne me suis point mis en rapport avec les légitimistes de Bayonne. Quant aux bagues et aux signes de ralliement dont ils munissent leurs protégés, je n'ai pas besoin de pareils colifichets. » Le brigadier fit un geste dont il me fut impossible de déterminer l'expression, et, sans proférer une parole, me conduisit à une embrasure de fenêtre. Le soleil brillant et chaud commençait à s'élever sur l'horizon. Saraza me montra la colline sur laquelle Mina établit ses campemens, au dessus de Vera, lorsque, en 1830, il essaya de pénétrer en Castille, par les provinces basques, à la tête de quelques milliers d'aventuriers. Erazo et Santos-Ladron exterminèrent ces bandes étrangères : le Pastor et Mina n'échappèrent à la mort que par une de ces retraites familières à l'audace et à l'habilité du vieux guérillero, tandis que Chapalangarra, leur frère d'armes, tombait, frappé de six balles, dans le Valcarlos (*). —

(*) Il avait pris les devants sur sa troupe, et s'était

Ainsi plus tard devait périr Santos-Ladron. Singulier rapprochement!

Je pris congé de Saraza. Le capuchino, qui m'attendait sur la route, fut joint par un de ses camarades, natif de Vera, comme lui. Nous devions côtoyer quelque temps la Bidassoa et traverser un pont jeté sur ce fleuve, avant d'arriver à Lessaca. Les deux volontaires se mirent en frais, pour me rendre ce trajet agréable. — « Joseph, dit à son camarade le capuchino, je suis certain que le Señor t'écoutera avec le plus grand plaisir si tu veux nous contrefaire, comme tu le fais si bien, Cecilio, l'innocent. — Les Basques désignent par cette dénomination les individus dont l'idiotisme n'offre point un caractère de méchanceté et de fureur. Ces derniers sont encore regardés, dans quelques val-

---

avancé seul vers les partisans ennemis, espérant les engager, par sa harangue, à poser les armes. Santos-Ladron commit la même imprudence, et se laissa prendre, pour être fusillé.

lées, comme possédés du démon, et subissent l'exorcisme. Le délire a quelque chose de magnétique ; l'exaltation suprême de la poésie participe elle-même de la démence, et rien n'est plus prestigieux que certains fous. Je ne suis nullement surpris du respect superstitieux que les Basques professent pour les *Innocens*, dont le Grand-Esprit a dérangé la cervelle. Les montagnards attachent à leurs divagations un mérite prophétique, et l'on attribue à ces aliénés, dans leurs momens lucides, le don de seconde vue, que des personnes raisonnables se vantent de partager avec eux. — Sur la prière du capuchino, le volontaire se mit à jouer la folie, déclamant, chantant et dansant tour à tour, avec une expression délirante, qui aurait fait honneur au plus parfait comédien.

A son tour le capuchino me répéta les chansons guerrières que les divers corps de l'armée insurgée font entendre en marchant au combat. Le refrain *Requete* est resté en surnom au troisième bataillon de Navarre, qui s'est conduit en

toute circonstance d'une manière si brillante.
Le deuxième bataillon porte le nom de *Salada*,
dont l'origine est à peu près la même que celle
du précédent. Il est impossible de se faire une
idée de l'ardente émulation qui exaltait le courage
des montagnards de chaque vallée, sous
les regards de Zumala-Carreguy. La palme de
la bravoure appartient à l'immortel bataillon des
guides, formé en entier de volontaires d'élite,
déjà notés pour actions d'éclat. Le sixième bataillon
de Navarre vient après lui. L'équitable
histoire dira que dans cette guerre la valeur navarraise
fut souvent égalée par celle des Cantabres,
combattant sous le même drapeau d'indépendance,
comme au temps les plus glorieux de
la fédération des montagnards.

Le capuchino termina la série de ses chansons
par un refrain castillan, qui, dans sa naïveté
féroce, ne parlait de rien moins que d'écorcher
la reine Christine toute vive, et de faire
un tambour de sa peau, pour aller battre le rappel
dans les vallées d'Arragon. Il répéta ce cou-

plet avec une expression digne de son horrible énergie. Je songeai avec plaisir que l'inspiration des bardes euskariens n'enfanta jamais rien de pareil à ce chant castillan. Les héroïdes, par lesquelles nos ancêtres célébraient les gloires de la patrie ou déploraient ses revers, sont d'une élévation toute biblique, et la dignité des mœurs patriarcales, empreinte dans ces improvisations sublimes, rehausse encore la poésie native de l'idiome ibérien. — Quant au pays d'Arragon, où le capuchino parlait d'envoyer battre le rappel, dépouillé depuis long-temps de son indépendance et de ses *fueros* par l'absolutisme de la monarchie castillane, les bruits de l'insurrection navarraise n'ont point eu de retentissement dans ses vallées. L'œil fixé sur le drame révolutionnaire, l'Arragonais semble attendre un drapeau d'avenir qui réveille ses vieilles sympathies pour la liberté. Également indifférent à la cause du prétendant et à celle de Christine, il est resté calme, froid, immobile, tandis que la guerre éclatait à ses frontières. Les tentatives hardies de

Carnicer et l'aventure tragique de ce chef de partisans ont à peine excité quelque émotion passagère sur ce peuple naturellement chevaleresque et le plus brave, peut-être, de toute l'Espagne, après les Cantabres.

Les volontaires, s'étant aperçus de ma rêverie, cessèrent de chanter, et nous marchâmes quelque temps en silence. Les montagnes se rapprochaient à mesure que nous avancions. Le fleuve, encaissé dans les rochers, renflait le murmure de ses vagues, semblable au roulement d'un tonnerre lointain; le paysage devenait plus sombre. Enfin, le pont de la Bidassoa parut à nos yeux; il embrassait d'une seule arcade toute la largeur du fleuve. Un volontaire se promenait, l'arme au bras, à l'extrémité du pont. — « Qui vive? » cria-t-il à notre approche. — « Espagne! — Quel drapeau? (*) — Charles V », répondit le moine soldat. Nous passons. J'entendis au même instant les notes joviales d'un fifre ou galou-

---

(*) Quien regimiento.

bet, et les battemens cadencés du tambour de basque, assez semblables au bruit du *tam-tam* indien : c'étaient des volontaires qui dansaient le saut des Basques sur la pelouse, devant un hangar voisin, transformé en corps-de-garde. Le saut des Basques, dansé jadis en rond sous le chêne de la liberté, se distingue par la vivacité des pas et les bonds agiles des danseurs, qui, se suivent sur la même ligne, sans se tenir, et tournent tantôt à droite, tantôt à gauche, en décrivant un cercle. Les volontaires, vêtus de capotes grises et coiffés du berret rouge, n'avaient point à la main le bâton ferré que les montagnards brandissent en poussant des cris sauvages, ni les boucliers que les Vascons, nos ancêtres, choquaient en dansant, mais de longs fusils propres et luisans que le soleil faisait resplendir. Mes deux jeunes gens ne purent résister à l'envie de faire quelques tours de danse au son du flageolet; ils allèrent se trémousser dans le cercle, le sac sur le dos, et me rejoignirent dès que je voulus partir.

Le capuchino ne pensait plus à son couvent.
« Ces volontaires, me disait-il tout échauffé, sont de la vallée du Bastan ; ils furent des premiers à s'insurger avec don Martin-Luiz Etchavarria, qui est aujourd'hui membre de la Junte de Navarre. Oh! le digne chevalier! aussi loyal que brave, et Navarrais à toute épreuve! Sa dame est à Bordeaux ; sa sœur et sa mère sont en prison à Pampelune ; sa fille, en bas-âge, est cachée dans quelqu'une de nos vallées sous un déguisement obscur. Les christinos la cherchaient, ces jours derniers, pour la tuer ; chère petite enfant ! Vous connaissez peut-être don Martin-Luiz? Son frère est chapelain de la Junte.
— Le boticario de Lessaca, chez lequel vous allez, est leur parent. Voilà encore un fidèle Navarrais ! Il a tout sacrifié ; ses trois jeunes sœurs ont montré le même dévouement et le même héroïsme. Les Philistins étaient hier dans leur maison, barbaros! Ils ont pillé jusqu'aux volières, et pris jusqu'au dernier pigeon. L'un d'eux a brisé la guitare de don Pedro ; sans quelques

officiers moins enragés, ils auraient jeté dans la rue sa pharmacie d'où nous tirons nos remèdes. Don Pedro parle plusieurs langues; il sait la physique et la chimie, aussi bien que moi le pater. Comme il sera contrarié de ne pouvoir vous faire fête! Cette guerre l'a ruiné... Justement le voici lui-même!.... Regardez; c'est lui! »

J'aperçus un promeneur qui se dirigeait de notre côté. Nous arrivions à Lessaca. Le capuchino prit les devants, et courut annoncer au boticario la venue du *Francès*.

VI.

LES INSURGÉS.

Le boticario portait le costume d'officier que j'ai décrit, en parlant du brigadier Saraza : sa moustache épaisse et ses yeux d'épervier lui donnaient l'air le plus intrépide; sa taille moyenne, jointe à des formes élégantes, qui annonçaient la vigueur et l'agilité, sa pétulance extrême et l'exaltation de ses moindres paroles, retraçaient en lui le type navarrais, dont j'ai retrouvé l'empreinte dans Zumala-Carreguy, Sagastibelza, Ithurralde et dans presque tous les officiers supérieurs de l'armée. — « Amigo! exclama le boticario en me pressant dans ses bras, vous voilà donc dans la Navarre? Sanglante, mutilée, mais toujours indomptable, jamais la patrie ne fut plus belle qu'aujourd'hui! » Puis il ajouta gaiement : — « Les quatre murs et le toit de ma maison me restent encore pour vous y recevoir : ces coquins de peseteros m'ont fait dire qu'ils la brûleront sans faute la première fois qu'ils reviendront à Lessaca; il ne manquerait plus à leur joie que de me prendre vif. »

Le boticario, ou plutôt don Pedro de Harismendi, me conduisit à sa maison et me présenta à ses trois jeunes sœurs. Elles étaient vêtues de noir, suivant l'usage du pays : leurs cheveux, tressés et relevés sur le front en guise de diadème, étaient retenus par des peignes hauts, sur lesquels les demoiselles bizkaïennes jettent de longs voiles

noirs tombans. — Ce costume, au premier coup-
d'œil, a quelque chose de religieux et de triste ;
et l'étranger qui verrait pour la première fois nos
fêtes publiques serait tenté de prendre les Basques pour un peuple en deuil. L'air sémillant et
gracieux des femmes euskariennes détruit bien
vite cette première impression. — Le noir était
la couleur favorite des Cantabres, ils l'avaient
adoptée pour leurs drapeaux (*); aujourd'hui
encore elle est affectée aux jeunes personnes, et
les fait distinguer des femmes mariées, qui se vê-
tent invariablement de blanc. Ces dernières se
coiffent avec un mouchoir blanc, ou *sabanilla*,
noué sur le front. Les filles nubiles ont seules le
privilége de se montrer en public la tête nue : le
plus souvent elles ramènent leurs cheveux sur le
haut de la tête à la chinoise, et les laissent pen-

(*) Quelques-uns des bataillons insurgés ont des ban-
nières noires avec des ossemens jaunes et des têtes de
morts, que les christinos ne peuvent envisager sans terreur.

dre en longues tresses; elles portent une ceinture de soie, dont les extrémités sont rouges; et ce symbole de la virginité ne les quitte point jusqu'à la nuit de leurs noces, où l'heureux *senargheï* en fait son trophée. Celles qu'une tendre faiblesse rendit mères avant le sacrement portent la *sabanilla* blanche, avec des rubans noirs et verts, emblêmes de regret et d'espoir: elles se joignent aux femmes mariées, dans les cérémonies religieuses et les divertissemens publics, sans jamais se mêler aux vierges. — Ces distinctions deviennent la sauvegarde des mœurs, et conservent à la physionomie du peuple basque sa simplicité primitive et sa couleur d'antiquité.

Le boticario me proposa de parcourir le village et d'aller voir les volontaires dans la place publique; nous visitâmes l'église en passant. L'entrée de ces édifices religieux est d'ordinaire ombragée par la toiture d'un vaste portique, dont le sol est pavé de tombeaux unis qui portent chacun un numéro de famille. Les maisons les plus riches et les plus distinguées ont leurs sépultures dans la nef. Dans les provinces françaises, au contraire, les églises sont entourées de leurs cimetières, auxquels la langue basque donne le nom poétique de *Ilherri*, région des morts. Chaque tombe est surmontée d'une croix de pierre, dont la forme affecte quelquefois celle du disque solaire. Un relèvement de terre imite la couche du mort, qui semble dormir sous les fleurs, dont le tumulus se montre paré. J'ai toujours préféré cet usage aux larges pierres qui pèsent sur la sépulture du riche, et même à ces longues statues de marbre, couchées, les mains jointes, sur les tombeaux des rois et des grands.

Les églises de la Navarre sont généralement bâties sur des hauteurs, le maître-autel tourné du côté de l'orient. Une porte dérobée, un bénitier distinct, et des galeries particulières, sont assignés à la caste des Agoths ou Cagots, dont j'aurai occasion de parler plus tard. — Les chants grecs et romains, adoptés par le catholicisme, n'étaient point sans beauté. L'orgue, expression la plus grandiose de l'art musical, subjugua, par son harmonie puissante, les montagnards, que des révolutions successives avaient privés de l'art social et de la civilisation naturelle des patriarches leurs aïeux. Aujourd'hui, comme aux premiers temps du christianisme, le peuple, dans quelques vallées du pays basque, accompagne de sa voix immense la voix du prêtre; tous les assistans, hommes, enfans, vieillards et femmes, chantent en chœur avec lui. La voûte des églises, peinte en bleu d'azur et parsemée d'étoiles, imite la voûte du ciel, pavillon superbe sous lequel les anciens Ibères célébraient, la nuit, leurs fêtes joyeuses en l'honneur du Iao éternel.

L'invasion des Barbares rugissait autour des Pyrénées lorsque le christianisme s'introduisit parmi les Basques. Une pensée militaire semble avoir présidé à l'édification de leurs églises, hors des villages, sur des collines élevées, d'où la vue peut s'étendre au loin. Les montagnards placèrent, dans les sites les moins accessibles et les plus faciles à défendre, les objets de leur culte et la cendre vénérée des morts; ils ne se livraient aux délassemens religieux qu'après s'être précautionnés contre les surprises de l'ennemi. Le clocher (*) servait d'observatoire, et des sentinelles vigilantes sonnaient au besoin le tocsin d'alarme. — Les chroniqueurs rapportent que, durant tout le moyen-âge, les Basques se rendaient armés à leurs églises et déposaient au seuil de la maison de paix la pique et la hache meurtrière. Vers la même époque, diverses peuplades, désertant le chêne de liberté sous lequel se tenait le *Bilzaar*, transportèrent au portique de l'église ces assemblées populaires, qui reçoivent de là le nom d'*Anteglises*, *Elizaïntzin*. — Je me borne à ces traits descriptifs; mon but n'est point d'apprécier ici l'influence du catholicisme sur les Basques.

Les peintures emblématiques qui ornent les églises de la Navarre sont remarquables à divers

---

(*) *Zenu-teguy*, *Izkila-dorre*.

titres. J'ai découvert, dans l'assortiment de leurs couleurs, une rare intelligence du mythe et une science profonde des symboles. Je puis citer l'*Agneau* céleste, surnommé blanc ou *Chourien*, par les Ibères, les Indiens primitifs et les Iranites. Il est peint, dans les églises basques, d'une éclatante blancheur, sur un fond bleu de ciel, encadré dans des rayons solaires. — Les plus belles formes de l'art chrétien se rattachent à la philologie primitive, par les religions de l'antiquité. Que l'on se figure la vie universelle symbolisée par la paternité du Grand-Être; quoi de plus majestueux que le vieillard olympique, le *Père*, planant dans l'espace, au bruit des harmonies de la création, arrondissant de ses mains divines les globes étincelans dont il parsème l'immensité? C'est un type admirable que le *Christ* sortant glorieux du cercueil, les bras tendus, sans effort, dans une immobilité parfaite, et s'élevant, par le seul pouvoir de son essence éthéréenne, comme un rayon lumineux, à demi plongé dans l'azur. J'aime encore ces images frêles et torturées des martyrs, où l'âme humaine semble exhaler son dernier cri d'exaltation; semblable au bruit sublime que rend la lyre du poëte en se brisant. Le *Voyant* s'est déclaré presque seul, dans le nouveau siècle, contre le culte chrétien; mais ce n'est point faute d'avoir compris ce qu'il renferme d'inspiration supérieure et de vérité philosophique, dans ses modèles primitifs si défigurés, par la mythologie du catholicisme. — La sculpture ancienne avait choisi le marbre, élément neutre, pour reproduire le beau humain, par l'idéal des lignes et le naturel des proportions: elle n'usurpa jamais la mission de la peinture, qui donne une saillie magique à ses formes, à l'aide du prestige et de l'illusion des couleurs. L'art gothique a confondu les deux buts les plus distincts de l'imitation; il s'est flatté d'incarner ses figures de plâtre, et n'a fait qu'obscurcir les images palpitantes de la vie par des reflets cadavéreux. Les statues d'apôtres, d'évêques et de saints qui peuplent les plus fameuses cathédrales de l'Occident, ne ressemblent pas mal aux hideux fantômes de cire qu'un rideau cache à la curiosité du peuple sur les boulevarts parisiens. Le barbare a plaqué d'or ses statues, comme ses autels; et c'est le cas de lui appliquer le mot d'Apelles à un peintre médiocre : ne pouvant rendre ton Hélène belle, tu l'as faite riche.

L'église de Lessaca, quoique petite, est, dans son genre, l'une des plus jolies de la Navarre. Le boticario me fit voir une vierge dont les peseteros avaient brisé la niche, pour enlever la pomme d'or de son bouquet. Il me montra aussi un grand *Christ* devant lequel certain officier libéral avait proféré des menaces en brandissant son sabre. Ce Castillan blasphémateur rappelle l'omelette que l'athée Desbarreaux, effrayé par un orage, jeta par sa fenêtre, en défiant Dieu et son tonnerre. — Crédule ou sceptique, le barbare est toujours le même et son impiété n'est pas moins superstitieuse que sa foi.

Après avoir visité l'église, nous descendîmes à la place publique, où les volontaires jouaient à la paume, sous les arcades de la mairie. Ils faisaient la partie du *trinquet* (*). Les Romains empruntèrent le jeu de la paume aux Ibères et lui accordèrent la première place dans leur gymnastique. Les Basques sont réputés les meilleurs joueurs de toute l'Espagne; ils s'adonnent avec une sorte de fureur à cet amusement de prédilection qui redouble leur force, leur agilité naturelles, et met en évidence tous les avantages physiques auxquels les montagnards attachent un si grand prix; ils le préfèrent même aux plaisirs de la danse, et les yeux d'une jolie maîtresse ont moins de charme, pour le jeune Basque, que la *pilota*, lancée jusqu'aux

---

(*) La règle de ce jeu consiste à faire passer chaque fois la paume par dessus une corde tendue à la hauteur de 4 pieds, au milieu d'un carré étroit, dont les angles rendent la direction de la balle fort irrégulière, et obligent les joueurs à lutter contre ces difficultés réunies, par la précision du coup-d'œil, par la souplesse des mouvemens et la promptitude des coups, en évitant de se heurter et de s'embarrasser les uns les autres.

nues par son bras nerveux, armé du gantelet de cuir. Les individus qui excellent dans ce jeu sont en grande estime parmi les montagnards; ils sont honorés comme les vainqueurs des jeux olympiques chez les anciens Grecs, et leur gloire survit pendant plusieurs générations. Le Navarrais Assans et le Labourdin Perkain furent les deux grandes célébrités du dernier siècle. Je regrette de n'avoir point retenu le nom d'un joueur contemporain qui a fait des prodiges en présence de S. M. Charles V et de plus de dix mille spectateurs accourus à Elissonde.—Chaque petite province a ses joueurs dont elle se glorifie, et ils s'envoient fréquemment les uns aux autres des espèces de cartels, accompagnés de paris considérables. Les fêtes patronales sont choisies d'ordinaire, pour ce genre de spectacle, et le curé de l'endroit, prévoyant la désertion qui menace l'église, pour la soirée, a la prudence de terminer de bonne heure les saints offices. Il n'est point rare de voir la population d'une vallée accompagner en masse ses champions et marcher ainsi musique en tête, avec des bardes improvisateurs qui doivent immortaliser, par des couplets, les chances diverses de ce singulier combat, et célébrer le triomphe des vainqueurs. De part et d'autre on choisit des témoins ; leur devoir est de veiller à ce que les règles du jeu soient observées et de prononcer sur les coups douteux. Ces juges du camp portent à la main des bâtons ferrés et marquent les chasses avec des branches d'olivier. La paume dont on fait usage est élastique et dure ; elle pèse quelquefois jusqu'à seize onces. C'est un spectacle assez amusant de voir les joueurs coquettement habillés, chaussés de légères sandales, leur gantelet de cuir à la main, prendre champ dans un cirque spacieux, se défier, se répondre, courir, bondir, avec une incroyable agilité, et se renvoyer la paume, qui tantôt rase le sol, comme un boulet, tantôt décrit un cercle dans les airs, et suspend après soi l'âme des spectateurs intéressés. Les paris s'engagent et se croisent, les pièces d'argent et d'or pleuvent sur la terre :

heureux qui les ramasse! Les gagnans encouragent les joueurs par de bruyantes acclamations ; les perdans gardent un morne silence. Mais la fortune qui ballotte ses faveurs, entre des champions également acharnés, agiles, adroits, se montre capricieuse, et les alternatives de joie et de désappointement se succèdent avec rapidité. — La peuplade à laquelle restent les honneurs de la journée en est aussi fière que d'une victoire : elle en conserve une idée de prééminence, bien propre à nourrir les rivalités locales qui divisent les montagnards. Parfois, lorsqu'à l'approche de la nuit les jeux sont terminés, les paris acquittés et le vin bu, la querelle la plus furieuse éclate : un couplet de barde, trop caustique, un *achut* méprisant échappé à l'ivresse du triomphe donnent le signal : bâtons ferrés entrent en danse, poignards sont tirés...; puis, quand la mêlée se disperse, les deux partis se retirent *manche à*, les battus vont se faire panser le crâne, en attendant la *revanche*.

Nos volontaires, assis autour du *trinquet*,

sur les dalles que le soleil échauffait de ses rayons, regardaient jouer leurs camarades. Il ne s'engageait point entre eux de paris d'argent; car si les distributions de cartouches étaient abondantes, leur paie quotidienne était légère et les *quartos* rares dans leur poche. Ils pariaient des tapes; monnaie que les gagnans distribuaient sans se faire prier. Je voyais un grand innocent de volontaire, remarquable par ses larges épaules et son rire hébété; cinq à six de ses plus jeunes camarades le tenaient assiégé : toujours il se trouvait perdant, ou, s'il gagnait, cela revenait au même; les coups n'en pleuvaient pas moins sur lui, comme la grêle : chaque fois, il se récriait de sa grosse voix bégayante, avec le sérieux le plus plaisant; mais il avait affaire à des juges iniques, qui prenaient plaisir à son supplice; mille voix unanimes le condamnaient de toute part; et les espiègles de taper à qui plus fort, le bon diable baissait la tête : c'étaient des rires inextinguibles.

— « Vous les voyez, ces enfans héroïques,

me dit le boticario : la plupart d'entre eux n'ont pas seize ans et portent des visages de jeunes filles ; ils ont la gentillesse de petits chats et deviennent des tigres pour le combat ; il faut les voir courir au feu le plus vif et se précipiter au plus fort du carnage ! Ils se délassent maintenant de leur fatigues, insoucians et joyeux. La plus sainte des causes leur mit les armes à la main ; l'admiration et l'amour des populations les entourent ; chaque mère de famille les reçoit dans sa maison, comme ses propres fils, et partout ils retrouvent la patrie. — Bien différens, les christinos ! vous les verriez le plus souvent, taciturnes, sombres, découragés ; ils se barricadent dans les maisons : leurs jeux, c'est de hurler par les fenêtres, c'est de coucher les passans en joue, pour leur arracher des cris séditieux qui n'ont point d'écho dans ces montagnes. La soif du pillage excite leur ardeur qu'ils ont besoin d'entretenir et d'exalter par des démonstrations anarchiques, des cris confus, des chants discordans. — La nouvelle de l'approche de Zumala-Carreguy a suffi pour faire déloger de Lessaca le Pastor, qui court, avec sa bande, s'enfermer dans Saint-Sébastien. »

Le boticario me conduisit alors à une maison voisine, où nous trouvâmes une réunion d'officiers; quelques-uns d'entre eux étaient assis au bout d'une longue table, cartes en main, fumant la *cigarrette*, et buvant les vins généreux de la Ribera. Les autres se promenaient dans l'appartement, avec leurs sabres traînans, et leurs pantalons doublés en cuir.—C'étaient pour la plupart de robustes paysans, d'une taille plus qu'ordinaire. Soldats de l'indépendance, ils devaient leurs grades au suffrage de leurs concitoyens, et les plus âgés d'entre eux n'avaient guère plus de quarante ans. Leurs gestes vifs, impétueux, trahissaient un excès de force et de vie; leur langage naturellement pittoresque, animé, recevait de leurs voix mâles et sonores un éclat puissant. Imaginez d'épaisses moustaches sur des visages cuivrés, des yeux d'aigle et des fronts terribles, ombragés par un berret couleur de sang, des vestes ou simarres en peau d'ours, une démarche agile, une allure sauvage, et des poses pleines de noblesse et de dignité : vous aurez une peinture fidèle de ces officiers montagnards, jactancieux comme les héros d'Homère ou les paladins du moyen-âge, et braves comme les guerriers fanatisés d'Odin.

En entrant, le boticario m'adressa la parole, d'un air enjoué, pour me fournir l'occasion de lui répondre dans la langue nationale ; il se hâta de me faire connaître et d'annoncer que je venais recueillir des notes pour écrire l'histoire de l'insurrection. J'eus lieu d'être flatté des applaudissemens qui me furent adressés de toute part, avec l'élan d'une cordialité non équivoque, et l'admiration naïve que nos montagnards illettrés professent pour la mission du poète et de l'historien.

— « Hijo (fils)! s'écria l'un d'entre eux, en mêlant cette exclamation castillane à la langue du pays, dans un transport affectueux où l'excellent vin de Tudèle avait sa part : tu es donc

venu de Paris, tout exprès, avec cette pensée patriotique ? Bien fait ! les Basques se couvrent de gloire, et il se passe dans la Navarre des choses qui méritent d'être écrites dans toutes les langues, pour servir d'exemple à tous les peuples.
— La première guerre de l'indépendance n'eut point d'historiens, dit brusquement un grand homme sec, à moustache grise ; elle n'en fut ni moins sanglante, ni moins glorieuse : les grenadiers français étaient des géans auprès de la vile canaille des christinos qu'il aurait fallu chasser de nos vallées, sans autre arme que des bâtons. »
L'interrupteur, en achevant sa phrase, nous tourna le dos et se promena dans l'appartement d'un pas large et mesuré. Son manteau long, aussi vieux que les guerres dont il parlait, n'était qu'un composé de lambeaux recousus et de pièces superposées, comme les tuiles sur un toit délabré.
— « Augustin, me dit-il, en revenant, puisque vous avez le projet d'écrire un livre, je vous raconterai de point en point tout ce qui s'est

passé dans nos Pyrénées, à commencer par les guerres de Napoléon.

— « L'Espagne était courbée sous le joug étranger : un Navarrais fidèle, en chargeant sur son mulet, le charbon qu'il portait aux forges, jura l'indépendance de son pays, et prit la carabine. Patriote ardent, guérillero fameux, cet homme s'appelait Espoz y Mina. Pourquoi faut-il que l'exil ait changé le cœur de notre ancien général ? A-t-il donc si vite oublié quelle race d'hommes grandit à l'ombre de nos vallées ? Insensé, qui s'est flatté de semer parmi nous la terreur, sans comprendre que le sentiment impérissable de la nationalité domine ici tous les autres ! Ses cruautés le déshonorent et nous irritent, ses vaines menaces nous font pitié...

— « Qu'est devenu le temps, où j'ai vu Mina, simple montagnard, chausser l'*abarca*, et déjeûner, assis sur un escabeau, sa tasse de chocolat entre les pieds, sans autre table que la pierre du foyer ? Alors, sa voix était toute puissante en Navarre, et son prestige égalait celui du Vieux de la Montagne. — Plus d'une fois le soleil s'est couché sur nous aux hautes frontières de l'Arragon, et s'est levé surpris de nous revoir le lendemain, aux extrémités de l'Alava, sanglans et victorieux, partageant les riches dépouilles d'un convoi français. L'ange de la patrie favorisait nos expéditions aventureuses. La caille, tapie sur les champs labourés, est moins inaperçue que le guérillero montagnard, couché sur la bordure des vallons, la carabine apprêtée, attendant le signal du chef, l'oreille collée contre terre, pour écouter le pas des chevaux et le roulement lointain des chariots ennemis. Le vent qui fait gémir les bruyères a pour lui des sons prophétiques et des confidences mystérieuses, il interroge les bruits de la plaine dans ses murmures aériens. — L'heure approche : la lune, à demi voilée, se penche sur les montagnes, pour contempler de nocturnes combats... Silence! entendez-vous ces chants joyeux?... Ce sont les régimens français qui s'engagent dans la vallée sombre, où la mort fait sentinelle : marche!

marche! la nuit est calme, les astres scintillent dans l'azur... Un fantôme silencieux se lève au haut de la colline, un sifflet aigu part et se prolonge; c'est Mina donnant le signal : arrama!!
— Plus nombreux que les épis avant leur moisson, les guérilleros se sont dressés avec leurs longues carabines; la fusillade éclate, la montagne est en feu, une grêle de plomb frappe les gavachos (*), et leurs cadavres jonchent la vallée : arrama! victoire aux montagnards! — Augustin, j'ai vu tout cela! »

Une mime expressive et théâtrale n'avait cessé d'accompagner les détails de ce récit dramatique fait à la manière de nos bardes improvisateurs. L'éclair de l'inspiration s'éteignit bientôt pour faire place à une colère sombre; l'officier des guérilleros ramena sur son épaule le mille-pièces qu'il appelait son manteau, demanda des cigarettes à son voisin, et garda le reste de la soirée

---

(*) Dénomination injurieuse par laquelle les Espagnols désignent les Français.

un silence farouche. Les joueurs avaient posé leurs cartes pour prendre part à la conversation.

Le boticario, mon excellent ami, s'était assis, à côté de moi, le bras jeté sur mon épaule; j'avais en face l'un des principaux officiers dont je tairai le nom.

— « La jalousie des Castillans fut la première cause de cette guerrre, dit le chef insurgé, d'un ton bref et positif, qui annonçait l'homme supérieur. Ils ne pouvaient souffrir de voir les provinces basques se gouverner et s'administrer elles-mêmes dans une complète indépendance; tandis qu'une infinité d'emplois civils et militaires étaient occupés en Castille par des Bizkaïens et des Navarrais. »

— Cela fut ainsi de tout temps, répondit quelqu'un, et les faveurs distribuées à nos compatriotes étaient le privilége du mérite, ou le prix des services rendus.

— Si les Basques tiennent opiniâtrément à leur indépendance et à leurs priviléges, ils ont prouvé, en toute circonstance, combien la gloire de l'Espagne leur était chère, dit le boticario.

— Leur dévouement à la cause générale n'a jamais pu dissiper la crainte qu'ils inspirent et la défiance dont ils sont l'objet, répliqua le commandant S***. Après les guerres de l'indépendance, nos invincibles milices avaient été disséminées dans les places fortes de l'Espagne et notre pays resta désarmé : la même mesure fut adoptée à la suite des guerres de la Foi.

— Avis aux montagnards, pour le jour où Charles V rentrerait triomphant dans Madrid! s'écria, de son coin, l'officier des guérilleros au manteau rapiécé. Puis il vida son verre d'un seul trait et se remit à fumer en appuyant son coude sur la table.

— On annonce, dit le boticario, que la régente va faire marcher contre nous les garnisons des villes du midi. Dans ce cas, les officiers basques, qui s'y trouvent en grand nombre, ne franchiront l'Ebre que pour se ranger sous nos drapeaux.

— Il est assez bizarre, dis-je à mon tour, que

les meilleurs officiers de l'armée de Christine soient des Basques, et que les Castillans, si jaloux de nos priviléges, obéissent à des chefs de notre race, tels que Iriarte, Gurrea, Oraa, Jaureguy, Mina.

— Ces officiers transfuges, dit le commandant S***, seraient plus redoutables s'ils avaient à leurs ordres de meilleurs soldats. Iriarte et Gurrea sont actifs et braves; le plus dangereux de tous sans contredit est Oraa. Je me tiens sur mes gardes tant que ce loup de montagne rôde à dix lieues de distance; au lieu que je dormirais tranquillement la *siesta* à six cents pas d'un chef castillan. Quant à Jaureguy, son rôle, dans cette guerre, consiste à se promener de Saint-Sébastien à Lessaca et de Lessaca à Saint-Sébastien, afin de protéger les envois d'argent que le gouvernement français fait journellement aux généraux de Christine; il mène sa troupe aussi paisiblement qu'autrefois ses moutons; car vous savez qu'il a été berger, comme l'indique le surnom d'*Archaïa* ou Pastor. — Je prévois pour tous ces hommes égarés une fin tragique.

— Amen, dit en se levant un gros gaillard de capitaine qui avait gardé le silence jusque-là : celui qui porte la guerre dans son pays natal, sous quelque prétexte que ce soit, mérite l'exécration publique ; à plus forte raison quand ses fureurs n'ont d'autre mobile que la soif de l'or. C'est une vérité que je dirais à Mina lui-même, redondo como una pelota ! *pilota bezaïn biribil* (*) ! — Augustin, ajouta le bon capitaine, en me tapant familièrement sur l'épaule, vous êtes un jeune homme et j'ai cinquante ans. Croyez-moi, tous ces généraux de Christine sont de vieux renards : il n'en est pas un seul qui ne soit certain d'avance de voir échouer ses armes contre l'insurrection des Basques ; mais ils ont regardé cette guerre comme une excellente occasion d'arrondir leur fortune. Chacun d'eux a retenu le commandement en chef, tout juste le

---

(*) Rondement, rond comme une boule. Cette locution est généralement usitée en langue castillane et basque.

temps nécessaire pour s'approprier quelques millions. J'admire la duperie de vos journaux parisiens, qui prenaient leurs fanfaronnades au sérieux. On sait à quoi s'en tenir sur ces chapons à l'engrais dont ils prétendaient faire des aigles; je puis citer Rodil, qui ne daigna point attendre l'arrivée de son successeur, pour abandonner sans façon l'armée, et prendre le chemin de son pays de Galice, en plein midi, précédé par une *requa* (*) de vingt mulets chargés de bel argent de France! »

La sortie du capitaine excita l'hilarité générale: seul, l'officier supérieur dont j'ai parlé resta sérieux. — « La question de conquête et d'unité qui ensanglante les Pyrénées occidentales est grave, dit-il; elle fut posée contre nous, sous le gouvernement précédent. Le désir de contraindre nos provinces libres (**) à une fusion avec la

---

(*) Une file de mulets attachés à la suite les uns des autres.

(**) Les Castillans les appellent *exemptes*.

Castille, et de ravir aux Basques le privilége de leur indépendance, a dicté seul le testament de Ferdinand, violateur de la constitution espagnole. Le roi moribond prévoyait notre résistance, et désirant éviter à la régente les embarras et les périls de cette guerre, résolut de préparer l'exécution de son testament par l'abolition de nos *fueros*. Cette menace excita dans les provinces basques une sourde fermentation avant-courrière des soulèvemens populaires, et les députations diverses firent parvenir au roi des remontrances respectueuses, mais énergiques. — Ferdinand, pour toute réponse, fit avancer une armée de trente mille hommes sur l'Ebre... »

Ici l'officier montagnard pressa convulsivement la poignée de son sabre; une contraction involontaire rapprocha ses noirs sourcils; mais il reprit aussitôt sa pose calme et son air froid, et poursuivit en ces termes :

— « Tandis que l'armée castillane marchait sur les provinces basques, l'insurrection de juillet éclatait dans Paris. La Belgique et la Pologne suivirent l'exemple de la France, l'Helvétien agita son drapeau fédéral, et, jusque dans l'Orient, de vaillantes peuplades de montagnards se répondirent, de l'Atlas au Caucase, par des cris de liberté: Le moment n'était point favorable pour provoquer les Basques à une guerre d'indépendance. Le cabinet de Madrid rappela ses troupes échelonnées sur l'Ebre; et la question resta pendante jusqu'à la mort de Ferdinand, où la cause de l'hérédité légitime vint la compliquer en notre faveur. — La loi salique, adoptée depuis long-temps en Espagne, ôte à Christine tout moyen de colorer son usurpation, et le droit de S. M. Charles V n'est contestable que dans le sens démocratique et révolutionnaire. Il est difficile de prévoir les bouleversemens qui peuvent changer la face de la péninsule hispanique... Quoi qu'il arrive, les Basques connaissent leur droit, et sauront le faire triompher. N'est-il point vrai, compagnons? »

Le sang-froid du chef insurgé disparut à cette dernière phrase qu'il prononça d'une voix électrique, en bondissant jusqu'au milieu de l'appartement : on eût dit un oiseau de proie qui venait d'abattre son vol. L'adhésion la plus éclatante fut la réponse des montagnards : les voûtes du salon spacieux, frappées par le retentissement de ces voix sonores, rendirent comme un bruit d'airain, et les sabres des insurgés s'agitèrent brillans. Le chef promena, quelques instans, ses regards autour de lui, avec une expression rayonnante de fierté; puis il revint lentement à sa chaise. — Augustin, me dit-il, en se rasseyant, vous écrirez, pour les Français, ce que vous venez de voir et d'entendre. »

En ce moment, les tambours retentissaient dans la place publique et les rues de Lessaca, pour inviter les volontaires à l'appel et à la prière du soir. Le commandant S*** m'avait entraîné vers une embrasure de fenêtre : je le questionnai sur les principaux acteurs de l'insurrection : Valdespina, Zavala, Erazo, Ithurralde, Zumala-Carreguy.

— « Valdespina, me dit-il, appartient à l'une

des plus anciennes et des plus illustres familles de la Bizkaïe. Il naquit à Ermua, dans le magnifique château de ses ancêtres, que les christinos ont incendié : dès sa première jeunesse, il porta les armes pour la défense de son pays ; capitaine en 93, il fit admirer aux Français sa valeur brillante. L'invasion étrangère, sous Napoléon, lui fournit l'occasion de montrer tout son dévouement à la cause nationale : il prit une part active et glorieuse à la guerre de l'indépendance ; et plus tard, son hostilité déclarée contre le gouvernement constitutionnel lui valut une arrestation brutale et son exil à Cadix. — Après la restauration de la monarchie castillane et la rentrée de Ferdinand VII, Valdespina fut proclamé député général de la Biskaie : il déploya dans ce poste honorable de rares talens administratifs, et fut réélu, par acclamation, aux assemblées suivantes, sous le chêne de Guernika.

— Nommé président de la députation générale de la Biskaïe, après la mort de Ferdinand, il propagea rapidement l'insurrection carliste, dans le Guipuzcoa, l'Alava, la Navarre, et jusque dans la Castille, où il envoya de l'argent, des munitions et des armes. Lorsque les troupes libérales envahirent les provinces basques, Valdespina partagea les succès du brigadier Zavala contre Saarsfield. J'oubliais de vous dire qu'il a eu le bras droit fracassé par une balle dans les guerres précédentes, et qu'il a subi l'amputation ; il peut avoir aujourd'hui soixante ans : l'âge ne lui a rien fait perdre de sa vivacité naturelle : il joint l'esprit le plus aimable à une instruction solide et variée, et la bonté de son âme égale la courtoisie et l'affabilité de ses manières. Je n'ai plus qu'à vous parler de sa petite taille, de son manteau gris et de son chapeau blanc, pour achever la peinture de D. José Maria, de Orbe y Elio, marqués de Valdespina. »

Le commandant n'avait point fini de parler qu'il se retourna vivement, et fit signe au gros capitaine de s'approcher. — « Tu connais Zavala, lui dit-il ? — « Certainement, répondit le capitaine, avec sa rondeur habituelle, que je connais D. Fernando de Zavala, natif de Munguia, en Biskaïe. — Capitaine de cavalerie, pendant la guerre de l'indépendance. — Sous la constitution, prisonnier d'Etat. — Miraculeusement évadé. — Guérillero formidable, à la tête de dix mille jeunes Biskaïens. — Brigadier. — Député général de la Biskaïe, à l'avénement de Charles V. — Général. — Grand d'Espagne. Vainqueur du rebelle Saarsfield. — Disgracié finalement et réfugié, avec sa gloire, dans je ne sais quelle partie du royaume inhospitalier de France. »

Le capitaine, ayant ainsi répondu, courut assister à l'appel de sa compagnie. — « L'un des plus beaux caractères que vous aurez à tracer dans votre histoire est celui de D. Benito Erazo, reprit le commandant S***. Ce gentilhomme parut pour la première fois sur la scène politique en 1821; élu membre de la Junte de Navarre, par les cortès du royaume, il réunit à Roncevaux, huit cents jeunes Navarrais : ce fut là le noyau de l'armée dite de la Foi. — La paix s'étant rétablie en Espagne, Erazo fut mandé à la cour et retenu à Madrid, comme prisonnier d'Etat : sa femme en conçut le plus vif chagrin qui dégénéra quelquefois en démence.—En 1830, Erazo, à la tête d'un corps de volontaires navarrais, repoussa la bande de Chapalangarra dans le Valcarlos. Ferdinand lui accorda le titre de colonel d'infanterie ; mais, les volontaires ayant été licenciés, Erazo, privé de son commandement, rentra dans ses foyers et vécut inactif, jusqu'à l'avènement de Charles V. — Votre parent, M. D***, a dû vous raconter les détails romanesques de son évasion de Bordeaux (*). Erazo, caché sous les déguisemens les plus bizarres, mit près d'un mois à franchir les cinquante lieues qui séparent Bordeaux des Pyrénées. — Enfin le

---

(*) Le général de Charles V fut conduit de Pau à Bordeaux, comme un malfaiteur. Les gendarmes ne le quittaient point un instant et couchaient dans sa chambre. Comment peut-on dire qu'il fût laissé libre sur sa parole, et qu'il l'a violée en s'évadant ?

Navarrais fidèle rejoignit ses frères, à la clarté de mille feux de joie allumés sur les collines, pour annoncer et fêter son retour. Le brave Ithurralde avait organisé, comme par enchantement, les deux premiers bataillons de Navarre, sous la fusillade des colonnes ennemies qui sillonnaient en tout sens nos provinces. Un parti nombreux lui réservait le titre de général en chef. Erazo fit pencher la balance en faveur de Zumala-Carreguy. C'est un spectacle honorable pour notre pays de voir D. Thomas se couronner, entre ses deux fidèles amis, d'une gloire immortelle, avec le commandement qu'il doit à l'abnégation de l'un et à la générosité de l'autre.

— D. Benito Erazo naquit à Barazuïm, en Navarre; il est âgé d'environ quarante-cinq ans : peu d'hommes unissent comme lui la modestie aux talens les plus variés; la bravoure aux sentimens les plus délicats d'humanité; l'activité la plus infatigable à une inaltérable douceur : le levain de la haine n'a jamais fermenté dans sa belle âme que reflète une physionomie expressive et riante; son langage séducteur persuade les esprits les plus rebelles; son patriotisme aussi pur qu'exalté les subjugue. Trois fois le commandement suprême lui fut offert, sans qu'on ait pu le résoudre à l'accepter : il n'a point encore donné la mesure de ses talens militaires et n'a fait briller que sa valeur. La position indépendante et désintéressée de ce chef vertueux imprime à ses conseils une force irrésistible, à son influence un caractère religieux, dont le prestige rappelle l'ange conservateur, veillant sur les destinées de la patrie. »

Le commandant qui faisait avec une impartialité si noble l'éloge de ses frères d'armes n'était autre que le brave Sagastibelza. Le chef montagnard réunissait en lui deux physionomies distinctes, qui se succédaient par des transitions rapides : l'Ibérien primitif et le moderne Espagnol. Parlait-il la langue de Cervantes, il était grave, emphatique, et l'élévation de sa pensée recherchait toutes les magnificences du langage; mais, au premier accent de la langue des Vascons, son inspiration devenait plus franche et plus abrupte, son tour plus vif, son allure plus décidée; une vie nouvelle éclatait dans le feu de ses regards plus mobiles; le timbre de sa voix devenait plus mordant; je ne sais quel souffle d'indomptable liberté faisait respirer cet homme assez petit de taille, svelte et fort comme un léopard.

Cependant, le *presente* joyeux des volontaires répondant à l'appel retentissait dans la place publique. L'appel terminé, chaque compagnie forma le cercle autour du sergent-major, et se mit à réciter, après lui, le long chapelet ou *rosario* qui compose la prière nocturne de l'armée. — Officiers, bourgeois, prêtres et moines, attirés par la curiosité, venaient grossir notre réunion : ils se découvraient en entrant, avec une légère inclination de tête, et prononçaient divers saluts. J'entendis ces mots : *Ave Maria!* auxquels il fut répondu : *Madre de Dios!* Je reconnus, dans cette salutation toute chrétienne, le mot de ralliement que les Navarrais adoptèrent jadis, en formant, à la voix de Pélage, leur première croisade contre les Sarrasins. Ce souvenir des temps passés jeta son prisme poétique sur la scène où je me voyais transporté. Les groupes variés des montagnards, leurs costumes étranges et leurs figures rembrunies, dont le jour déclinant exagérait progressivement l'expression fantastique, formaient un tableau prestigieux, que l'imagination peintre peut à peine retracer.

Je priai Sagastibelza de nous parler de Zumala-Carreguy. — « Je le veux bien, dit-il, avec une grâce parfaite, en me prenant la main ; et puisque vous avez résolu d'écrire pour la postérité l'histoire de notre insurrection, il est juste que nous vous fassions connaître l'homme supérieur qui en est l'âme puissante et le digne chef : sa renommée a fait, en peu de jours, bien du chemin sur la terre.

Zumalaren (*) izena   Le nom de Zumala

(*) Ce verset, dont les montagnards ont fait l'application

Eta haren omena	Et sa célébrité
Hourroun da hedatzen :	S'étendent loin :
Erregueren gorthetan	A la cour des rois
Hiri eta kampanetan	Dans les villes et les campagnes
Nourk ezdu aditzen	Est-il quelqu'un qui n'entende
Zumalaz mintzatzen?	Parler de Zumala?

« Augustin, s'écria vivement Sagastibelza, vous reconnaîtrez, en approchant de cet homme héroïque, qu'un noble cœur bondit dans sa poitrine, et vous l'aimerez, j'en suis sûr. Les senores, qui m'écoutent, connaissent aussi bien que moi Zumala-Carreguy : chacun d'eux pourra vous attester la vérité de mes paroles.

« D. Thomas reçut le jour à Ormaïsteguy de parens nobles, dans la noble province de Guipuzkoa; il est âgé d'environ quarante-cinq ans : il n'en avait point seize quand il embrassa la profession des armes. Sous-lieutenant en 1812, il se rendit à Cadix, auprès de son frère aîné,

---

à Zumala-Carreguy, appartient à une ancienne improvisation adressée au Ricombre de Belsunce par un barde. Il commence ainsi : *Belsunzeren izena, etc.*

membre des cortès; il en revint en 1822, avec le grade de lieutenant, dans le régiment des ordres militaires qui se trouvait à Pampelune; il offrit son épée aux défenseurs de la Foi, et obtint le commandement d'un bataillon. A la fin de cette guerre, il fut nommé colonel du 4° régiment de ligne, puis du régiment de Bourbon, 16° de ligne, et enfin du régiment d'Estramadura, 15° de ligne. Il se trouvait en Galice, à la tête de ce dernier corps, lorsqu'en 1830 il fut mis à la retraite. Zumala-Carreguy se retira dès lors à Pampelune, avec sa femme et ses enfans. — Telles furent les phases diverses de sa carrière militaire, jusqu'au jour où notre suffrage, confirmé plus tard par l'adhésion de S. M. Charles V, lui décerna le titre de généralissime.

« Des mœurs honnêtes, un génie austère et méditatif, l'amour du travail, voilà les traits qui peignent sa jeunesse. Il se développa tard, comme ces fruits excellens mûris dans l'arrière-saison, et montra toujours plus de raison que d'esprit. Ses vues organisatrices, qu'il réussit à faire adopter, lui acquirent la réputation d'un bon officier d'état-major : il prit rang parmi les colonels les plus distingués de l'armée espagnole. Le seul défaut qu'on lui reprocha, et qui fait son principal mérite à nos yeux, c'est l'idolâtrie qu'il professe pour la nationalité de notre race, c'est son patriotisme exclusif.

« Navarrais, Navarrais ! lorsque, paré des couleurs que nous portons, ce guerrier sublime apparut sur la montagne, arborant le nouvel étendard, était-ce Pélage, Garcie ou Mitarra ? L'homme vulgaire s'était transfiguré ! Je fus ébloui de l'éclat du héros ; je le saluai comme un libérateur, un prophète ; et je fis serment de vaincre ou de périr avec lui !... »

« —Et nous avec toi ! » répondirent les insurgés d'une voix terrible, dans un élan d'enthousiasme électrique ; un éclair soudain, jailli de tous les yeux, illumina les figures imposantes des montagnards, que la nuit, devenue plus sombre, effaçait par degrés ; et lorsque ces formes fantastiques eurent repris leur première immobilité, il y eut un instant de profond silence, pendant lequel nous n'entendîmes que le murmure du *rosario*, récité dans la place publique par les volontaires... Puis la cloche de Lessaca sonna l'*Angelus*. Au même instant, des bruits aériens descendirent du ciel, et des fanfares lointaines se mêlèrent au tintement de l'airain; harmonie religieuse et guerrière tout à la fois, que la pureté de l'air et la sonorité des vallées rendaient plus vibrante et plus magique, dans le silence de la nuit. — Je me défiais du charme puissant qui subjuguait mes esprits, et je me croyais la dupe d'une illusion semblable à celle du montagnard superstitieux qui croit entendre les chasses du roi Arthur au sein des nuages, les aboiemens des chiens et les hennissemens des chevaux, mêlés aux sons d'un cor enchanté. — Mais les bruits qui parvinrent à mon oreille étaient réels, et devenaient à chaque instant plus distincts et plus forts. — « Le général! » exclama Sagastibelza, frappant du pied sur le plancher; et je le vis grandir et s'alonger dans l'ombre, comme un oiseau qui prend son vol. — « Le général? » répéta la foule avec un bruyant murmure, et les montagnards, sortant de l'appartement en tumulte, gagnèrent la place publique. En un instant, les volontaires furent sous les armes et leur commandant à cheval. Zumala-Carreguy les avait habitués aux surprises, aux départs imprévus, aux marches nocturnes. C'était lui qu'une course rapide avait rapproché de la frontière, pour recevoir un envoi d'armes et de munitions, tandis que les troupes libérales, échelonnées sur cette ligne des Pyrénées, s'enfuyaient à Saint-Sébastien et Pampelune, à l'approche du généralissime navarrais.

Plusieurs compagnies de guides arrivèrent les premières sur la place, du côté de Vera. Les sandales dont les montagnards étaient chaussés rendaient leur marche plus légère. L'aspect de ces formes grisâtres circulant sans bruit, à la lueur des *farols* (*), m'aurait paru l'évocation d'un

---

(*) Espèce de lanternes.

rêve fantastique, sans la voix ferme et sonore des officiers qui dirigeaient les mouvemens des volontaires. Les guides précédaient un escadron de ces lanciers que le capuchino m'avait peints si formidables. Deux jeunes officiers les suivaient, bien montés : l'un Navarrais de haute taille, D. Vincent de Reyna, le plus brave et le plus instruit de nos artilleurs; l'autre Français, portant, sur son visage mélancolique de Vendéen, le deuil de son frère récemment tué dans un combat, Barrés. — Enfin parut, au bruit d'une acclamation universelle, le général en chef, entouré d'un groupe mouvant d'officiers. Les flambeaux posés sur les fenêtres éclairaient son visage expressif et sévère, son berret et son pantalon rouges, sa simarre noire et sa longue épée. Arrivé devant les volontaires, il mit son cheval au pas : la fatigue avait coloré d'un reflet de sang les figures naturellement sombres des guerriers montagnards; immobiles, avec leurs capotes grises, leurs berrets bruns, leurs poignards acérés, leurs fusils luisans, ils suivaient d'un regard exalté l'œil fascinant de Zumala-Carreguy qui passait lentement devant leurs rangs. Les *farols* illuminaient la ligne de bataille et grandissaient l'ombre du chef illustre. Zumala-Carreguy fit un geste et s'arrêta, levant la tête au ciel, comme pour y chercher l'étoile de son destin...; un vent frais agita le drapeau de Navarre porté devant lui; tambours et clairons firent retentir la marche des anciens rois de Pampelune. — Cinq minutes après, les volontaires, poussant mille cris de joie, quittaient Lessaca, la carabine sur l'épaule; les lanciers trottaient sur les pavés. Zumala-Carreguy, sortant de sa rêverie, lança son cheval superbe, et partit au galop, suivi de son état-major, comme Sanche-le-Fort par ses Ricombres. Il tourna la tête vers la place, et j'aperçus, encore une fois, ses moustaches tombantes et son noble visage, sévère et mobile, comme une face de lion; puis le grand homme disparut.....

Le boticario me reconduisit à sa maison. — « Augustin, me dit-il, la nuit est sombre, et les christinos ont peur des ténèbres, comme les enfans. Vous n'avez rien à craindre de leur part, et vous pourrez dormir tranquillement quelques heures; mais, au point du jour *alerta!* Nous irons voir la Junte de Navarre et D. Martin Luiz. »

VII.

LES PYRÉNÉES.

Malgré la surveillance de la police, et les sentinelles postées aux avenues de la frontière d'Espagne, l'irrégularité des collines du Labourd et la multitude des sentiers qui les traversent rendent le passage facile, surtout pendant la nuit; et dix mille gardiens, avec des yeux de lynx, ne suffiraient point pour fermer les issues que les guides savent toujours se frayer. Les contrebandiers se chargent, au besoin, de faire passer les chevaux; et moyennant cent ou deux cents francs de récompense, ils répondent de la valeur de ces animaux qu'on leur confie. L'accomplissement du traité leur coûte quelquefois la vie; plus d'un hachero labourdin, frappé sur sa monture au galop, par la balle du douanier ou du pantalon rouge, est tombé mourant dans les ravins.

Arrivé sans mystère à Bayonne, muni d'un passe-port en règle, pour la Soule, mon pays natal, il m'eût été facile de traverser le Labourd, sous le prétexte de visiter quelques amis : j'aurais pu me rapprocher ainsi de la frontière, et gagner furtivement le territoire espagnol. J'aimai mieux faire ce trajet, de nuit, en compagnie des contrebandiers; j'y gagnai le plaisir de quelques observations, et celui d'éviter les brutalités de la police française. La rapidité de notre marche ne m'avait point permis de me procurer un cheval : je projetais d'en acheter un en arrivant sur le théâtre de l'insurrection. Dès mon entrée à Lessaca, j'avais quitté le bâton ferré pour une petite cravache, et j'avais dérouillé mes éperons, en attendant la rossinante dont je me proposais de faire l'acquisition, sans me douter qu'à plus de quinze lieues à la ronde il me serait impossible d'en trouver un qui pût me servir. Tous les chevaux qui n'avaient point été enlevés pour monter la cavalerie ou les officiers de l'armée insurgée étaient petits comme des chèvres : une selle et une bride étaient des objets non moins introuvables. Je l'appris à mes dépens, lorsqu'il me fallut, à l'imitation des *arrieros*, m'asseoir sur les bâts élevés de leurs mulets, et parcourir ainsi les sentiers les plus escarpés, balancé, comme une pagode, sur les précipices.

Je me prêtais gaiement à cette manière de voyager : l'air vif et pur des montagnes m'avait ôté l'impression fébrile que fait éprouver à la longue le souffle dévorant de la grande cité de Paris : je sentais renaître en moi des forces nouvelles;

l'activité physique délassait ma pensée, et retrempait mon âme aux sources d'une vie fraîche et puissante : il ne m'en aurait nullement coûté de faire à pied mes excursions. Le boticario, mon excellent ami, me conseilla de prendre provisoirement un de ces petits chevaux de montagne dont j'ai parlé ; il parvint à m'en procurer un, vif, robuste et fort joli : malheureusement il n'avait qu'un bât au lieu de selle, et pour bride qu'un licou ; l'éperon, qu'il sentait pour la première fois, le faisait bondir comme un chamois.

Nous partîmes de Lessaca, le jeudi 26 mars, après avoir vainement attendu jusqu'à midi des nouvelles de la Junte de Navarre. Elle résidait, à cette époque, à Leyza, ou quelqu'un des villages d'alentour, protégée par les cinquième, septième et neuvième bataillons de Navarre, commandés par le colonel Elio, et par l'intrépide Sagastibelza. Nos bardes improvisateurs comparaient ce dernier chef au vautour qui se perche sur la cime d'un roc sauvage, prêt à fondre sur toute proie qui vient à la portée de ses regards perçans. — Les montagnes que nous devions franchir sont fort hautes : elles appartiennent à la chaîne centrale des Pyrénées, et forment comme un arc, dont la grande route de Pampelune à Tolosa serait la corde. Entre ces deux villes, à dix lieues de la première, à trois de la seconde, s'élève Lecumberry, sur le chemin royal, dominé par quelques villages, dont le plus considérable est Leyza. Notre itinéraire, à travers les montagnes, se dirigeait vers ce dernier point, en passant par Goizueta, qui se cache à moitié chemin dans une gorge profonde.

Le boticario montait un jeune et beau cheval ; un cordon rouge retenait, derrière ses épaules, l'énorme étui de la longue-vue, ou *cataléjo*, qui ne quitte jamais les officiers montagnards durant leurs marches. Quatre volontaires composaient notre escorte, armés jusqu'aux dents ; deux autres, des plus agiles, formaient l'avant-garde, et nous précédaient d'assez loin, courant à perdre haleine, de hauteur en hauteur, pour éclairer notre route, sur laquelle ils descendaient rarement. J'ai remarqué le plaisir avec lequel tous nos volontaires s'acquittaient de ce rôle fatigant : le Basque apporte en naissant l'amour des combats; il est impossible de pousser plus loin que lui le mépris de la mort et le fatalisme; sans la nécessité de cultiver la terre dont il tire sa subsistance, le montagnard consentirait volontiers à vivre toute l'année en *guérilla*.

Le propriétaire du petit cheval que je montais nous accompagnait pour en avoir soin : il n'avait d'autre arme qu'une hache et son poignard.

Ce brave paysan, père de famille, était complètement sourd, à quarante ans. Il trouvait, avec un rare bonheur, dans les signes, dans le jeu des lèvres et dans l'expression du visage, l'intelligence des paroles que nous lui adressions, en langue basque. Les montagnards euskariens sont, je crois le seul peuple de l'Occident au sein duquel on ait observé des sourds de naissance qui parlent. Ce phénomène, qui se reproduit chez les Basques plus de soixante siècles après la création de leur langue *esukara*, prouve l'expressivité naturelle et la vivante magie de ce verbe primitif. Chez les peuples qui ont des dialectes mélangés et barbares, les sourds de naissance restent muets toute leur vie, quoique le plus souvent les organes de la voix soient chez eux bien développés et parfaits. Le jeu labial et physionomique des personnes qu'ils voient parler, n'étant jamais en rapport exact avec les impressions naturelles et le sens intime du sourd, il ne saurait deviner l'intelligence de ces grimaces conventionnelles : la sonorité significative de la parole, et la valeur expressive des inflexions de la voix, sont des mystères qu'il lui devient impossible de soupçonner ou de concevoir.

Je fis part de mes réflexions au boticario : notre causerie dura, sans discontinuer, aussi long-temps que le chemin nous permit de marcher de front; mais insensiblement la pente des montagnes devint si rapide, les sentiers tellement étroits et rocailleux, que nous fûmes obligés de nous séparer. Nous marchions à la suite l'un de l'autre, en gardant certaine distance, pour éviter de nous entraîner mutuellement dans les chutes que nous étions exposés à faire. La route passait rarement sur les sommités des collines ; elle longeait d'ordinaire leurs flancs escarpés, élevant au dessus de nos têtes des massifs d'arbres et de rochers, tandis que les torrens grondaient à nos pieds dans les ravins. Tantôt le sentier dirigeait ses contours sur un terrain humide et glissant ; tantôt il s'embarrassait des racines entrelacées de quelque chêne millénaire ; taillé le plus souvent dans le roc vif, il présentait des aspérités tranchantes et des escaliers inégaux que nous devions franchir. Mon petit cheval avançait résolument d'un pas agile et sûr ; il portait la tête basse et flairait son chemin, avec des regards où, parfois, se peignaient l'intelligence et la méditation. Dans les passages difficiles, il reniflait fortement, en signe d'inquiétude, hésitait, s'alongeait comme un serpent ; puis, faisant son choix et prenant son parti, bondissait à travers les obstacles, de manière à prouver la précision de son coup d'œil, ainsi que la force et la souplesse de ses reins. Il m'inspira tant de confiance et de sécurité, que j'abandonnai le gouvernement du licou, et me cramponnai sur le bât, où je m'asseyais, pour ne plus m'occuper que des magnificences du paysage et du riche tableau des montagnes éclairé par un beau jour.

Les Pyrénées séparent la Péninsule hispanique de l'ancienne Gaule (*) : une ligne dirigée par les sommités des montagnes, en suivant la chute des versans et le partage des eaux, forme les points actuels de cette division ; mais elle n'est point régulièrement tracée, attendu que les sommets les plus élevés des Pyrénées n'appartiennent point à leur crête centrale, et s'élancent fréquemment des ramifications voisines et des chaînons parallèles ou latéraux. Dans les Pyrénées orientales, les pics d'Ossau, de Bigorre, de

---

(*) Ces deux contrées portaient primitivement le nom d'*Ibérie*.

Saint-Barthélemy, le Roc-Blanc, le Canigou, s'avancent dans la plaine française, où leur pyramide apparaît plus haute et grandiose par son isolement; la Madaletta, la Punta de Lardana, le Mont-Perdu, rentrent fort avant dans le territoire espagnol : la ligne des frontières qui se dirige sur les points moins élevés du centre, offre ainsi des déviations et des irrégularités. Dans les Pyrénées occidentales, les vallées de la Bidassoa, du Bastan, et une partie de celle de Luzaïde, appartiennent au pays basque, espagnol, quoique situées sur le versant septentrional.

Les circonscriptions ecclésiastiques désignent assez exactement les anciennes divisions de nos provinces et leurs limites politiques au moyen âge. Une charte d'Arsius, premier évêque du Labourd, datée de 980, classe dans son diocèse la vallée du Bastan jusqu'au col de Belate, la vallée de Lérins, le territoire d'Ernani et de Saint-Sébastien jusqu'à Sainte-Marie d'Arost, en Guipuzcoa : preuve que les limites séparatives de la France et de l'Espagne ont varié sou-

vent, et que le principe suivant lequel elles ont été fixées est arbitraire. — « Les Pyrénées com-
» mencent à l'Ebre et se terminent à l'Adour, » disaient aux Romains les anciens Basques. Greffés sur leurs rochers, suivant l'expression pittoresque de Florus, les Euskariens croyaient en faire partie intégrante ; ils ne concevaient point que, sans égard pour l'identité parfaite d'origine, de langage de mœurs et de lois, la circonstance d'habiter le nord ou le midi d'une montagne fût suffisante pour scinder politiquement des peuplades qui se touchent et se confondent à l'intersection des vallées. Fondés sur ce principe et sur le droit historique, peut-être, quelque jour, les Basques tenteront de recouvrer l'unité nationale dont ils jouissaient autrefois. L'interposition d'un petit peuple libre prévient les luttes que le seul voisinage des grandes nations est capable de faire naître. Si de mauvaises inspirations ne viennent contredire la voix de la justice et de la saine politique, l'indépendance de la fédération cantabrique se proclamera sans combat.

Le premier bienfait de cette union serait de mettre un terme aux démêlés que la fixation des limites ou leur déplacement a fait naître entre les Basques de deux royaumes, en armant les droits nouveaux contre d'anciens usages. Les gouvernemens de France et d'Espagne se sont toujours fait une tâche de fomenter les querelles des montagnards; et trop souvent l'instinct guerrier des Basques, joint à l'impétuosité de leur caractère, les a rendus victimes de cette odieuse politique; trop souvent les liens sacrés de leur parenté nationale furent méconnus, et les glorieux souvenirs de la fédération de nos ancêtres follement outragés. Les Basques souletins se vantent encore aujourd'hui du massacre des Navarrais de Roncal, et les rochers de notre frontière, témoins de cette aveugle rage, conservent de grossières inscriptions gravées par la hache des vainqueurs.

Les Pyrénées orientales se terminent vers le pic de Mauberme, dans la vallée de la Garonne, où ce beau fleuve prend sa source. La chaîne occidentale acquiert sa plus grande élévation, à son point de départ, entre les vallées d'Aran et d'Ossau. Le pic d'Aïnhie domine ces vallées pittoresques, habitées par des peuplades de belle et vaillante race, que l'on pourrait facilement confondre avec les Basques, si leur patois béarnais ou romance ne les rapprochait des Gascons. Les Navarrais et les Souletins appellent le pic d'Aïnhie *Ahunemendi*, Montagne-du Chevreau, dénomination qu'ils appliquent à toute la chaîne des Pyrénées (*), et dont je n'ai pu découvrir l'origine.

Ahunemendi n'a que douze cents toises d'élévation au dessus du niveau de la mer, et conserve toute l'année, sa robe de neige, quoique les observations barométriques de Ramond aient déterminé à quatorze cents toises la hauteur des neiges perpétuelles dans les Pyrénées, pour les cimes tournées vers le nord : des roches bizarre-

---

(*) CHARPENTIER : *Essai sur la constitution géognostique des Pyrénées.*

ment hérissées forment son diadème et défendent l'entrée de son glacier. L'imagination des bardes euskariens a fait de cette hauteur inaccessible le séjour enchanté des fées et des péris (*) : là brille un ciel constamment serein, vivifiant par sa rosée la verdure et les fleurs qu'entretient, sous de rians bocages, un printemps éternel : là des concerts aériens, des chants joyeux, des danses légères ; tandis que les vents sifflent dans la profondeur des vallées, et que les esprits malfaisans, portés sur l'aile des grues, errent en hurlant le long des collines, à travers l'épais brouillard d'où la neige se détache en flocons. Voyez-vous étinceler la cime d'*Ahunemendi*, et ses blocs argentés emprunter au soleil des reflets éblouissans ? Ce n'est point un glacier, dont les clartés attirent vos regards, mais le palais enchanté de *Maïthagarry*, la plus jeune et la plus séduisante des péris ibériennes. Une

---

(*) *Lamina* : les Romains empruntèrent cette dénomination aux Ibères.

ceinture magique presse la taille svelte de la
jeune fée, et fixe les plis de sa robe d'azur parsemée d'étoiles; un cerceau diamanté retient sa
blonde chevelure, et brille sur son front avec
moins d'éclat que le feu divin de ses yeux bleus;
une lance d'argent arme son bras délicat; un
daim agile est son coursier. Certain jour d'été,
Maïthagarri (*) s'aventura dans un bosquet
sombre et touffu, pour désaltérer son daim rapide, à l'onde fraîche d'un ruisseau limpide et
murmurant : le beau *Luzaïde*, étendu sur la
rive, dormait profondément. La surprise de la
vierge égala son trouble à la vue du jeune montagnard : elle attacha sur lui des regards où se
peignit l'amour; et le charme qui captivait ses
sens, agissant avec rapidité, livra bientôt son
âme à l'aveugle délire, à l'ivresse effrénée qui
caractérisent cette passion. Tremblante, éperdue,
elle courut chercher des lianes, pour enchaîner

(*) Ce nom signifie, en langue basque, *aimable*, *ado-
rable*.

l'heureux berger. Ce fut au haut d'*Ahunemendi* que *Luzaïde* se réveilla, dans une grotte, où les bras de son amante ravie le pressaient encore : fiction qui rappelle le palais fantastique d'Armide et l'histoire de ses amours.

Plus de cent fleuves et rivières prennent leur source dans les Pyrénées occidentales et traversent les provinces basques, en suivant les mille contours et les sinuosités des vallées, pour se jeter dans l'Ebre, l'Adour, ou l'Océan; les torrens qui viennent les grossir, dans leur course précipitée, sont innombrables : leurs eaux sont belles et d'une extrême limpidité, les rochers dont elles jaillissent en abondance se trouvant à l'abri des éboulemens qui rendent si fangeux les glaciers des Alpes; le poisson de nos rivières contracte dans leurs eaux subtiles une chair ferme et un goût délicat qui le font rechercher par les amateurs de la bonne chère. Le naturaliste Palassou, que la Gascogne s'honore d'avoir produit, attribue à la chute des torrens et à l'action érosive des eaux l'excavation des vallées des Pyrénées : Charpentier professe le même système. Pour concilier leur théorie avec la configuration actuelle des montagnes, ces géognostes supposent que la chaîne granitique, infiniment plus élevée dans le principe, formait entre la Méditerranée et l'Océan une longue montagne unie, terminée en dos de mulet. Ce talus immense présentait, suivant eux, sur chaque flanc, de grands creux ou réservoirs, de profondes blessures, d'où les eaux se frayant un passage, conformément aux lois de pesanteur et de résistance, auraient tracé, creusé, élargi toutes les vallées des Pyrénées, en donnant à ces montagnes les formes pittoresques que l'on ne saurait voir sans admiration.

Ces savans géologues avaient observé que les parois de chaque vallée s'élèvent en amphithéâtre, par gradins horizontalement nivelés ; ils en conclurent que ces similitudes étaient l'ouvrage des eaux, et que chacune des hauteurs où ils les avaient observées avait primitivement servi de lit aux torrens. Je respecte trop la science pour me moquer de cette conclusion; mais je ne saurais l'admettre. Voici près de cinquante siècles que nos rivières n'ont guère changé de volume, et qu'elles roulent encaissées dans les mêmes rochers, ou sur des sables dont le niveau ne s'est point abaissé d'un demi-pied : pour descendre d'une hauteur de deux cents toises, il leur aurait fallu des myriades de siècles, en dehors de tous les calculs de la géologie positive. — Il est difficile de comprendre comment les deux côtés d'un courant auraient pu laisser sur les parois de chaque vallée des formes et des contours identiques; comment les terrains auraient également résisté ou cédé à l'action des eaux. Cette prédisposition du sol prouverait seule une loi uniforme de soulèvement et de création, suffisante pour expliquer l'architecture régulière des montagnes, sans recourir à la chute des eaux et à des courans imaginaires. Si l'on réfléchit qu'en certains endroits les vallées ont plusieurs lieues d'ouverture et que leurs plates-formes horizontales sont séparées par des distances considérables, l'on doit aussitôt supposer des fleuves immenses et permanens, à la place des réservoirs primitifs.

Où placerons-nous dès lors leurs sources inépuisables? Sera-ce dans les crêtes les plus décharnées, ou dans les cataractes du ciel? car il ne faut rien moins qu'un fleuve par vallée! Resterait à concevoir la variété de leurs directions en sens contraire, et leurs croisemens inextricables; de manière à creuser les grandes vallées qui sont parallèles à la chaîne centrale, et les vallées rectangulaires, qui se prolongent des deux côtés, au nord et au midi, régulièrement disposées comme les côtes de l'épine dorsale ou les arêtes de certains poissons.

Admettons un instant le tissu de contradictions et d'impossibilités physiques qui compose le système de Palassou; faisons crouler avec lui la moitié des Pyrénées, après avoir élevé jusqu'au ciel leur cime pyramidale; déchaînons mille courans désordonnés, sillonnant au hasard cet amas de décombres et de ruines : qui ne s'attendrait à voir les eaux, à la suite de ce bouleversement complet, laisser derrière elles, sur leurs traces, l'affreuse image de la confusion et du chaos? Tout au contraire, de l'aveu de Palassou lui-même, à ce laborieux enfantement succèdent comme par magie, une harmonie parfaite, une admirable régularité : la plus riche incarnation terreuse revêt symétriquement de ses couches variées le squelette granitique des montagnes; elle arrondit par de moëlleux contours les rameaux capricieux, les jets fantasques de la stratification, et se pare au dehors de la végétation la plus brillante.

Une question mal posée est toujours mal résolue. Avant de rechercher les causes de l'excavation des vallées, il fallait se demander si l'excavation a eu lieu réellement, et si les vallées n'existent point par le seul fait de l'exhaussement et de la disposition des montagnes. Je distingue deux sortes de vallées : les unes naturelles, résultant de deux montagnes parallèles, qui font angle à leur racine; les autres géographiques. Quelques-unes de ces dernières sont formées, dans les Pyrénées occidentales, par une division de la chaîne mère, et conservent la même direction sur une longueur de dix à quinze lieues. Les autres grandes vallées sont rectangulaires et se trouvent renfermées entre les contre-forts ou chaînons latéraux qui s'élancent vers les plaines. Il en est de ces ramifications granitiques, comme des branches des arbres : l'angle qui les rapproche au point de leur bifurcation commune s'élargit à mesure que les chaînes secondaires se prolongent, en perdant graduellement de leur masse et de leur épaisseur, de manière à n'élever à la proximité des plaines que des collines fuyantes et de légères ondulations. Les montagnes rattachées les unes aux autres, comme des anneaux, se rapprochent et s'écartent tour à tour, d'un chaînon à l'autre ; elles forment ainsi, de distance en distance, des étranglemens et des bassins, d'où les rivières, se précipitant par cascades, marquent, dans leur chute, les degrés de l'inclinaison du terrain, jusqu'au niveau des plaines, où l'Ebre, la Garonne et l'Océan reçoivent le tribut de leurs eaux.

Les Pyrénées orientales présentent la même configuration, avec plus de symétrie et de régularité. Il est tout simple de croire que les courans d'eau, ayant peu changé de volume, depuis le commencement de notre *Temps* géodésique, n'ont fait qu'obéir à la disposition du terrain et suivre invariablement le lit naturel qui lui était tracé. Bons géognostes, échelonnez d'abord les montagnes, et les vallées ne vous manqueront pas; et vous serez dispensés de vous creuser la tête pour expliquer le mystère de leur excavation.

La chaîne des Pyrénées semble se plonger à l'est dans la Méditerranée; elle se perd à l'ouest dans l'Océan, à la pointe de Figuier, près Fontarabie. Ces deux terminaisons ne sont qu'apparentes. Les Pyrénées orientales se rattachent aux Alpes par la Montagne Noire et les Cévennes. Les montagnes occidentales qui aboutissent à la pointe de Figuier sont une branche latérale, un contre-fort de la grande chaîne; elles s'en détachent au fond de la vallée du Bastan, près d'une antique abbaye, avec le mont Atchiola, qui donne son nom basque à ce chaînon. De là, les Pyrénées, traversant le Guipuzkoa et la Biskaïe, se partagent en deux ramifications principales, dont l'une se prolonge jusqu'au cap d'Ortégal, en Galice, et l'autre jusqu'au cap Finistère. Les Pyrénées ne sont donc point isolées dans la structure du globe terrestre, comme l'observation superficielle pourrait le faire croire d'abord; elles appartiennent, en réalité géodésique, à cette large ceinture de montagnes qui, de l'ouest-sud-ouest à l'est-nord-est, embrasse tout l'ancien continent, jusqu'aux confins de l'Asie : elles se posent presque transversalement dans ce système granitique, en formant avec le méridien un angle d'environ 112°.

La base granitique des Pyrénées s'étend de l'est-sud-est à l'ouest-nord-ouest avec des proéminences qui sont plus considérables et plus régulières dans la partie orientale de la chaîne. Rarement le granit perce les couches qui l'enveloppent et se montre à la crête des montagnes : il est indubitable que sa direction souterraine et ses formes primitives ont déterminé l'arrangement et la direction des roches diverses et des couches qui lui sont superposées. Les partisans du système neptunien avouent leur impuissance pour expliquer cet ordre de création : le résultat de leurs observations et de leurs travaux se réduit à la description des strates et des terrains, ainsi qu'à leur classement et à leur nomenclature. Un autre fait qui pour eux reste incompréhensible, c'est l'existence des roches contournées et les figures bizarres qu'elles affectent; tantôt roulées en spirale, en croissant; tantôt légèrement ondulées, comme une chevelure, ou pressées les unes contre les autres en couches minces, comme les feuillets d'un livre : phénomènes qui prouvent la mobilité la plus capricieuse dans les jeux variés de la stratification.

Ramond compare les Pyrénées à une mer soulevée par l'orage, écumante, effrénée, qu'une force magique fixerait soudain dans une parfaite immobilité, et dont l'agitation se peindrait encore dans ses ondes subitement pétrifiées. Mais le lecteur sentira que l'Océan, pris ici comme terme de comparaison poétique, ne saurait être regardé comme le créateur des montagnes; il faut chercher dans un autre élément la cause de leur fluidité primitive et de la consistance qu'elles ont prise, en se refroidissant tout à coup. Le même principe doit expliquer la direction uniforme du granit, des strates, des bandes et des couches terreuses, ainsi que l'ordre de leur superposition, suivant leur essence plus ou moins fusible; enfin leurs formes apparentes et leur tendance à se développer en pyramide.

Les Basques, héritiers de la civilisation des Ibères, voient dans le feu central du globe le principe créatif et l'agent rénovateur de la terre : ils lui donnent le nom de *Sougue*, Feu ou Serpent; ils l'appellent encore *Leheren* (*). Premier-dernier. Ce mythe, emblème des luttes de

---

(1) *Lehen-heren.*

la nature, est le même que le Leherenus, le Dieu de la guerre des anciens Novempopulaniens. La géologie ibérienne enseigne que les cataclysmes terrestres sont périodiques et universels : les Devins euskariens avaient même découvert le chiffre de ces imposantes rénovations, dans leurs rapports avec la rotation diurne du globe, sa course annuelle autour du soleil, et les précessions équinoxiales qui sont le résultat de ce double mouvement; ils assignaient à la croûte terrestre une épaisseur moyenne de quinze lieues, dont l'Océan occupe à peine le vingtième. Les calculs modernes confirment la certitude de la science primitive, et de la géognostique transcendante des Enfans du Soleil (*).

C'est le feu central, le Grand Serpent, qui soulève les montagnes, et préside aux merveilles de leur structure intérieure, en rejetant les matières les plus fusibles à la surface. Parfois

---

(*) Les dialectes basques expriment la vérité et le soleil par le même mot *Eghi-a*.

l'Océan, comme un voile à mille plis, cache cette création mystérieuse; et les montagnes, après avoir long-temps séjourné dans son sein, apparaissent tard, chargées des singulières dépouilles de l'élément au sein duquel elles prirent naissance. D'autres fois, les montagnes surgissent par enchantement, sur des continens unis et spacieux, et les éruptions répétées du lac infernal groupent rapidement leurs masses titaniques. Les Pyrénées appartiennent à cette dernière classe. Une montagne située près de Salinas, en Guipuzkoa, est le seul point de la chaîne occidentale où l'on ait découvert quelques coquillages fossiles incrustés dans du marbre bleu veiné de spath.

La formation des Pyrénées fut secondaire et partielle, dans la grande ceinture granitique du globe terrestre : elle se conçoit par une traînée volcanique, dont le cours aurait successivement semé, comme dans un sillon, les proéminences souterraines du granit primitif, et dont les feux croisés auraient disposé régulièrement, à droite et à gauche, les chaînons et les contre-forts rectangulaires. Cette éruption du feu créateur paraît s'être effectuée d'orient en occident : en effet, les Pyrénées ont plus de régularité dans la partie de l'est; elles y sont en même temps plus élevées, puisqu'à quinze lieues de la Méditerranée leur chaîne acquiert déjà quatorze cents toises d'élévation, et ne se maintient à la même hauteur qu'à vingt-cinq ou trente lieues des côtes de l'Océan. Les montagnes occidentales sont plus arrondies et plus basses; leur pente est plus douce; les tremblemens de terre s'y font sentir avec moins de violence : les sources minérales qui jaillissent de leur sein possèdent moins de calorique; les substances alumineuses, ferrugineuses, pyriteuses, et les gaz, s'y combinent en plus petite quantité que dans les eaux de l'est, plus renommées et plus efficaces.

Qu'il me soit permis de citer la cosmogonie des Basques, sauf à expliquer plus tard l'allégorie savante des mythes ibériens, et à déchirer le voile mystérieux qui cache le sens réel et positif de ces fables poétiques.

Leheren Sougue dormait, roulé sur lui-même, dans le lac intérieur, l'étang de feu; sa respiration profonde faisait mugir les échos de l'Enfer (1); l'œuf-monde qui lui sert d'enveloppe semblait prêt à se briser aux mouvements convulsifs qui agitaient le monstre durant sa léthargie. Enfin l'ange du Lao laissa tomber, dans l'Océan, la soixantième goutte d'eau de sa clepsydre, qui marque les *Temps;* il proclama la fin et la consommation des siècles, et sonna des sept trompettes d'airain. A ce signal *Leheren,* le Grand-Ouvrier de Dieu, se réveille en sursaut dans ses cavernes, ouvrant sept gueules béantes d'où sortent les volcans : en dix jours il consume et dévore l'ancienne terre, et de sa large queue, plus adroite que celle du castor, pétrit la terre nouvelle dans les eaux du Déluge; puis, son œuvre achevée, le dragon, semblable au ver soyeux qui bâtit sa prison, se roule de rechef sur lui-

---

(¹) Lieux inférieurs.

même, et se rendort, bercé jour et nuit par quatre génies, en attendant le réveil des siècles et l'aurore du *Temps* nouveau.

Cependant, une multitude d'hommes et de femmes, effrayés de la chute du monde, s'étaient réfugiés sur les montagnes; ils furent changés en pierres (*) : cette métamorphose dura dix siècles, après lesquels ils furent rendus à leur forme première par le chant divin d'un oiseau lumineux. Leur postérité repeupla, durant le premier âge, l'Afrique, l'Espagne, l'Italie et les Gaules : elle dispersa ses colonies en Orient, jusque dans la Perse, qui reçut d'elles son nom primitif d'Iran. Les patriarches occidentaux s'appelaient Euskariens; l'histoire des barbares les désigne sous la dénomination de race du Soleil et de l'*Agneau* : ils reconnaissent pour leur ancêtre le sublime Aïtor, le premier né des *Voyants*.

(*) Le mot basque *arritu* signifie *pétrifié*, dans le sens physique; *épouvanté*, dans le sens moral.

— Bien long-temps avant la formation du peuple juif et les servitudes honteuses qui devaient faire expier si durement à ce ramas d'esclaves fugitifs leurs prétentions à la nationalité, le surnom de peuple de Dieu s'appliquait originairement aux seuls patriarches du Midi : il rappelle le théisme que professaient les Euskariens antiques, sans symboles, sans sacrifices, sans prières et sans culte. La tradition générale rend, en effet, témoignage que la religion naturelle, c'est-à-dire le mentalisme pur, harmoniquement exprimé par l'improvisation du Verbe, fut l'élément moral de la sociabilité des premiers hommes et de leur union politique en républiques fédérées, suivant la multiplication progressive des tribus.

Le langage astronomique des Euskariens reflète avec poésie les mœurs simples et agrestes de ce peuple pasteur. Le titre d'enfants de l'Agneau, que l'histoire leur assigne, s'explique par le mot *Chourien*, commun aux dialectes de l'Inde, de la Perse et de l'Ibérie espagnole, pour désigner tantôt un agneau, tantôt le soleil,

Agneau céleste, qui traverse chaque année, en triomphateur, les douze bergeries zodiacales du firmament. Les Indiens appellent encore le soleil *Arghi*, mot savant dont le dialecte espagnol se sert pour désigner la lumière: tandis qu'il applique à l'astre qui est la source de toute lumière le mot *Eghi*, signifiant, au sens moral, civilisation et vérité : c'est par allusion à l'harmonie naturelle réalisée dans le développement de leur société ; c'est en mémoire de la vérité divine virginalement incarnée dans leur Verbe improvisé, que les Euskariens, peuple du Iao, nés durant le premier âge sous le ciel brillant du Midi, s'appelaient, à juste titre, Enfans de la lumière et de l'*Agneau*.

Les Euskariens s'établirent en Espagne vingt siècles avant l'irruption des Celtes ou Tartares : ils franchirent le détroit d'Hercule, sur de légers canots décrits par Strabon ; ils les dirigeaient à force de rames avec une adresse et une rapidité surprenantes, et ne craignaient point d'entreprendre de lointains voyages. —

Il n'est plus possible de révoquer en doute les relations commerciales que les Indo-Africains entretenaient, à cette époque, avec les Américains du sud : elles furent interrompues par l'invasion des Celtes; mais les souvenirs de l'Amérique, bientôt effacés dans l'esprit des Barbares, se conservèrent chez les Basques pyrénéens et dirigèrent les expéditions maritimes des montagnards au moyen-âge. On leur doit la découverte des Canaries, en 1393, par les Guipuzkoans. Quelques historiens assurent même qu'un de nos excellens marins, appelé Jean-de-Bizkaïe, ou de Cantabrie, révéla le premier l'existence de l'Amérique à Christophe Colomb; il est du moins certain qu'il accompagna ce célèbre navigateur.

Les Euskariens débarquèrent sur les côtes de l'Andalousie; une de leurs tribus se répandit le long de l'Azèche, ou Rio-Tinto des modernes Espagnols, qui coule entre la Guadiana et le Guadalquivir. Les eaux de cette rivière sont d'une couleur blanchâtre; elles possèdent une propriété corrosive qui dessèche la verdure et rend ses bords arides : les Euskariens lui donnèrent le nom d'*Ib-er* (Fleuve brûlant), que Pline a traduit par *Urium*. Ce nom d'*Ib-er* fut appliqué, dans la suite, avec la même justesse, au grand fleuve des Pyrénées, et l'histoire ne tarda point à l'adopter pour désigner l'Espagne et ses habitans primitifs. La plupart des provinces fédérales de l'Ibérie reçurent leur nom de la ville qui en était le chef-lieu : *Luzeta* (Longueville), *Lobeta* (Ville du Sommeil), *Otheta* (Ville des Genêts), etc., d'où Lusitanie, Lobetanie, Othetanie, Karpetanie, Oretanie, Cerretanie, Bastetanie. Ces provinces conservèrent leurs noms, durant l'âge ancien, après l'invasion des Celtes et les établissemens des Phéniciens, des Grecs, des Carthaginois et des Romains : la Péninsule, au contraire, perdit le sien, et reçut en échange celui d'Hispanie, dont l'origine est inconnue.

La haute Bétique, arrosée par l'Anas, avait été appelée, en euskarien, *Bethurie* (*), par allusion aux fleuves et aux rivières qui fertilisent l'Élysée espagnol. Plusieurs noms de villes, tels

---

(*) *Beti*, toujours; *ur*, eau.

que *Urza*, *Urgoa*, *Il-ur-ghi*, *Anasthorghi*, *Iphazthorghi*, *Irithurghi*, *Ithurriazko*, *Urbiaka*, *Urbion*, expriment l'abondance des eaux; et la position géographique de ces antiques cités euskariennes s'accorde avec leurs noms significatifs. Les mêmes dénominations, répétées de distance en distance vers le nord de la Péninsule, indiquent assez bien la marche des tribus ibériennes. *Salduba* (Ville du Cheval), qui fut la Carthage des Betikoans, fut transportée aux bords de l'Èbre par un essaim d'émigrants : les Romains donnèrent à cette colonie le nom de Cæsarea-Augusta, dont la langue romance a fait Saragosse. *Irithurghi* (Fontaine-Ville) et *Iriberri* (Ville-Neuve), grandes cités de la Bétique, se retrouvent à l'extrémité opposée de l'Espagne, où cette dernière reçut le nom de *Choko-Illiberri* (Villeneuve du Golphe, ou Sinus); elle dominait la côte sur laquelle les Grecs-Pho-

---

(*) *Bethi*, toujours; *ur*, eau.

céens, fondateurs de Marseille, bâtirent plus tard Roses et Emporia.

L'invasion des Goths, qui dévasta si cruellement nos contrées méridionales, peut seule fournir une image de la grande migration des Celtes ou Tartares. L'invasion hyperboréenne est toujours suivie de guerres séculaires : elle apporte avec elle un système oppresseur, qui a pour but ou d'exterminer par le sabre les populations indigènes, ou d'anéantir, au moyen de leur fusion avec la race conquérante, leurs lois, leurs mœurs, leur langage et jusqu'au souvenir de leur nationalité. Que reste-t-il aujourd'hui du monde romain détruit par les Goths?... Peu de chose, et dans quelques siècles, rien. Si l'on réfléchit que les hordes celtiques, retenues dans l'enfance sociale et dans leur rudesse native par les influences d'un climat ténébreux, précédèrent d'environ trois mille ans les nouveaux Barbares, l'on comprend aisément qu'après un âge et demi de dévastations de guerre et de bouleversement politiques, les Basques pyrénéens, grâce à l'abri de leurs montagnes tutélaires, aient résisté, seuls, en Occident, aux chocs terribles qui déracinèrent les tribus euskariennes sur le sol fertile où elles s'étaient paisiblement multipliées lors de la renaissance du genre humain.

Les Celtes, maîtres des Gaules, firent leur entrée en Espagne par les Pyrénées orientales, et cotoyant les mers, tracèrent, dans leur marche conquérante, le vaste demi-cercle que la Péninsule décrit depuis *Soko-Illibéris* jusqu'au cap Finistère, anciennement cap celtique ou des Artabres. Les hordes barbares pénétrèrent dans les provinces de l'intérieur, en remontant les fleuves, conducteurs naturels de leurs mouvements stratégiques. Les Ibères aragonais opposèrent une vive résistance aux Tartares : Diodore de Sicile raconte qu'à la suite d'une guerre sanglante les deux peuples conclurent un traité de paix et ne tardèrent point à se confondre. La province habitée par cette peuplade mixte reçut le nom de Celt-Ibérie, et les Euskariens purs donnèrent à son dialecte sémitique celui d'*Erdarada* (*), qui désigne une langue imparfaite et mélangée.

Le passage des Celtes le long de la Méditerranée paraît avoir été rapide ; leurs établissements se trouvent en plus petit nombre de ce côté que sur la côte occidentale, où la terminaison germaniques *briga* sert à faire reconnaître les villes ibériennes qui reçurent le joug des conquérants : *Arriko-briga, Zezenbriga, Mirubriga, Lakobriga, Nerto-briga, Zeto-briga, Langobriga, Mandobriga, Larabriga, Konimbriga, Deobriga, Talabriga, Koteobriga, Zeliobriga, Nemetobriga, Botobriga.* — La plupart des villes ouvrirent leurs portes au vainqueur, et, craignant d'irriter par une résistance impuissante la férocité naturelle aux Barbares, acceptèrent sans murmurer leur alliance et

---

(*) Le dialecte indo-scytique fut de même appelé *samskrada* par les bramines du Gange ; le radical *sam* traduit exactement le mot espagnol *erdi* et signifie comme lui, mélange, corruption ; le *skrada* des Indiens et le *skarada* des Ibères sont les homonymes de deux dialectes méridionaux. Il existe un dialecte indien primitif, et ce n'est point le sanscrit!

se confondirent avec eux. Parmi les nombreuses tribus qui se livraient exclusivement à la vie nomade et vivaient sous les tentes, hors de l'enceinte des cités, beaucoup furent exterminées; d'autres, qui se trouvaient à la proximité des mers, échappèrent à la mort, en s'exilant de la terre natale. La tribu des Silures débarqua sur les côtes du pays de Galles, où Tacite reconnut en eux les descendants des Ibères; mais les Gallo-Bretons, repoussés eux-mêmes de l'intérieur de l'Angleterre par les Pictes, les Jutes, les Saxons, les Danois, les Normands, détruisirent entièrement ces montagnards, vers le cinquième siècle de l'ère chrétienne. Les Euskariens, auxquels l'Ecosse doit son nom primitif d'*Ibernie*, éprouvèrent le même sort; ceux que la Sicile avaient accueillis ne purent s'y maintenir en corps de peuple; un nombre considérable de ces fugitifs trouva dans les montagnes de la Corse un asile plus sûr. Le philosophe espagnol Sénèque écrivait à sa mère, de l'exil, que les Corses portaient l'habillement cantabre et parlaient encore la langue primitive de l'Espagne, altérée par le mélange du grec et du ligurien. — La plus nombreuse des colonies ibériennes parvint jusqu'au Caucase et fonda le florissant empire de l'Ibérie asiatique, dont *Arghiri*, *Arthanize* et *Aphanize* furent les principales villes. L'Ebre et l'Araxe, dont les noms se conservent encore chez les Basques pyrénéens, arrosaient le territoire des Ibères orientaux : Pompée soumit ce peuple au joug dont il avait menacé vainement les républiques de la Navarre.

L'itinéraire, suivi par les Goths, dans leur conquête de l'Espagne, retrace fidèlement la marche des anciens Celtes; comme leurs devanciers, les nouveaux barbares s'emparèrent d'abord de la Celtibérie : les Vandales Silinges, côtoyant la Méditerranée, se jetèrent dans la Bétique qui tire d'eux son nom moderne d'Andalousie; les Alains se rendirent maîtres de la Lusitanie qui s'appelle désormais Portugal; les Suèves s'établirent dans les Asturies et la Galice. Mais à l'arrivée des Goths, l'Espagne, veuve de ses populations primitives, n'offrait plus qu'un mélange d'anciens

Celtes, de Phéniciens, de Carthaginois, de Persans et de Grecs, que les Romains tenaient attachés à la même chaîne, et que la même servitude avait confondus. Le territoire des Aborigènes euskariens se bornait à cette époque aux vallées de la Cantabrie et de la Navarre (*). Varron lui

---

(*) Les Romains, suivant le témoignage du vieil Isidore, donnèrent à la Biskaïe le nom de Cantabrie, de *Kantua*, l'une de ses principales villes et du fleuve Ebre. Les mêmes Romains donnèrent à la Navarre le nom de Vasconie, à cause de la richesse de ses pâturages et de la vie nomade de ses habitants. Les géographes grecs et latins repoussèrent les dénominations nationales des Euskariens. Pomponius-Mela lui-même se dispense de donner la nomenclature des villes et des rivières de la Cantabrie, sous prétexte qu'une oreille romaine ne saurait retenir les inflexions de la langue des montagnards, ni un auteur plier aux désinences latines ses terminatives originales et rebelles. Le mot Navarre signifie, en langue basque, région de vallées (*nava-erri*), étymologie adoptée par les historiens français, depuis Mézeray. La Navarre est, en effet, couverte

conserve exclusivement le nom d'Ibérie, en lui assignant pour étendue la cinquième partie de la Péninsule. Le docte romain comprenait sans doute dans cette délimitation les provinces celtibériennes récemment détachées de la fédération cantabrique, dont elles avaient suivi la destinée et partagé la gloire, jusqu'à leur asservissement définitif sous l'empereur Auguste.

Les Aborigènes, en s'établissant dans les Pyrénées occidentales, mirent le feu aux sombres forêts qui les couvraient : Posidonius, Diodore de Sicile et Strabon parlent de cet embrasement, ils ne manquent point d'ajouter à leur récit des circonstances fabuleuses, dignes du génie puéril des Grecs. Ces auteurs content que l'ardeur de l'incendie ayant fondu les métaux que les Pyrénées recélaient dans leur sein, l'or et l'argent se

---

de hautes montagnes, qui coupent son territoire en une multitude de profondes vallées : ce royaume n'est lui-même qu'une grande vallée formée par l'écartement des Pyrénées, à l'ouest.

firent jour par mille crevasses et coulèrent en ruisseaux. Le mot *Pyrénée*, d'origine grecque, rappelle, dit-on, ce grand incendie : suivant d'autres philologues, il désigne la foudre qui frappe si souvent les sommets escarpés des montagnes ; peut-être fait-il allusion au feu créateur et à la fable des Titans.

Le sol vierge des montagnes déployait un luxe désordonné de végétation parasite ; les Pyrénées conservèrent longtemps leur parure sauvage et les produits monstrueux que la nature brute développe dans ses premières créations. Les Basques eurent à se défendre contre les attaques d'énormes serpents, qui sortaient périodiquement des parties les plus humides et les plus profondes des forêts. A quelle famille appartiennent ces hydres pyrénéennes? Le continent européen, dans une autre ère géodésique, n'aurait-il point été situé sous une zone plus chaude, et le changement de climat, suite des cataclysmes, n'aurait-il point fait perdre à ces dragons leur vivace énergie, tout en leur laissant la grandeur et les proportions de leur espèce? Les chroniques nous apprennent qu'au moyen-âge les Pyrénées n'étaient point encore purgées de ces hôtes effrayants, et que les Chevaliers de la montagne employaient, à les poursuivre et à les combattre, les intervalles de loisir que leur laissait la guerre des Maures. J'ai raconté la victoire de Gaston de Belsunce sur le dragon d'Irubi : un fait analogue s'est reproduit, au seizième siècle, dans la vallée de Soule, où l'écuyer de la maison de Çaro réussit à tuer un de ces monstres. Le chevalier prudent attira le reptile hors de sa caverne, au moyen d'un agneau vivant, attaché à l'entrée, pour servir d'appât ; il avait disposé, sous l'innocent animal, une sorte de machine infernale, qui fit explosion au moment où le dragon furieux se roulait sur sa proie : de Çaro, qui avait eu le courage de mettre le feu à la traînée de poudre, s'enfuit le visage souillé par le sang et la terre qui rejaillirent sur lui ; l'idée qu'il était poursuivi, jointe à l'horreur qu'il éprouvait, précipita sa course ; il avait franchi le seuil de son castel, et se trouvait devant sa femme, lorsqu'il perdit la respiration et tomba mort, sans avoir pu proférer une seule parole. Je n'entends point garantir l'exactitude de ces détails dont quelques-uns auront été sans doute dénaturés en passant par la bouche du peuple; mais il serait difficile de mettre au rang des fables des faits attestés par les chroniques, et racontés journellement sans autre teinte de merveilleux que la poésie des traditions populaires.

Les habitations des Basques, éparpillées le long des rivières, sur le penchant des collines et dans la profondeur des bois; la richesse de la végétation, la variété des sites, l'aspect pittoresque des montagnes, cultivées aujourd'hui jusqu'à leurs sommités; un air de vie, de liberté, de plaisir animant tous les paysages, et la magie des souvenirs historiques, forment des Pyrénées occidentales une contrée des plus intéressantes. Le climat y est tempéré, mais très-variable : le voisinage de l'Océan communique à l'air une agréable fraîcheur, que le souffle brûlant du *Solano* (*) remplace à l'approche

---

(*) *Hegoua*, vent du sud-est.

des équinoxes et des solstices. Les vents d'est et de nord-est s'y font sentir rarement; ils rendent l'air plus frais et plus pur, et font briller le ciel du plus vif éclat pendant la sérénité des belles nuits d'automne. Le vent du sud-ouest interrompt la sécheresse de l'été par de violents orages qu'il apporte sur son aile; les sommets des Pyrénées, qui leur servent de conduits électriques, concentrent leurs explosions rapides; la foudre éclate sur les rochers insensibles et frappe les déserts, tandis que l'ondée chaude et brillante fertilise les vallées : l'orage gronde et se dissipe en quelques heures, mais il est quelquefois suivi de jours pluvieux. L'automne est presque toujours magnifique dans les Pyrénées; les hivers, quelquefois très-rigoureux, n'y manquent point de beaux jours; les longues pluies n'y règnent qu'au printemps : cette saison se termine quelquefois par des gelées tardives et piquantes; elle est troublée par des orages précoces, dont l'hiver lui-même n'est point exempt. La nature a rassemblé dans les Pyrénées occidentales toutes ses richesses; elle y multiplie ses oppositions et ses contrastes, en mêlant à la fois les saisons et les climats : la température y est exposée aux transitions les plus subites ; souvent, au déclin du plus beau jour, l'horizon se couvre d'un voile sombre, la pluie tombe toute la nuit, et le matin le soleil se lève resplendissant dans un ciel redevenu serein : image de la beauté, qui brille d'un nouveau lustre après avoir séché les pleurs qui l'inondaient.

La végétation des Pyrénées n'est pas moins riche et moins variée ; elle peint le climat, avec sa mobilité, ses contrastes, ses couleurs fantastiques, ses mille nuances, qui tantôt se fondent harmonieusement, tantôt ressortent vives et tranchées, par leur opposition. Les brusques accidents du terrain et la différence des expositions rapprochent toutes les espèces, tous les genres ; on y voit croître les plantes aquatiques à côté des plantes alpines, et de celles que produit un sol aride et calciné ; — Les saxifrages, la campanule, le canillet moussier, l'aconit, les superbes liliacées, les ellébores, les valérianes, les tithymales, la gentiane, l'origan, la germandrée, l'euphrasie, le souchet long, la tormentille, la sensitive, la clématite, le calament, la petite sauge et la grassette des Alpes, la digitale pourprée, la mandragore, l'arnica. — La Flore des Pyrénées occidentales cite, avec distinction, parmi ses amants les plus studieux et les plus infatigables, Tournefort, Palassou, Picot-de-Lapeyrouse et Ramond.

La classe des mammifères qui disputent à l'homme le séjour et la possession de nos montagnes est fort nombreuse. Sans compter le lynx devenu rare, et la martre qui se cache au fond des bois, l'on y rencontre l'écureuil (*), la belette (**), le hérisson (***), le blaireau (****), le lièvre (*****), la loutre (******), le loup et le renard, hôtes vauriens et destructeurs, foisonnent, quoique

---

(*) *Urchaïnch*, mange-noisettes.
(**) *Andereïger*, jolie-demoiselle.
(***) *Sagarroï*, mange-pommes.
(****) *Harzkou*, oursin ; *l'ursus meles* de Linnée.
(*****) *Erbi*, double-lèvre.
(******) *Uhain*, léger-animal-d'eau.

leur tête soit mise à prix. La chasse du sanglier(*) dédommage le Basque des dégâts que cet animal fait dans les plantations de maïs. La famille précieuse des ruminants fournit le cerf(**), le daim (***) le chevreuil (****), le bouquetin devenu très-rare, avec ses grandes cornes noueuses, repliées en arrière; l'izard ou chamois, joli animal dont la petite corne droite se termine en crochet pointu; sa lèvre supérieure est légèrement fendue, il n'a point de larmier comme les cerfs et les antilopes, et sa conformation le rapproche de la chèvre. Dans l'absence de plus formidables quadrupèdes, l'ours (*****) est le roi de nos forêts et de nos montagnes solitaires : l'ours noir frugivore est plus commun que l'ours brun carnassier : l'un et l'autre ne se montrent, le jour, que pendant la belle saison ; le premier se nourrit de mûres, de raisins

---

(*) *Bassurde*, porc sauvage.
(**) *Orkhatz.*
(***) *Oreïn.*
(****) *Bassahintz.*
(*****) *Hartz.*

sauvages et de fraises parfumées, qui tapissent jusqu'à la fin de l'automne les rochers exposés au midi ; son régal le plus friand consiste dans un miel grossier, coulant en ruisseaux le long des fissures de quelques roches pyramidales, où les républiques d'abeilles se sont établies séculairement, par milliers d'essaims, sans craindre que jamais la main de l'homme vienne ravir dans leur patrie inaccessible les trésors de leurs ruches trop pleines.

Le grand aigle, brun fauve, est le plus remarquable des oiseaux sédentaires de nos Pyrénées; il vit solitaire et taciturne, bien différent en cela du petit aigle criard, au plumage gris de fer, tacheté de noir et de blanc. Le nom du roi des oiseaux (*arrano*) indique, en langue basque, son habitude de se percher sur les rochers les plus sauvages; c'est là qu'il établit son aire et règne en souverain. Tous les oiseaux fuient les sites que l'aigle fréquente ; seule plus étourdie ou plus confiante, la spipolette s'y montre pendant l'été; elle vient becqueter, sur les gazons décolorés, la terre fraîche, qu'une variété de taupes fauves rejette, en creusant ses galeries, à la proximité des glaciers. — Je fais remarquer que la langue basque désigne le lierre et le hibou par le mot *huntz;* sans doute, parce que le lierre s'attache aux vieux troncs d'arbres et aux masures qu'habite l'ennemi du jour. La même expression caractérise, chez les Basques, l'homme stupide dont l'esprit est plongé dans les ténèbres, par allusion à l'oiseau nocturne qui jamais ne voit rayonner le soleil, et reste aveugle à sa lumière : les Grecs et les Romains faisaient, au contraire, du hibou consacré à Minerve, le symbole de la prudence et de la raison. C'est que les Grecs et les Romains, enfants de la Nuit, étaient des tribus celtiques; les Euskariens, race méridionale et solaire, comprenaient tout autrement que les Barbares les clartés de l'intelligence et la vie lumineuse de la création. Ainsi, l'on retrouve, jusque dans les plus petits détails du langage, le génie particulier des deux grandes races humaines et le caractère essentiel des deux verbes qui se disputent d'âge en âge le monde social !

Les Pyrénées, situées entre la Méditerranée et l'Océan, sont un point de repos naturel pour les tribus d'oiseaux voyageurs qui dirigent leurs migrations annuelles tantôt vers le nord, tantôt vers le midi ; la chaîne occidentale, moins élevée et moins aride, attire de préférence ces hôtes passagers, que la diversité de leur instinct, de leur chant et de leur plumage, rend si intéressants à observer. Les chasses auxquelles les montagnards se livrent avec ardeur fournissent un trait de plus aux scènes magnifiques que l'ami de la nature ne peut se lasser d'admirer. — Dès le printemps, les hirondelles de mer remontent nos rivières, qu'elles effleurent d'une aile rapide, suivies par les goëlands, les mouettes, les coupeurs d'eau, dont le nid repose sur les rescifs de l'Océan ; la huppe se montre bientôt à la pointe des bruyères qui commencent à verdir, et chante, en hérissant les plumes de sa jolie crête ; le coucou devance dans les bois la naissance des feuilles, et fait entendre les deux notes de son couplet monotone, répété par les enfants du village et par l'écho. — L'été vient, et de retour, le brillant loriot défie les merles par des sifflets joyeux et cadencés; la nature se réveille et s'anime; les forêts ont repris leur verdure, et la grande voix des Pyrénées, élevant ses harmonies, proclame la saison d'amour. Les vautours, exilés par l'hiver, rentrent en foule dans les montagnes : le barbu prend un essor puissant, avec ses larges ailes, dont l'envergure dépasse celle même du grand aigle; l'arrian, à tête chauve, descend dans la profondeur des ravins et plane sur les eaux. — Avec l'automne arrivent les mûriers, les bec-figues, les étourneaux, les grives, les cailles; tandis que, sur les genêts dorés et les buissons jaunis, les rossignols, les linottes, les chardonnerets et toutes les familles d'oiseaux chanteurs, volent par troupes nombreuses, s'appellent vivement et s'assemblent; puis redoublent en chœur des refrains d'adieux, pour aller chercher au loin un autre printemps et d'autres amours.

La colombe océanique (*), le ramier bleu, qui

(*) *Urzo*, oiseau de l'eau.

joue un si grand rôle dans la cosmogonie ibérienne, arrive dans les Pyrénées en septembre; les naturalistes regardent ce bel oiseau comme la souche des pigeons domestiques; rien n'égale la rapidité de son vol bruyant; il est impossible de se faire une idée du fracas qui accompagne ces oiseaux, lorsqu'ils s'abattent par milliers dans les grandes forêts de hêtres : hôtes inoffensifs devenus le symbole de l'innocence et de la douceur. Ils vivent de faine; leur chair fournit alors un manger délicat, et les chasseurs leur apprêtent mille morts. La chasse la plus amusante se fait avec de grands filets tendus à l'extrémité d'un vallon; le choix du site et l'habileté des chasseurs concourent à la rendre plus ou moins heureuse; les produits en sont assez lucratifs pour faire de chaque *pantière* une propriété importante et privilégiée. L'épervier et le hobereau sont les seuls oiseaux de proie que le ramier doive craindre; la vitesse de son vol le met à l'abri de tous les autres. L'épervier s'élance de terre perpendiculairement, et se renverse sur le dos pour saisir sa victime qu'il frappe de son bec tranchant et de sa poitrine osseuse; les ramiers, instruits par l'instinct, évitent son atteinte, en abattant subitement leur vol. L'idée de la chasse aux filets est fondée sur cette observation. Les chasseurs se postent sur les collines, dans un rayon de demi-lieue, à portée des filets, armés de raquettes blanches, dont la forme imite un épervier : leurs yeux perçants ne se détachent point de l'horizon, où d'imperceptibles vapeurs leur font reconnaître chaque volée de ramiers, plus de vingt minutes souvent, avant son approche; ils s'avertissent mutuellement par des cris et des signaux, lancent leurs raquettes avec tant d'intelligence et d'à-propos, qu'ils manquent rarement de faire prendre aux ramiers la direction fatale : l'instant solennel de leur triomphe est celui où les timides oiseaux, se pressant en colonne, d'un vol étourdissant que précipite la terreur, donnent tête baissée dans les filets qui tombent pour les envelopper. Tous les ramiers pris vivants sont vendus, mis en volière, et garnissent la table du Basque pendant l'hiver; ceux que l'on sert en automne sont tués à coup de fusil, et n'en sont, dit-on, que meilleurs : on se sert, pour les attirer, d'appeaux vivants auxquels on a crevé les yeux. Les Basques, peuple noble et gentilhomme, chassaient encore, au temps de Henri IV, les ramiers au hobereau, et toute espèce de gibier au faucon (*). Le perfectionnement des armes à feu a fait abandonner ce divertissement, interdit au peuple, dans toute la France, sous peine de mort, et réservé aux plaisirs de la noblesse et des rois, chez les Barbares.

La venue des oiseaux voyageurs dans une contrée est déterminée par la maturité des fruits dont chaque espèce se nourrit. Les uns arrivent aux Pyrénées à l'ouverture des moissons ; les autres dans la saison des vendanges. Les grues (*) forment l'arrière-garde de la migration ; mais dirigeant leur vol au dessus des régions que l'aigle fréquente en été, ces oiseaux passent sans s'ar-

---

(*) *Aoutore.*
(*) *Kurloe.*

rêter, à moins que le mauvais temps et les brouillards ne dérangent leur ligne de bataille et ne les forcent à descendre. Le héron, la sarcelle, le canard sauvage, l'oie sauvage, l'outarde et la cigogne séjournent dans les Pyrénées une partie de l'hiver. — Il est un oiseau voyageur plus fameux et plus rare : c'est le cigne sauvage, que sa petitesse distingue du cigne domestique, et que la conformation singulière de la tranchée-artère et du bréchet classe parmi les oiseaux chanteurs. Les observations faites par Mongez à Chantilly ne permettent plus de douter que les anciens furent véridiques dans la tradition du cigne qui chante. Picot-de-Lapeyrouse en a disséqué quelques-uns : ils n'apparaissent dans les Pyrénées que de siècle en siècle, durant les hivers les plus rigoureux.

L'imagination des Basques, aidée par la réminiscence confuse des pays que les premiers Euskariens ont habités, n'a point manqué de peupler les Pyrénées d'êtres mystérieux et bizarres, qui servent de lien superstitieux entre la création matérielle et visible, et le monde fantastique des larves et des esprits. Le plus populaire de ces mythes pyrénéens est le Seigneur-Sauvage (*), sorte de monstre à face humaine, que le Basque place au fond des noirs abîmes, ou dans la profondeur des forêts. La taille du *Bassa-Jaon* est haute; sa force prodigieuse; tout son corps est couvert d'un long poil lisse, qui ressemble à une chevelure; il marche debout comme l'homme, un bâton à la main, et surpasse les cerfs en agilité. Le voyageur qui précipite sa marche dans le vallon, ou le berger qui ramène son troupeau, à l'approche de l'orage, s'entend-il appeler par son nom répété de colline en colline; *Bassa-Jaon!* Des hurlements étranges viennent-ils se mêler au murmure des vents, aux gémissements sourds des bois, aux premiers éclats de la foudre, c'est encore *Bassa-Jaon!* Un noir fantôme, illuminé par l'éclair rapide, se dresse-t-il au milieu des sapins, ou bien s'accroupit-il sur quelque tronc d'arbre vermoulu, en écartant les longs crins à travers lesquels brillent ses yeux étincelants; *Bassa-Jaon!* La marche

---

(*) *Bassa-Jaon.*

d'un être invisible se fait-elle entendre derrière vous, son pas cadencé accompagne-t-il le bruit de vos pas ; toujours *Bassa-Jaon !!!*

Le Basque raconte, au coin du feu, la rencontre qu'il eut avec le Seigneur-Sauvage, pendant qu'il était jeune et qu'il menait la vie des bergers : il dit l'heure et le lieu, dépeint le paysage, et n'hésite point à convenir de sa frayeur, vivement partagée par son auditoire enfantin, qui écoute le récit du grand-père avec la plus avide curiosité. C'était par une nuit obscure, une froide nuit d'hiver ; les vents sifflaient à travers les branches des arbres, les brouillards s'étaient abaissés, la neige tombait, blanche et glacée ; le berger, revenant des hautes montagnes, chemina seul jusqu'à minuit. Il fut contraint de s'arrêter dans les bois ; l'épaisseur du brouillard lui dérobait sa route : il s'arrête ; un tronc d'arbre, coupé à la hauteur des branches, s'élevait devant lui, tout blanc de neige : le montagnard distrait le frappa machinalement de son bâton ; soudain, le tronc, en apparence inanimé, bondit terrible, la neige qui le couvrait tombe comme un voile, et laisse voir au berger, immobile de terreur, *Bassa-Jaon*, rugissant comme un lion, l'œil ardent et le crin hérissé!... Le narrateur du coin du feu raconte cet incident étrange avec un ton de vérité persuasif, et laisse croire, adroitement, qu'il est le héros de l'aventure; il tient le fait de son père, qui le tenait de son aïeul. On pourrait ainsi remonter deux cents générations, jusqu'au temps du séjour des Euskariens en Afrique; car le *Bassa-Jaon* des Basques, c'est tout simplement l'Orang-Outang, qui fournit aux anciens Egyptiens et aux Grecs la fable des Sylvains et des Satyres.

Ce nom de *Bassa-Jaon*, donné à l'Orang-Outang par les Euskariens, exprime avec une sorte de naïveté l'étonnement mêlé de frayeur qui s'empara de l'Aborigène, à la vue d'un animal si semblable à l'homme. De nos jours encore, les nègres de la côte s'imaginent que le mutisme des grands singes est une ruse de leur part, afin de se soustraire à la tyrannie des blancs et aux pénibles travaux de l'esclavage. L'Euskarien, meilleur observateur, ne tarda point à reconnaître dans l'Orang-Outang un être dépourvu de raison, privé de la parole, et inférieur à l'homme social, de toute la distance qui sépare la réflexion intelligente de l'aveugle instinct. Il consacra cette découverte par la fable du Forgeron et du *Bassa-Jaon*, dont la forme puérile (*) cache cette moralité philosophique : le Seigneur-Sauvage est une brute, un animal, un singe; et l'homme, un homme (**), l'être excellent, intelligent, *Guizon!*

Il ne faut point rejeter indistinctement, comme apocryphes ou fabuleux, les récits des Basques, sur les apparitions de l'homme des bois dans les Pyrénées occidentales. On trouve dans ces montagnes de vrais sauvages, et leur existence, quelque inexplicable qu'elle soit, n'en est pas moins avérée. Des ouvriers qui travaillaient pour la mâture, en 1790, dans la forêt d'Iraty, observèrent

---

(*) Le forgeron y pince le nez du Seigneur-Sauvage avec des tenailles rougies au feu.

(**) *Gu-is-on*, nous-être-excellent, parfait.

à plusieurs reprises, deux de ces individus : Le Roy, qui dirigeait leurs travaux, raconte ce fait intéressant dans un de ses mémoires scientifiques. L'un des sauvages, jeune femme aux longs cheveux noirs, toute nue, était remarquable par des formes élégantes, par des traits réguliers et beaux, malgré l'extrême pâleur de son visage; elle s'était approchée des travailleurs et les regardait scier des arbres, d'un air qui témoignait plus de curiosité que de crainte; les paroles que s'adressaient les ouvriers excitaient visiblement son attention. Enhardie par le succès de sa première visite, elle revint le lendemain à la même heure. Les ouvriers avaient formé le dessein d'en faire leur prisonnière, s'il était possible d'y réussir sans lui faire de mal : l'un d'entre eux s'approcha d'elle en rampant, tandis qu'un de ses camarades parlait haut, en gesticulant vivement, pour captiver l'attention de la jeune sauvage; mais au moment où le bûcheron tendait le bras pour lui saisir la jambe, un cri d'alarme, parti du bois voisin, avertit la fille de la nature du piége qu'on lui tendait; elle fit un bond d'une agilité surprenante, et s'enfuit vers la forêt avec la rapidité de l'éclair; elle ne revint plus, et l'on ignore le sort du couple sauvage.

La grotte de Balzola, en Biskaïe, a la réputation de nourrir dans ses entrailles toute espèce de monstres. Il y a quelques années, les habitants d'une maison voisine entendirent, durant plusieurs nuits, des hurlements prolongés, qui semblaient appartenir à une voix de femme. La bonne humeur malicieuse, qui anime, dans les provinces méridionales de la France, les *Loups-Garous* et les *Ganipotes* de village, ne pouvait avoir aucune part à ces cris nocturnes. Plusieurs jeunes gens firent une battue, à la faveur d'un clair de lune magnifique, et le premier objet qu'ils aperçurent, à l'entrée de la grotte, fut un noir fantôme à visage humain, qui se précipita dans la caverne, en répétant son hurlement sinistre (*).

Le mot significatif de Balzola équivaut à Forge

(*) J.-A. Zamacola, *Historia de las naciones bascas*.

ténébreuse. Ce vaste souterrain, divisé en une foule de compartiments et de galeries, paraît avoir été, dans l'origine, quelque riche mine de fer exploitée par les anciens Cantabres ; il est situé à l'extrémité d'un vallon sauvage, au milieu duquel s'élève un rocher pittoresque, naturellement taillé en arcade, appelé *Jent'il-Zubi*, Pont de la Mort. L'entrée de la grotte, pratiquée dans le roc vif, conduit à un vestibule spacieux et sombre, où viennent aboutir toutes les issues du labyrinthe : les eaux que le rocher distille rendent le sol humide ; il est parsemé d'ossements, dont quelques-unes sont humains : la persuasion des paysans est qu'ils appartiennent à des personnes dévorées par les serpents. La voûte du noir portique est tapissée de chauves-souris, accrochées par milliers, les unes aux autres, comme les abeilles qui se pendent en grappes dans leurs ruches : leurs cris et le bourdonnement de leurs ailes frappent d'abord l'oreille du voyageur à son entrée dans la caverne ; mais, à mesure qu'il avance, des murmures sourds et profonds, des sifflements aigus, des roulements lointains se font entendre par toutes les bouches du souterrain. Par moments, l'on dirait des gémissements humains, semblables aux cris que les verges des furies vengeresses arrachaient à leurs victimes; d'autres fois, des bruits forts et cadencés imitent le battement d'une forge et les lourds marteaux des cyclopes tombant sur l'enclume d'airain. Il est des jours et des saisons où ces bruits formidables redoublent et se répandent au dehors : l'imagination des paysans les interprète de manière à augmenter la terreur qu'ils inspirent; ils peuvent avoir pour cause la chute des torrents intérieurs et les compressions du vent dans les cavités sonores du souterrain.

La grotte de Balzola n'est point la seule du même genre que l'on trouve dans les provinces basques, il en existe, au contraire, un grand nombre : elles servaient anciennement de refuge à la population des vallées contre l'invasion ennemie; les guerriers de la montagne eux-mêmes, quand la victoire avait trahi leur valeur, s'y renfermaient quelquefois, pour en sortir invincibles.

La Basse-Navarre possède une de ces profondes cavités, capable de contenir plus de dix mille combattants; une colline masque son ouverture; la *Tour du Diable*, qui lui sert de couronnement, est bâtie d'ossements humains et de crânes; la couleur du ciment pétrifié par les siècles atteste qu'il fut détrempé dans le sang. A ces monuments terribles se rattachent de tragiques souvenirs: quelques-uns datent de la guerre des Basques contre les Romains; il en est qui remontent jusqu'aux premières luttes des montagnards contre les Celtes.

Le Basque, depuis son établissement dans les Pyrénées, n'a rien conservé d'invariable que la divine langue et la liberté originelle de ses ancêtres; le long séjour des montagnes a puissamment modifié son être physique. Les influences d'une autre terre et d'un autre ciel ont fait perdre au Cantabre le teint brun et la chevelure frisée que Tacite attribue aux anciens Ibères; sa taille, primitivement petite, a grandi jusqu'à se rapprocher de celle des géants, enfants du nord. L'âme euskarienne a subi, dans le cours des siècles, la métempsychose d'une incarnation nouvelle et, pour ainsi dire, locale; mais ce changement, plus extérieur qu'essentiel, n'a point détruit les formes et les harmonies caractéristiques qui font de cette race l'un des beaux types de l'espèce humaine.

La défense et la culture de leurs vallées occupaient laborieusement les Basques et les privèrent bientôt de la richesse et du loisir, qui leur auraient été indispensables, pour entretenir, au sein de leur petite confédération guerrière, la civilisation lettrée des Ibères. Les mages de la république solaire (*) ne furent plus, dans les Pyrénées, que d'ignorants astrologues et de misérables sorciers : ils n'en conservèrent pas moins une réputation acquise à meilleur titre; les Romains, au temps de Septime-Sévère, les comparaient encore aux devins de la Hongrie et aux prophétesses scandinaves, savantes filles de la Voluspa. La poésie cantabre, privée du secours de l'écriture, n'eut

---

(*) Jaon-Aztiak.

plus d'autre écho que l'improvisation inculte des bardes, et leurs chants fugitifs, aussitôt oubliés. Les Basques perdirent jusqu'à l'intelligence de leur langue; cet obscurcissement de la lumière sociale favorisa l'établissement du polythéisme dans quelques villes de la Navarre, et par suite de la religion catholique professée aujourd'hui par l'universalité des montagnards. Le soleil des *Voyants* s'éteignit à leur horizon, pendant l'ère de sang et de ténèbres; l'influence d'un génie mauvais relâcha les liens de la fraternité primitive, changea les conditions du devoir, isola le dévouement, et bannit l'amour.

Les Basques ne purent, toutefois, se dépouiller de la prééminence essentielle qui résulte de leur origine et d'une indépendance héréditaire : ils restèrent supérieurs à tous les peuples de race celtique, par les lois, les mœurs, les usages qu'ils tenaient de la nature, et par la haute sagesse qui les inspirait dans tous les détails de la vie pratique. Leur établissement dans les Pyrénées fut une prise de possession prompte et complète, comme devait être celle d'un peuple que trente siècles de civilisation non interrompue avaient armé de toutes pièces, pour combattre et vaincre la nature la plus rebelle. Les Basques, en arrivant dans les montagnes, étaient agriculteurs consommés : leurs femmes s'étaient acquis une célébrité européenne dans l'art de fabriquer les toiles, de tisser la laine, et de varier les couleurs des étoffes par la teinture et la broderie. Tandis que les Gaulois et les Celtibères se rangeaient à demi-nus sous les drapeaux d'Annibal, les Cantabres jetaient sur leurs épaules d'élégants et riches manteaux; ils se couvraient d'armes étincelantes dont la ciselure augmentait l'éclat. Le sabre gaulois, mal trempé, pliait à la moindre résistance, se tordait à tout coup; le Barbare était réduit à le redresser chaque fois, dans la mêlée, en exposant à la fureur de l'ennemi son corps de géant, nu jusqu'à la ceinture, sans autre défense qu'un tatouage bizarre et des hiéroglyphes grossiers. Le glaive cantabre, adopté par les Romains, était, au contraire, d'un travail parfait, d'une forme savamment calculée, et le fer le plus dur n'était point à l'épreuve de son tranchant. Horace a vanté le bouclier rond des fantassins navarrais ; leur hache-d'armes offrait dans l'airain une fusion de métaux dont le moyen-âge a perdu le secret. — Les Baques sont aujourd'hui le seul peuple de l'Occident qui réunisse distinctement, sans les confondre, les deux couleurs bien distinctes, les deux aspects saillants de la physionomie générale de l'humanité : la civilisation primitive des patriarches méridionaux, et le génie guerrier des barbares hyperboréens.

L'irruption des Celtes dans la Péninsule ibérique et l'établissement des tribus euskariennes au sein des Pyrénées occidentales commencèrent pour les montagnards un deuil séculaire, rendu plus sombre et plus exalté par une série non interrompue de guerres avec les peuples dominateurs de la Péninsule et des Gaules : Celtes, Carthaginois, Romains, Visigoths et Maures. — Je ne parlerai point des luttes plus récentes que la folle présomption de la monarchie castillane devait engager à sa honte contre l'indépendance des enfants d'Aïtor et la gloire de leurs républiques fédérées.

L'invasion des Barbares avait substitué, dans tout le midi, l'esclavage à la liberté primitive, l'iniquité de la guerre et de la conquête à la divine justice, le code politique des tyrans au droit des nations. Le mouvement humanitaire s'effectua désormais du nord au midi, en dehors de ses voies naturelles de lumière et de paix. L'indépendance des Basques ne les empêcha point de sentir le contre-coup du renversement social qui fit perdre à l'homme son harmonie et sa loi, dans l'état de peuple et de famille : les montagnards devinrent un peuple soldat, et l'adoption de quelques lois empruntées aux Barbares fut pour eux une nécessité impérieuse, une condition de force et de résistance.

Déjà sous les Romains, derniers représentants de l'invasion celtique, la législation des Vascons avait subi quelque altération : l'arrivée des Goths détermina sa décadence, et les lois martiales des Barbares furent votées sous le chêne patriarcal de la fédération euskarienne, dans toute leur brutalité sauvage. Le code souletin renferme un singulier tarif des coups et des blessures : tant pour un coup de javeline, de hache, de pique, de lance, de dague ou de poignard ! La quotité de l'amende variait suivant la gravité des blessures : des jurés experts étaient préposés pour sonder leur profondeur, mesurer leurs dimensions. Quiconque serait curieux de voir la marque d'un sabre navarrais, plongé, jusqu'à la garde, dans une poitrine d'homme, la trouvera dessinée exactement sur une page du code souletin. Ces lois gothiques introduisirent parmi les Basques les vengeances de famille à famille, telles qu'on les observait à la même époque chez les montagnards écossais, avec les rivalités et les inimitiés féroces des clans et des tribus.

Le défi légal, le duel, et le jugement de Dieu, usités en Navarre et chez les Vascons cispyrénéens durant tout le moyen-âge, ne furent adoptés qu'au quinzième siècle par les Biskaïens ou Cantabres proprement dits. La loi de Guernika porte que le

Jaon, ou Seigneur de la république, devait assister au duel, en s'asseyant au pied d'un arbre. Les duels par procureurs et champions étaient surtout en usage dans les démêlés de province à province. Un ancien traité conclu entre le vicomte de Béarn et la Junte de Soule arrête que les Souletins prévenus de vol ou de meurtre commis sur le territoire gascon auraient la faculté de purger l'accusation par le duel ou par le serment, à leur choix. La superstition des montagnards redoutait l'épreuve du serment qui devait être fait la main sur l'évangile ou sur une châsse de saintes reliques : ils préféraient soutenir leur innocence l'épée à la main. Le traité mentionné décide *qu'à l'avenir tels combats auront lieu sur le territoire de Béarn, et que les Basques n'y viendront jamais plus de cinquante pour accompagner leurs champions* : tant la fougue indomptable et l'impétuosité de nos montagnards inspiraient de terreur aux Gascons! Ces détails ne paraîtront point insignifiants aux lecteurs qui font leur étude de rechercher, dans les mœurs et dans les habitudes d'un peuple la trace de ses destinées historiques et des influences sociales qui ont modifié son caractère dans la succession des siècles.

La perfidie et la cruauté du Scythe furent souvent contagieuses pour l'Ibère pyrénéen, et les vices des Cagots ternirent plus d'une fois ses antiques vertus. Il est pour les nations un milieu humanitaire, comme pour l'homme un milieu social, et le mouvement irrésistible d'un même tourbillon entraîne les individus et les peuples. Qu'importe que ce principe soit empreint de fatalisme, et que sa portée panthéitique renverse toutes les notions de la morale vulgaire, si, pour tout autre que le prêtre et le sophiste, il a l'évidence et la certitude d'un fait? L'homme familial vit dans sa tribu, sa nation, son peuple, comme le peuple vit dans l'humanité, comme le genre humain vit en Dieu, moteur suprême, universel; et la création réagit dans une échelle descendante, du grand tout aux individus, par cercles harmoniques. Certainement, les phases humanitaires sont générales, soit en bien, soit en mal : elles se succèdent par grands âges. La société n'a que deux manières d'être ; et c'est du Nord que lui viennent toujours, avec l'invasion, la tyrannie, la guerre et le meurtre, le babélisme du langage et les ténèbres de l'esprit.

Le Basque, c'est l'homme du Midi, le patriarche ibérien, revêtu de l'armure du barbare, depuis les invasions du Nord. L'Aborigène pacifique, une fois acculé dans les Pyrénées occidentales, envisagea, sans pâlir, ses nouvelles destinées ; il acquit au plus haut degré l'instinct guerrier de ses oppresseurs : extrême en tout, il les surpassa par son audace, comme il les surpassait en lumière, noblesse et vertu. La nécessité, le désespoir et le droit naturel de la défense lui mirent les armes à la main : l'ivresse du sang égara quelquefois son courage ; mais ses excès mêmes étaient justice et vengeance, car l'agression ne venait point de lui.
— Un poète en qui respire tout entier le génie de Rome étrusque, de Rome conquérante et souveraine, Lucain, ne dit-il point que les Ibères pyrénéens étaient devenus l'horreur et l'épouvante de

*

l'univers? Avec quelles fières couleurs le chantre de la guerre punique, Silius Italicus, trace le portrait de ce Cantabre, fils aîné de l'Ibérie, que ni la faim, ni la soif, ni les ardeurs de l'été, ni les frimas des hivers ne peuvent abattre, et pour qui tous les travaux et tous les périls deviennent une occasion de gloire (*)! La farouche valeur des Montagnards, proposée à l'admiration des peuples, devint un sujet d'exagérations et de fables. On racontait, à Rome, que les guerriers de la Cantabrie, arrivés à l'âge qui blanchit les cheveux et rend la main débile, grimpaient sur les rochers élevés, entonnaient au soleil couchant leur hymne

---

(*) Nec non totus adest vesper; populi reposti,
  Cantaber, ante omnes, hiemisque, æstusque, famisque
  Invictus; palmanque ex omni ferre labore.
  Mirus amor populo, quùm pigra incanuit ætas,
  Imbelles jam dudum annos prævertere saxo :
  Nec vitam, sine Marte pati; quippe omnis, in armis,
  Lucis causa sita, et damnatum vivere paci.....

      Silius Italicus, lib. III.

de mort, et s'élançaient dans les précipices, pour terminer une existence devenue insupportable dès qu'elle n'était plus consacrée à la gloire et aux combats.

Indépendamment de ces traits sublimes qui composent aujourd'hui sa physionomie nationale, le Basque montre les goûts et les instincts communs à tous les peuples montagnards. Il porte jusqu'à l'idolâtrie l'amour du pays natal, d'autant plus exclusif généralement que les objets auxquels il se rapporte sont plus déshérités par la nature : le séjour de ses montagnes a pour lui un attrait que rien ne saurait balancer, des charmes dont rien ne peut détruire la magie ; les sueurs que lui coûta leur culture, le sang dont il les arrosa tant de fois les rendent plus chères à son cœur ; et ce sentiment exalté s'accroît encore par la passion dominante de l'indépendance et de la nationalité. — Pour étudier le peuple basque avec fruit dans les situations diverses de la vie sociale et bien comprendre le drame philosophique de son histoire, il ne faut jamais perdre de vue les trois aspects que présente le rayonnement de sa physionomie noble et poétique : Aborigène de race solaire, indomptable soldat, montagnard civilisateur et prédestiné.

Les Basques, si l'on en excepte les habitants des côtes de la Biskaïe et du Labourd français, qui s'adonnent à la marine, sont un peuple agricole et pasteur. Le bétail fait leur principale richesse, et l'on remarque que, dans leur idiome patriarcal, le mot *aberatsua*, désignant le riche, signifie en définition possesseur de nombreux troupeaux. Les Basques n'élèvent point de bœufs; les vaches tirent la charrue dans les vallées; celles que l'on laisse errer en grand nombre sur les montagnes sont petites, agiles et presque sauvages : les chevaux que l'on y trouve sont également vifs et robustes, mais petits. La belle race que les écuyers navarrais entretenaient avec tant de soin, durant les guerres contre les Maures, est aujourd'hui perdue ou à peu près.

Les années de paix qui se sont écoulées pour les Basques, depuis ces luttes glorieuses, ont porté leurs fruits. La culture, si riche dans les bassins des vallées, a poursuivi ses conquêtes jusqu'aux sommités les plus âpres ; elle lève ses tributs sur les plus petits lambeaux de terrain, les moindres rubans de verdure que lui disputent les rochers : les pentes les plus escarpées offrent des champs cultivés ; il serait impossible d'y tracer les sillons au moyen de la charrue. L'instrument dont les Montagnards se servent pour labourer porte le nom de *laïa* : c'est une grande fourchette de fer, à poignée de bois, dont les deux dents peuvent avoir seize à dix-huit pouces de longueur sur trois ou quatre pouces d'écartement. Les femmes et les filles prennent la même part que les hommes à ce travail qui se fait à reculons, et le *laïa* dont leurs mains sont chargées n'est ni plus petit, ni moins lourd. Les travailleurs de tout sexe se rangent en file, tenant un laïa de chaque main ; ils les rapprochent de manière à laisser aux bras la force et la liberté nécessaires ; puis, courbés sur les reins, tous frappant sur la même ligne en cadence, soulèvent et retournent profondément un même banc de terre avec une fatigue et des efforts dont il est facile de se faire une idée. — Ce rude exercice contribue à donner aux Basques une largeur de poitrine et d'épaule qui, jointe à la taille svelte et à l'agilité proverbiale du montagnard, imprime à sa démarche un caractère de majesté sauvage, de souplesse et de vigueur.

C'est surtout en parcourant les vallées pittoresques de la Biskaïe et du Guipuzkoa que le voyageur levant la tête et les yeux s'étonne d'apercevoir sur des hauteurs en apparence inaccessibles ces rangées de travailleurs qui s'abaissent, se relèvent, retombent avec un mouvement fort et mesuré. Il ne peut s'empêcher de reconnaître à cet aspect le peuple le plus laborieux de l'Occident, et s'émerveille que de jeunes filles aux formes élégantes et souvent frêles puissent soutenir, à demi-nues, dans ce pénible exercice, la longueur et le poids du jour. Enfin, au coucher du soleil, le travail cesse, les rangs sont rompus et les *laias* jetés à terre. Au même instant, les notes joviales d'un fifre aigu et les battements d'un tambour de Basque se font entendre; et mieux que le repos ce bruit magique a dissipé de la fatigue jusqu'au souvenir. Les groupes s'animent aussitôt; jeunes filles et garçons se donnent les mains, pour exécuter des rondes agiles sur les plates-formes de rochers. Aux chants des vierges se mêlent les cris éclatants des Montagnards; souvent la nuit a déroulé ses ombres jusque sur le penchant des vallées, les danseurs ont disparu dans son obscurité, que le petit tambour de fée et le galoubet de lutin envoient aux échos leurs sons prestigieux. — Quelque observation de ce genre aura dicté la phrase spirituelle de Voltaire, où ce brillant poète voulut peindre les Basques d'un seul trait, en les appelant *un petit peuple qui saute et danse au haut des Pyrénées.*

Les anciens Cantabres se livraient avec succès à l'exploitation des mines de fer; ils suppléaient au manque de machines hydrauliques par l'action du feu : Pline et Strabon ont confusément décrit les procédés qu'ils employaient. Les Basques modernes ne se montrent ni moins assidus, ni moins habiles dans ce travail (*). La seule province de Biskaïe possède plus de cent quarante forges et martinets qui sont en mouvement jour et nuit. La mine la plus riche que l'on y trouve est celle de Somorostro ; elle est commune, et semble inépuisable, quoique l'on en retire, année moyenne, un millions de quintaux de minerai. — C'est dans les vallons les plus sauvages, où l'on ne découvre aucune trace de culture, où les troupeaux s'aventurent rarement, que les forges sont établies, au milieu de forêts qui doivent fournir le charbon nécessaire à leur exploitation : les ateliers des cyclopes occupent les paysages les plus agrestes ; les animaux farouches, inquiétés par le génie de l'homme, jusque dans leurs retraites les plus reculées, peuvent à peine y cacher leur frayeur ; le bruit retentissant et mesuré des lourds martinets

---

(*) Les fabriques d'ancres de navires, de fer fondu, d'armes à feu et d'armes blanches de la Biskaïe sont les meilleures de toute l'Espagne : les dernières rivalisaient sans désavantage avec celles de Tolède et de Cordoue, au temps de leur plus grande célébrité sous les Maures.

des usines s'y mêle sans cesse aux roulements des cascades, aux cris des aigles et aux murmures solennels des forêts.

Les côtes de la Biskaïe et du Guipuzcoa présentent d'autres scènes. J'ai dit que la chaîne des Pyrénées s'écarte brusquement du golfe labourdin, et se dirige vers la Galice en traversant la Cantabrie ; les montagnes qui se déroulent du côté de l'Océan s'abaissent à mesure qu'elles approchent du rivage ; le terrain devient sablonneux et découvert, et se termine par une bordure de rochers pittoresques, contre lesquels la mer vient tantôt s'endormir riante et paisible, tantôt se briser avec fracas. Laredo, Lequeytio, Bilbao, Deva, Guetaria, Saint-Sébastien, le Passage, sont les plus considérables des ports qui jalonnent la ligne des côtes : les Basques qui les habitent sont hardis navigateurs, excellents marins, et, dans l'occasion, formidables corsaires. Si je voulais peindre l'activité, je choisirais pour sujet du tableau les ports de la Biskaïe. Une circonstance qui surprend les voyageurs, c'est que les femmes s'occupent du chargement des navires, et font le métier de porte-faix. On éprouverait quelque peine à les voir supporter de lourds fardeaux, si leur démarche légère, leurs dialogues spirituels débités avec la plus grande volubilité et leurs rires folâtres n'annonçaient que la fatigue ne saurait les accabler. J'ai vu souvent deux jeunes filles à la taille svelte, les deux mains sur les hanches, soutenir sur leurs têtes le même ballot, sans rompre l'équilibre, et marcher coquettement de front, d'un pas léger et cadencé. La journée se termine par des danses. Les étrangers ne reviennent point de leur admiration, et trouvent singulière une vie bien simple. Dans tout pays où l'homme cherche le péril, la femme se livre gaiement au travail : les Basquaises sont familières avec l'un et l'autre.

Hélas ! les siècles paisibles qui suivirent l'expulsion des Maures ont achevé leur cours dans nos montagnes. Les peuples de l'Occident s'agitent, les convulsions révolutionnaires se succèdent avec rapidité. Les derniers jours de la tribulation ont vu se lever l'astre de sang, et les luttes de l'indépendance ont recommencé pour les enfants d'Aïtor! Quel sera ton destin, ô peuple de l'*Agneau?* La race antique du Soleil doit-elle, par une merveilleuse transfiguration, s'élever à un nouveau rôle social, une grande mission d'avenir? ou bien, l'arrêt fatal serait-il prononcé contre la nation des *Voyants*? ses dernières tribus doivent-elles bientôt emporter dans la tombe les mourantes clartés des civilisations ibériennes et la sainte image de la primitive liberté? — Les jours ne sont peut-être point éloignés, où les guerriers des vallées, décimés par le sabre des Cagots, s'en iront errants sur les rochers, sans autre asile que les forêts sombres et les grottes souterraines, où nos ancêtres se réfugiaient au temps des barbares, avec leurs armes sanglantes et leurs drapeaux lacérés!..

VIII.

LA BIBLIOTHÈQUE.

L'accueil le plus cordial nous attendait à Goizueta chez un ami du boticario ; nous y trouvâmes la famille d'un officier guipuzkoan appelé Gaztanaga, et membre, je crois, de la *Diputacion a guerra* de cette province. L'hospitalité aimable dont nous fûmes l'objet fait partie des plus agréables souvenirs de mon voyage.

La fatigue et l'impression de l'air froid m'avaient engourdi : je luttais contre un sommeil irrésistible, en entrant dans le salon de réception, dont les murs, badigeonnés de blanc, n'avaient, pour cacher leur nudité, que de mauvaises gravures françaises représentant les quatre saisons. L'appartement se trouvait plus richement orné par une réunion de dames, tableau de vivante poésie, où plus d'une jeune fille, ingénue et rieuse, retraçait le printemps, où plus d'une jolie maman rappelait, par d'autres images, la saison des fruits. Un barde montagnard qui fût entré dans le salon n'aurait point manqué de comparer le cercle féminin à un groupe d'étoiles scintillantes, ou à un parterre de fleurs variées que le zéphyr balance sur leurs tiges. J'ai décrit précédemment le costume des Basquaises ; la couleur noire y domine ; mais leur sémillante physionomie, l'élégance de leur coiffure, leurs pendants d'oreille longs et brillants qui s'agitent, en suivant les poses pleines de coquetterie et les mouvements gracieux de leurs têtes, changent en parure leur voile monastique et lui ôtent sa signification religieuse. La situation physique et morale dans laquelle je me trouvais me rendait, en ce moment, insensible aux charmes du plus aimable entretien. Je me contentai de saluer les dames en silence, et j'allai me camper gravement sur une chaise à l'extrémité de l'appartement, où je ne tardai point à m'assoupir; tandis que le boticario, chevalier parfait, rendait honneur au beau sexe, ainsi qu'aux bons vins et aux rafraîchissements qui lui furent servis.

Les dames basquaises se font une loi de ne point importuner, par des questions ou par leur babil, les hôtes étrangers qu'amène le hasard : l'ami que vous accompagnez ne décline point votre nom, de prime-abord, à haute et intelligible voix, comme pour prouver que vous n'êtes point un homme suspect, et l'on n'attend point de savoir qui vous pouvez être avant de vous traiter avec égard et prévenance. Vous trouvez sur tous les visages l'expression de la franchise et de la bonté; vous ne sauriez éprouver la moindre contrainte; un maintien grave et décent sufit à votre rôle passif, si favorable à l'observation ; il vous est permis de vous taire et de respirer à votre aise, affranchi que vous êtes, du moins en apparence, du joug de l'étiquette, insupportable aux hommes timides et à ceux que la nature n'a point doués extérieurement des avantages frivoles qui plaisent au premier coup-d'œil.

Les formes les plus séduisantes ne sauraient excuser auprès des Basques la désinvolture de l'âme ou de l'esprit, car elle décèle l'homme sans jugement, ou l'homme faux et assoupli, dont les grimaces, comme celles du comédien, obéissent à la volonté et à l'habitude, indépendamment du sentiment réel. La politesse du Basque vient du cœur : franche et joviale, elle n'exclut point une réserve pleine de sagacité, que l'Ibère puise dans sa dignité patriarcale et dans sa finesse de montagnard ; un air d'abandon cache ce tact vigilant, malgré l'impétuosité de son caractère et l'élan de son imagination poétique.

Les dames basquaises savent allier la curiosité féminine avec la politesse d'usage, et la modestie qui leur est naturelle. Pour peu que l'extérieur et la physionomie d'un hôte leur inspirent d'intérêt, elles ne manquent point de s'informer adroitement de tout ce qui le concerne, et l'entretiennent avec choix des sujets qu'elles jugent devoir lui plaire; si elles entendent prononcer votre nom, elles ont moins l'air de l'apprendre que de s'en souvenir. Le guerrier et le poète, dont l'âme se nourrit d'estime publique et de gloire, se préservent difficilement de l'illusion, et leur amour-propre se rend volontiers dupe de l'air persuasif qu'elles savent donner à un compliment adroit. Dès ce moment, il vous est permis de faire plus ample connaissance, et vos rapports avec elles prennent un air de famille et d'intimité. Elles ne vous désignaient d'abord que par le mot *jaon* ou señor, à la troisième personne; votre nom obtient son tour, enfin le prénom; bientôt le *Don*, qui les accompagnait, disparaît lui-même; vous devenez simplement Augustin, Pédro, José, etc.; on ne parlerait point autrement d'un frère ou d'un intime ami. Ce langage affectueux, animé d'un regard séduisant, ne révèle que la franchise naturelle d'une âme aimante et la simplicité de l'innocence; il ne faut point chercher un reflet de vieux christianisme, mais la fraternité primitive du peuple euskarien.

Les Espagnols, jugeant par eux-mêmes des étrangers, voient sans ombrage l'ingénuité de leurs femmes : l'homme vicieux, exercé dans l'art de la séduction, se laisse bientôt entraîner par l'attrait du commerce intime auquel il est admis, et devient entreprenant. Mais quelque habileté qu'il mette à ménager ses transitions, il s'expose à des mécomptes mortifiants, à des désappointements amers. J'en ai connu qui se sont fait congédier tout net, percés d'un trait railleur, que les Basquaises savent rendre cuisant et acéré. Flatter l'amour-propre des femmes espagnoles, en taxant les Anglaises de pruderie libertine, les Françaises de coquetterie égoïste et perfide, est un moyen plus certain d'assoupir la vigilance d'une vertu trop sévère, ou d'en réprimer les éclats.

Les Basquaises n'ont point la beauté des

Andalouses, peut-être; mais elles compensent ce léger désavantage par une gaieté plus spirituelle, par des grâces plus fines, par le goût parfait de leur toilette, et par une propreté exquise dans leur personne, que les dames castillanes de la plus haute classe n'imitent point toujours. Ce qui élève les Basquaises au dessus des autres femmes espagnoles, c'est un esprit exalté de nationalisme: l'on reconnaît en elles l'être divin auquel nos ancêtres avaient primitivement voué un culte d'amour, et l'hommage religieux que les vierges d'Ibérie partageaient seules avec le grand Iao.

Les Barbares pour qui le droit réside dans la force, et don le glaive est plus aiguisé que l'esprit, arrachèrent à la femme sa couronne de fleurs; l'Euskarien divinisa l'empire de la beauté; les Cantabres eux-mêmes, en adoptant les mythes de l'idolâtrie celtique, n'oublièrent point d'élever des autels aux *Dames* ou *Dominatrices* (*). Si l'homme

---

(*) *Andereak.*

voyant exprime, dans son verbe inspiré, dans sa parole improvisée, la lumière céleste; si, roi du globe par son génie et par ses armes, il est réellement la plus parfaite des incarnations terrestres; quel être mérite son culte mieux que la femme, ce lien d'amour qui le rattache à Dieu? Mais ici je m'enfonce involontairement dans les profondeurs d'une philosophie théogonique peu familière au lecteur français : je reprends le fil de ma narration.

J'étais encore endormi sur ma chaise, lorsqu'à l'heure du souper, le boticarlo m'appela de sa voix sonore et vibrante. Nous nous mîmes à table : le cliquetis des assiettes et la bonne humeur quelque peu bruyante des convives m'eurent bientôt parfaitement réveillé. J'entendis faire l'éloge des Navarrais du moyen-âge, auxquels leur excellent appétit avait mérité le surnom de *grandes comilones* (*). On raconta qu'après un déjeuner copieux, ils faisaient un nouveau repas à onze heures, pour obéir

---

(*) Grands mangeurs.

à ce qu'ils appelaient fort plaisamment, en langue romance, *la ley del reyno* (*); ils dînaient à une heure avec le même appétit que s'ils n'avaient rien pris de toute la matinée; ils se mettaient encore à table à cinq heures, et soupaient à dix, mangeant, comme l'homme d'Horace, pour boire d'autant. — Strabon rapporte que, de son temps, les Basques faisaient leurs repas au son des instruments de musique; les convives s'asseyaient autour d'une longue table disposée en forme de croissant : les vieillards, les magistrats, les guerriers les plus distingués occupaient les premières places; de jeunes filles étaient employées au service; derrière elles, sur une estrade, se trouvaient les musiciens et les chanteurs : le festin se terminait par l'improvisation des bardes et par de joyeuses danses. Strabon vante la grâce et la souplesse des danseurs, qui pliaient sur les jarrets, en arrière, jusqu'à terre, pour se relever en cadence, avec autant d'agilité que de vigueur. Le catholicisme ayant

---

(*) La loi du royaume.

graduellement aboli les fêtes sociales que les montagnards euskariens tenaient de leurs ancêtres, les repas publics sont devenus plus rares; ils ont perdu leur pompe et leur prodigalité. Toutefois, les Basques continuent d'être joyeux vivants et grands festineurs; en cela, comme en tout, ils diffèrent du Castillan morose, qui vit sobrement, silencieux et retiré.

L'éloge de Zumala-Carreguy fit presque tous les frais de notre entretien pendant le souper : l'on mit, au nombre de ses bonnes qualités de chef et de soldat, l'habitude qu'il avait contractée de se livrer aux plus rudes fatigues, sans prendre aucune nourriture, et se restaurer *buapamente*, sans jamais être incommodé par une longue abstinence ou par un excès de bonne chère. Viriathe et Pélage furent cités comme ses modèles sur ce point; mais l'on demeura d'accord qu'aucun de ces grands hommes ne pouvait être comparé au roi Sanche Abarka (*),

---

(*) L'*abarka* est une chaussure basque que Sanche II portait habituellement; elle a fourni le surnom que ce monarque

qui persévérait dix jours entiers dans le vœu de se priver de toute nourriture, jusqu'à ce qu'il eût remporté quelque grande victoire sur les Maures, et qui dévorait ensuite, à la pointe de la fourchette, un agneau rôti, et buvait, sans perdre haleine, un *cantaro* d'excellent vin de Tudela; dix littres, mesure française.

Enfin nous nous levâmes de table, et je demandai la permission d'aller me coucher. En entrant dans la chambre qui m'avait été préparée, j'aperçus une petite bibliothèque, dont je me proposai de faire la revue le lendemain, après avoir pris ma revanche de toutes les mauvaises nuits que j'avais passées depuis mon départ de Paris. Un lit m'attendait, auquel je dois une citation, en reconnaissance du sommeil vraiment olympique qu'il me procura. Je fus réveillé à cinq heures du matin par

---

reçoit dans l'histoire; elle est faite en peau de mouton et se lie autour de la jambe: Fénelon l'a décrite en parlant des anciens Ibères.

le chant des oiseaux. Les fibres de la tête, échappant à l'action magnétique du sommeil, dégagent la pensée qui semble renaître et surgir en brisant les réseaux qui l'enveloppaient; j'éprouvais un sentiment intime de calme et de bien-être; je n'oublierai de ma vie cet instant délicieux.

Les montagnes qui resserrent Goizueta dans une gorge profonde sont très-rapprochées; leurs bosquets servent d'asile à une incroyable multitude d'oiseaux chanteurs, pour qui le printemps avait déjà commencé, quoique les arbres et les buissons fussent encore dépouillés de verdure. Ces petits musiciens ne manquent jamais de saluer l'aurore par leur ramage, dont les salves joyeuses se prolongent jusqu'au lever du soleil. J'entendais de mon lit deux chants bien distincts, l'un très rapproché, le second plus lointain qui partait de l'extrémité opposée de la vallée; ils se répondaient régulièrement l'un à l'autre et se confondaient, par intervalles, dans un concert universel. Je me figurai qu'un pâtre euskarien, errant sur les montagnes, dressa sa tente, pour une nuit, au fond du vallon, et frappé à son réveil par les mêmes impressions que moi, résolut d'y fixer sa demeure, en donnant au site le nom frais et matinal de Goizueta (*) que porte le village. Le jour croissait par degrés; ses clartés, pénétrant dans ma chambre à travers les volets fermés, glissaient sur les images de saints et d'évêques suspendues aux murs, et sur les rayons poudreux et noircis de la petite bibliothèque dont j'ai parlé. J'ouvris mes fenêtres; l'aspect de Goizueta justifie les riantes pensées que son nom poétique éveille dans l'esprit: l'on y remarque plusieurs maisons qui dominent les autres et se distinguent par leur architecture; elles appartiennent à des *Indianos*, classe de rentiers que je dois faire connaître au lecteur.

L'*Indiano* basque est un cadet de famille, enrichi par son commerce en Amérique, où il aura passé la plus grande partie de sa vie. Jeune, il quitta la maison paternelle et la Biskaïe, muni d'une lettre

---

(*) *Goïz*, en langue basque, désigne le matin, et la terminative *ueta* exprime répétition, nombre, harmonie.

de recommandation pour quelque riche compatriote établi dans les colonies. Un peu de géographie et d'arithmétique, le vif désir de réussir, et la connaissance imparfaite de la langue castillane, étaient les ressources sur lesquelles il fondait l'espoir de sa fortune. Des récits exagérés lui avaient peint la terre indienne comme un magnifique *Eldorado*, redoutable pour les Européens, à cause de son climat fiévreux et dévorant. Longtemps, simple commis, il mérita, par son intelligence et par son activité, d'être mis à la tête de quelque plantation de sucre ou de tabac. Il ne fut point trop dur pour son bétail de nègres, fit quelques gains, trafiqua pour son propre compte, parcourut les mers et brava leurs orages : il devint riche. L'amour du pays natal ne s'était jamais éteint dans son cœur de Basque ; l'attachement de quelque mulâtresse ne lui avait point fait oublier les jeunes filles de Navarre, compagnes de son adolescence ; le souvenir des riantes vallées des Pyrénées lui rendait plus intolérables les ardeurs d'un ciel étranger. Il revint à ses montagnes chéries, pour faire bâtir la plus belle maison du village, quelquefois même un palais, dont l'architecture moderne contraste avec les petits châteaux-forts de nos anciens Ricombrès. L'*Indiano* n'affiche point de prétentions aristocratiques ; il a les manières simples et les goûts faciles, aimant à parler de sa famille pauvre, qu'il aime et dont il ne rougit point ; il a le teint jauni, le corps sec, porte une canne à pomme d'or, boit force liqueurs et café, se promène constamment, et fume pour se désennuyer.

Le véhicule énergique de tous les développements sociaux est le besoin, subordonné lui-même aux lois multiplicatives de l'espèce humaine. Nos bardes improvisateurs, qui veulent complimenter les Basquaises sur leur fécondité, les comparent au pommier. Il n'est point rare de voir un montagnard de soixante ans, encore vert, compter, autour de sa table rustique, deux fois le nombre des enfants de Jacob, et quelquefois davantage. La guerre dévorait anciennement ce luxe de population, qui n'aurait point manqué d'affamer nos petites provinces. Les siècles de paix dont fut suivie l'expulsion des Maures favorisèrent son accroissement; les produits de l'agriculture et les revenus des troupeaux étant devenus insuffisants, les Basques s'adonnèrent au commerce, et tentèrent les expéditions maritimes qui ont eu pour résultat la découverte des Canaries et de l'Amérique (*). Ils organisèrent immédiatement

---

Cervantes, dont chaque trait de plume porte le cachet d'une observation profonde ou d'une peinture historique, fait allusion au rôle prépondérant que les Basques jouaient en Amérique, lorsqu'à propos de la dame biskaïenne, il parle de son mari, pourvu d'une charge importante dans les Indes-Occidentales. L'auteur espagnol raille, avec une malice qui n'est point sans hostilité nationale, le jargon castillan de l'écuyer qui accompagnait l'*Andére* cantabre : la noblesse que les Basques doivent à leur qualité d'hommes libres et à leur origine antique est plaisamment tournée en ridicule : *Biscaïno por tierra, hidalgo por mar !* Cervantes devient parfait de vérité lorsqu'il montre le colérique gentilhomme menaçant de poignarder sa maîtresse elle-même si l'on s'oppose plus longtemps à son duel avec D. Quichotte. Il est à croire qu'un auteur

leurs pêcheries de Terre-Neuve, et lièrent un commerce d'échange avec les peuples du Canada; leurs établissements dans le Sud sont assez connus, pour que je me dispense d'en faire l'énumération: ils y possédèrent longtemps plusieurs belles provinces; leur langue s'y trouve encore aujourd'hui très-répandue, et c'est peut-être de tous les dialectes européens celui qui a fourni le plus de dénominations à la géographie moderne de l'Amérique.

Le Basque obtint de l'homme rouge l'estime et la confiance que les Indiens refusaient aux autres Espagnols. Il existait divers points de rapprochement entre l'Euskarien, enfant du Soleil, et les Incas: leurs langues offrent de frappantes analogies, et résument avec inspiration la haute poésie des civilisations primitives, qui se traduit par

---

navarrais n'aurait point accordé la victoire au héros de la Manche La satire est fine; Saavedra, l'immortel, savait peindre; mais on connaît les Castillans, et les Basques préfèrent encore le rôle du lion de la fable. O Gascons!

mythes ingénieux, dans la littérature allégorique des Astèques, dans le culte panthéistique des Brames, et dans la religion des Mages, sectateurs de Mithra. Le Basque et l'Indien ont le même tour d'esprit et d'imagination : guerrier comme le Canadien tartare, le Cantabre professait alors, comme lui, la sainteté de la vengeance et le respect des morts ; il vit, sans s'étonner, l'Iroquois et le Huron lever la hache-d'armes pour signal des combats ; il reconnut, dans la chaudière du chef Mingo, celle que les Ricombres de Navarre peignaient sur leurs étendards : admis à s'asseoir parmi les sages indiens, autour du *Feu du Conseil*, l'aborigène de la Biskaïe crut revoir le *Bilzaar* des vieillards pyrénéens, et le montagnard d'Orient fuma gravement, avec les Sauvages, le calumet de paix.

Loin d'imiter les Castillans, les Basques se montrèrent amis des Indiens ; ils ne s'écartèrent point, à leur égard, de l'humanité dont le vertueux Las-Casas devint le type sublime. Le sens droit de nos montagnards l'emporta sur les suggestions infernales du fanatisme religieux. L'étroitesse théologique des moines castillans, l'aride subtilité de leur génie ergoteur, et l'ignorance profonde des Vandales et des Goths, qui marchaient sous leur bannière, ne pouvaient supporter de comparaison avec l'intelligence supérieure des civilisations américaines et la richesse de leurs développements artistiques. Les cruautés commises par les Castillans dans leur conquête de l'Amérique feront l'opprobre éternel du catholicisme : le pontife romain donna le signal de la destruction et des massacres qui devaient assurer aux Espagnols la conquête politique et religieuse de ce beau pays : des peuples entiers furent égorgés, leurs monuments abattus ou réduits en cendres. Le jour approche où les *Voyants*, assis sur les ruines, demanderont compte à la religion gothique du sang qu'elle versa par torrents et des lumières qu'elle étouffa dans sa nuit.

Les mémoires contemporains nous ont transmis le nom du Guipuzkoan d'Aguirre, chargé d'un blâme sévère, trop mérité par les fureurs de cet aventurier farouche. Il habita longtemps Lima; sa femme y mourut, en lui laissant une fille unique de seize ans, douée d'une rare beauté. D'Aguirre roulait déjà dans son esprit des desseins tels que le génie basque peut seul en concevoir : il ne projetait rien moins que de chasser les Castillans du Pérou, de rendre à ce magnifique empire son ancien lustre et son indépendance, et de relever, pour sa fille, le trône resplendissant des Incas. D'Aguirre chérissait tendrement son enfant; ce sentiment le rend moins odieux, et répand de l'intérêt sur le drame orageux de sa vie.

Le marquis de Canète, vice-roi du Pérou, avait chargé D. Pèdre d'Urzua, gentilhomme navarrais, de dégager la navigation du fleuve Maragnon, inquiétée par la tribu guerrière des Omaguas. Au printemps de l'année 1559, d'Urzua partit, avec douze cents hommes, de Cusco. D'Aguirre se joignit à l'expédition : bientôt il excite un *alboroto* dans sa troupe, assassine D. Pèdre, et se fait proclamer empereur par les soldats. Il se flattait de pouvoir résister aux forces que le vice-roi ne pouvait tarder d'envoyer contre lui : une marche

rapide et savante devait le conduire sous les murs de Quito, un coup de main pouvait le rendre maître de sa capitale. Cumanes, Caracas, Sainte-Marthe, Venezuela servirent successivement de théâtre aux fureurs de ses bandoleros. Le poète Alonzo d'Ercilla se mit en route pour le combattre, disant que ce monstre déshonorait la Cantabrie, et qu'il voulait en purger la terre; nul n'ignore que le grand homme était Biskaïen. Il apprit, en arrivant à Panama, que l'armée royale, sous les ordres de Garcie de Paredes, avait battu d'Aguirre à Tucuyo; le fougueux partisan se vit abandonné par ses bandits, qui prirent la fuite après une faible résistance. J'ai lu, dans un recueil français intitulé *Anecdotes américaines*, que le Guipuzkoan, cerné de toute part, se défendit avec une rage de lion; la présence de sa jeune fille, qui ne l'avait point quitté, exaspérait son désespoir : baigné de sang et couvert de blessures, il allait succomber, lorsque se tournant vers sa fille :
— « Ton honneur et le mien ne veulent point que tu vives pour être la victime de nos ennemis;

meurs de la main de ton père. » A ces mots, appuyant sa carabine sur la gorge de l'infortunée, il l'a renversa mourante à ses pieds. On le décapita le jour même, ses membres furent écartelés.

La revue de la bibliothèque navarraise occupa fort agréablement ma matinée, jusqu'à l'heure du dîner. Le premier livre qui me tomba sous la main fut le *Gueroko-guero* de l'éloquent Achular : *de non procrastinandâ pœnitentiâ*. Ce prêtre, d'origine cantabre, reçut le jour en Gascogne. Il fallait à son ardent patriotisme le pays natal de ses ancêtres : il vint s'établir en Labourd à trente ans, et consacra quelques années à l'étude de la langue nationale, dans laquelle il devait acquérir bientôt une réputation populaire d'orateur et d'écrivain. Son livre, publié en 1640, prouve le plus beau talent, beaucoup d'esprit et de finesse et la plus vaste érudition. Il est singulier qu'Achular, écartant soigneusement les questions de mythologie catholique et de foi, n'ait fait qu'un traité de morale universelle, où il invoque tour à tour saint Augustin et Platon, Ovide et la Bible, Jésus-Christ et Sésostris. Il a mêlé dans son livre tous les dialectes basques, ainsi qu'Homère avait fait pour les dialectes helléniques. Le style d'Achular est original, riche, varié, pittoresque; mais sa phrase manque de ciselure et d'harmonie; l'auteur n'a point repoussé avec assez de sévérité les termes romances qui se sont mêlés à notre langue ibérienne pour altérer sa pureté.

Achular se proposait de dédier cet ouvrage à Bertrand d'Etchaüz, archevêque de Tours, dernier rejeton mâle d'une ancienne famille du sang royal de Navarre, à laquelle les maisons d'Harispe et de Belsunce sont alliées. Ce prélat mourut avant la publication du livre. Achular eut l'heureuse idée d'adresser au noble défunt sa dédicace, qui est un petit chef-d'œuvre de sentiment, d'élévation et de poésie. Il ne manque point d'exalter le trait du vicomte d'Etchaüz, dégaînant son sabre dans les cortès de Basse-Navarre, et jurant d'immoler de sa main quiconque oserait élever la voix en faveur de la religion réformée. On cite un trait semblable du vicomte de Belsunce. — « Qui m'aime me suive, » disait-il fièrement. Il s'agissait de repousser les religionnaires de Béarn qui venaient de tenter une irruption dans les provinces basques, et voulaient mettre la ville de Saint-Palais au pillage. — Un de leurs prédicateurs s'était avancé jusqu'à Mauléon, en Soule : l'écuyer Maytie lui imposa silence dans l'église ; l'autre insistant, de Maytie, enveloppé de son manteau, traverse rapidement la nef, tire une hache qu'il tenait cachée, et du premier coup renverse chaire et prédicateur.

Mauléon a donné naissance au docte Henri Sponde, continuateur des *Annales* de Baronius. La même ville s'honore d'avoir produit l'historien Oyhenart : j'oserai revendiquer ce nom comme une illustration de famille. Il était avocat au parlement de Navarre. Nous avons de cet auteur un choix de *Proverbes basques*, et un recueil de poésies, remarquables par un tour vif, naïf et gracieux : elles sont intitulées *Oïhanarien gaztaroa*, Jeunesse d'Oyhenart. Sa *Notice des deux Vasconies*, écrite en latin, d'un style facile et pur, lui a mérité une place distinguée parmi les historiens et les critiques ; le goût éclairé qui présidait à ses recherches et le choix de ses aperçus méritent de faire autorité.

La Soule encore a donné le jour à de Bela, modeste écrivain que les écarts d'une jeunesse orageuse ne purent arracher au culte de son pays natal. Jeune, brave, bien fait, spirituel, de Bela vint se fixer à Paris : il brilla quelques instants à la cour et dissipa sa fortune en plaisirs ; une actrice qu'il aimait consentit à partager la sienne avec lui. Les deux amants s'enfuirent en Touraine, et s'établirent dans un site charmant, sur les rives de la Loire. Bela fit écrire au dessus de la porte de son château cette inscription navarraise :

Lehen hala ,
Oraï hola ,
Guero atchakin nola (*)...

Bela s'y retraçait, avec une insouciante gaieté, les trois phases de son existence. L'avenir, qu'il

---

(*) Jadis, comme çà ; aujourd'hui, comme ci ; après, ne sais comme.

semblait vouloir défier, et qu'il redoutait peut-être au fond du cœur, fut pour lui plus heureux et plus paisible qu'il ne l'avait espéré ; retiré au sein de sa famille, il passa ses derniers jours dans l'étude de la médecine et de l'histoire. Il avait recueilli de savantes notes pour une *Histoire générale des tribus cantabres* qu'il se proposait d'écrire ; la mort le prévint. Ses manuscrits, dont la trace est aujourd'hui perdue, furent longtemps entre les mains de l'évêque Sanadon, publiciste fort avancé dans les idées révolutionnaires de l'école jacobine française ; ce qui ne l'empêcha point d'embrasser la cause de l'Indépendance des Basques, pénétré d'admiration pour la beauté de leur caractère national et pour la supériorité de leur république solaire. L'écrivain constitutionnel intitula son livre : *Essai sur la noblesse des Basques, rédigé sur les mémoires d'un militaire basque, par un ami de la nation.*

La noblesse des Basques, légalement reconnue par les édits des plus fameux rois de France et de Castille, fut pour les montagnards la sauvegarde de leur droit individuel et social, à une époque de féodalisme et de guerre, où le port d'armes et la propriété du sol, constitutifs du privilége nobiliaire, garantissaient, contre les empiètements de l'absolutisme monarchique, la dignité naturelle de l'homme et du citoyen. L'argumentation historique de l'évêque Sanadon, développée dans un volume de trois cents pages, n'avait d'autre but que de soustraire la Basse-Navarre à la rapacité du fisc français, en établissant le droit qu'avaient les montagnards de voter leurs impôts, d'administrer leur pays, et de se gouverner eux-mêmes. — Henri IV de Castille ayant essayé d'imposer un *pedido* de quelques centimes aux provinces exemptes comprises entre l'Ebre et les Pyrénées, les Guipuzkoans mirent à mort ses collecteurs et son ministre des finances; les juntes fédérales signifièrent au roi que les Cantabres étant des hommes nobles et libres, ne devaient de tribut à personne, et ne reconnaissaient d'autre loi que la république de leurs ancêtres.

Les Basques ci-pyrénéens, ayant victorieusement

repoussé le joug féodal que les francs voulaient leur imposer, firent prévaloir leur allodialité originelle; le pâtre souletin, armé de sa hache, laissant croître sa longue chevelure, marcha l'égal des guerriers que les serfs et vilains appelaient *seigneurs* chez les barbares. Tout Basque est *jaon* (*), et n'interpelle jamais ses frères que par la même épithète. Les montagnards, dans leurs transactions civiles, ajoutaient invariablement à leur nom la particule *de*, qui exprime le droit d'indépendance et la propriété civile. Suivant le Code souletin, accepté par François Ier, les Basques condamnés à mort pour crime de haute trahison devaient avoir la tête tranchée comme les gentilshommes. De nos jours encore, en vertu des édits de Charles-Quint, les Basques de France reçoivent le titre de *cavallero*, ou chevalier, dans toutes les chancelleries de la Castille; ils ont droit de porter l'épée, et peuvent être admis, en qualité de cadets, dans les régiments

---

(*) Seigneur et maître.

espagnols, sans autres preuves de noblesse que celles de leur origine.

Les Biskaïens et les Navarrais jouissent *à fortiori* des mêmes priviléges : les populations de la Castille sont à leurs yeux entachées de vasselage et de servitude ; ils regardent la noblesse castillane elle-même comme peu digne de leur alliance, à cause de ses mélanges avec les juifs : le paysan montagnard, avant d'accorder sa fille au gentilhomme des plaines, se montre exigeant et dificile sur les titres qui doivent constater la descendance illustre de son gendre. Les voyageurs, en traversant quelque petit village de la Navarre ou de la Biskaïe, s'étonnent d'apercevoir à la façade de toutes les maisons, malgré leur chétive et rustique apparence, de grandes armoiries, où la science héraldique a épuisé ses combinaisons, avec autant de richesse et de variété que dans les brillants équipages dont s'entoure le Luxembourg parisien aux jours solennels des séances législatives. Chacune de ses armoiries retrace allégoriquement un épisode de la guerre des Maures, un fait d'armes, ou quelque circonstance analogue dans laquelle le chef du manoir patriarcal fit éclater sa valeur. — La noblesse des Basques est nationale et collective; elle n'invoque ses prérogatives qu'à l'égard des étrangers; les titres de comte, de marquis, de baron, accordés aux chefs montagnards par les rois de Castille ou de France, n'ont aucune valeur dans l'opinion publique; ils sont repoussés comme exotiques par les institutions républicaines d'un pays où règne l'égalité. Les dignités de Ricombre et d'Infançon, introduites en Navarre au moyen-âge, n'étaient que des grades militaires tombés en désuétude depuis les guerres contre les Maures.

J'ai souvent entendu les beaux esprits politiques se moquer du privilége de noblesse que les Basques ont conservé, par droit d'origine antique, d'indépendance héréditaire et de glorieuse liberté. La question est de savoir si les développements révolutionnaires que subit la société de nos voisins doivent rabaisser les Basques au niveau d'une race ilote, ou si la tendance du progrès relatif ne doit point élever, au contraire, les Cagots à la sublimité de la loi ibérienne. Pourquoi donc les Barbares voudraient-ils anéantir le type de leur régénération future? Les sophistes, qui prêchent la restriction du droit électoral, et retiennent dans la servitude politique les quatre-vingt-dix-neuf centièmes de la population, me paraissent ridicules de refuser aux Basques, sur la fausse interprétation d'un mot, la supériorité de leur position civilisatrice. Juvénal appelle les Navarrais un peuple noble (*) entre les Barbares; noble comme les Romains; noble surtout comme tout peuple en qui résident l'initiative de la lumière sociale et le saint dogme de l'égalité.

Il faut chercher ailleurs que dans la littérature actuelle des Basques les titres de la civilisation de ce peuple, quoique, relativement aux limites étroites qu'il occupe, et au rôle secondaire que lui imposait sa faiblesse, il ait produit

---

(*) *Nobilis* (nub-i-lis) désigne, en latin, ce qui touche aux nues; *humilis* (humi-lis) ce qui rampe sur la terre.

autant et plus qu'aucune autre nation européenne des publicistes, des jurisconsultes, des philologues, des philosophes, des historiens et des poètes célèbres. — Quintilien, Prudence,—Roderic-Simon, Navarre, Garibay, Moret, —D. Esquivel d'Alava, J.-B. Larrea. — Huarté, Larramendi, Thomas Iriarté, Alonzo d'Ercilla. Je ne dois point omettre le fils de Blanche, le petit-fils de Sanche-le-Sage; Thibaut Ier, le roi troubadour, qui fit, au dire des anciennes chroniques, « les plus belles, les plus délitables et mélodieuses chansons que oncques furent oyes. »

Thomas Iriarté naquit à Ténériffe, de parents guipuzkoans; il fit son éducation à Madrid, et bientôt essaya son talent poétique en traduisant quelques tragédies de Voltaire. Ses fables littéraires, imitées par Florian, le placeraient à la tête des fabulistes, si La Fontaine n'avait point existé. Iriarté y tourne en ridicule les travers de quelques poètes ses rivaux ; son style est pur; nombreux, élégant; sa raillerie fine et légère, son tour piquant, naïf et gracieux. Le *Poème de la musique* prouva les hautes inspirations qui favorisaient son génie, et lui valut une lettre de Métastase, plus flatteuse pour lui que les applaudissements d'un public idolâtre. Ce dernier ouvrage est mis au rang des chefs-d'œuvre du Parnasse espagnol, et pourrait suffire à la gloire de notre Iriarté. Les persécutions des moines abreuvèrent ses derniers jours d'amertume ; le grand homme était soupçonné de nourrir dans son cœur la philosophie des *Voyants*; il fut déclaré suspect, et, dans une pénitence mystérieuse, sa noble tête dut se courber sous la verge insolente de l'inquisition. — Il ne faut point le confondre avec le Biskaïen Iriarté, mort à Séville en 1685, et regardé comme le meilleur paysagiste de son siècle.

Jean Huarté reçut le jour à Saint-Jean-Pied-de-Port, dans la Navarre française, et fit paraître, en 1580, son *Examen de los Ingenios*. L'auteur, en vrai médecin qu'il était, termine son livre par des considérations physiologiques, exprimées en style assez naïf pour paraître à bien des lecteurs cynique et brutal. Huarté était l'ennemi des femmes ; je veux croire qu'il avait anatomiquement étudié la loi des sexes, mais il ignorait l'amour. Le système de génération qu'il professe paraît avoir inspiré l'*Art de procréer les garçons à volonté*, et la triste *Mégalanthropogénésie*. Je reproche encore à Huarté de n'avoir attribué à chaque esprit que des facultés exclusives et spéciales, il me paraît avoir mal vu sur ce point le mode d'action de la lumière intelligente, et les phénomènes de notre vitalité. A part ces erreurs, qui constituent, il est vrai, la substance de son livre, Huarté mérite, par son style riche et nerveux, par des vues saines, par des aperçus neufs et profonds, des pensées originales et hardies, la célébrité dont il jouissait dès le seizième siècle. Croirait-on que, malgré le bruit de vingt traductions, dans toutes les langues de l'Europe, l'*Examen de los Ingenios*, écrit en castillan, a été complètement inconnu, pendant plus de deux cents ans, dans la Péninsule? Mais pourquoi s'en étonner? Les Portugais ont bien laissé mourir de faim leur Camoëns, les Castillans leur Cervantes !

Génie puissant, bravoure héroïque, caractère inflexible, vie errante semée de périls et d'aventures, le Biskaïen Alonzo d'Ercilla eut tout cela de commun avec l'auteur de la *Lusiade* et celui de *Don Quichotte*. On le surnomma l'Homère espagnol ; il ne lui manquait que la haine du destin et le sceau touchant du malheur pour égaler la célébrité de ces grands hommes. — A vingt ans, il avait déjà parcouru l'Espagne, la France, l'Italie, l'Allemagne et l'Angleterre, lorsqu'il accompagna, dans le Chili, le capitaine-général Alderete, pour aller combattre les Araucaniens, tribu sauvage qui venait de secouer le joug des Espagnols. — Cette guerre, à laquelle d'Ercilla prit une part glorieuse, fait le sujet de son *Araucana*. Barde et soldat tout à la fois, d'Ercilla ne posait l'épée que pour écrire, et les combats du jour exaltaient, par leurs souvenirs encore palpitants, ses inspirations de la nuit. Il gravait sur des bandes de cuir, avec une épingle, ses beaux vers auxquels le bonheur de la rime et leur élégance harmonieuse donnent un cachet de perfection racinienne qui ne se retrouve dans aucun autre poète espagnol. Plus agile que le plus léger des Puelches, plus infatigable que le robuste Araucanien, plus intrépide que le Mapochote farouche, le héros biskaïen devint la terreur des Sauvages, et les plus braves de leurs Caciques tombèrent sous ses coups. A la bataille de Millarapué, d'Ercilla poursuivit les Indiens jusque dans leurs dernières retraites, et triompha de leur valeur exaltée par une haine ardente et par le désespoir. Alonzo suivit le général Mendoza dans la conquête des terres reculées que les Européens venaient de découvrir depuis le détroit de Magellan jusqu'au vallon de Chiloé : suivi de dix compagnons, la plupart Biskaïens, d'Ercilla traversa sur une pirogue l'archipel d'Ancudbox, si dangereux à cause de ses récifs et de ses courants, et s'avança dans les terres ; il ne planta point une colonne, comme Hercule, mais il grava sur l'écorce d'un arbre, avec la pointe d'un couteau, quelques jolis vers qu'il nous a conservés. — De retour à Lima, d'Ercilla trouva cette ville livrée à des réjouissances publiques, à l'occasion du couronnement de Philippe II; une jeunesse brillante et chevaleresque s'y rendait de toutes les provinces du Pérou, pour prendre part aux joûtes et tournois. D'Ercilla remporta les honneurs de la journée, que Jean de Pineda prétendit lui disputer; l'altercation devint si vive, que les jeunes gens, échauffés, mirent l'épée à la main, et commencèrent un combat qui fut sur le point de devenir général. Mendoza, qui nourrissait une animosité personnelle contre d'Ercilla, le condamna d'abord à perdre la tête; mais, l'opinion publique ayant parlé hautement en sa faveur, la sentence fut révoquée; d'Ercilla fut puni par la prison et l'exil. Ses éminents services, ses blessures, sa gloire, que la publication de l'*Araucana* rendait plus belle, ne trouvèrent à la cour que l'envie et l'ingratitude. D'Ercilla prit le parti de demander justice; mais, soit à cause d'une invincible répugnance, soit à cause d'une timidité peu concevable dans un homme d'une éducation aussi chevaleresque et d'un esprit aussi décidé, le héros poète resta muet en présence du roi. — « Parle-moi donc par écrit, D. Alphonse, » lui dit avec bonté le monarque, flatté de croire que l'imposant éclat de la majesté royale avait ébloui d'Ercilla. — Dès ce moment, Alonzo, perdant toute illusion, se retira à Berméo en Biskaïe, patrie de son père et de son aïeul. La stérilité de son mariage ajoutait à sa tristesse; peut-être ne devait-il en accuser que lui-même et les volages amours qui l'avaient attaché successivement à une foule de femmes distinguées par leur esprit et par leur beauté. D'Ercilla était de moyenne stature, mais bien fait, agile, nerveux; l'énergie de son âme se peignait dans son regard étincelant; son pas ferme, sa barbe épaisse et sa longue chevelure, qui retraçaient en lui le montagnard cantabre, étaient en harmonie avec le caractère de l'illustre Biskaïen; doué d'un esprit vif et prompt, il était aimable avec les femmes, quoique sa galanterie eût quelque chose de despotique et d'oriental : vain, léger, présomptueux avec les hommes, son naturel irascible et son incorrigible pétulance de Basque changeaient bientôt en ennemis mortels les envieux que lui faisait sa gloire. On ignore l'époque de sa mort.

Les Basques n'ont point de littératutre nationale; les écrivains de nos provinces se sont presque tous servis des langues latine, castillane et française. En consultant leurs biographies, l'on découvre que la plupart, élevés loin de leur pays natal, perfectionnèrent leur éducation par des voyages : plusieurs d'entre eux ont su imprimer à leurs composition un cachet original et supérieur. Il est à regretter que nul encore ne se soit avisé d'initier les étrangers aux secrets de la pensée ibérienne, et d'illuminer son style avec les magiques reflets de cette poésie panthéistique, où l'on découvre la science profonde de nos anciens devins, et les plus riches inspirations de l'Orient. La langue basque, exclue aujourd'hui de l'instruction publique, n'est professée que dans le seul collége de Bergara. Pourquoi délaisser ainsi l'*eskuara* primitif des Enfants du Soleil? Pourquoi ne point raviver ce flambeau de lumière populaire? La résurection de la littérature ibérienne sera le triomphe des *Voyants*.

IX.

LA JUNTE DE NAVARRE.

Nous apprîmes à Goizueta que la Junte de Navarre se trouvait à Leyza ; le boticario de Lessaca, ou plutôt D. Pedro de Harismendi, voulut m'accompagner jusque-là. Nous partîmes aussitôt après le dîner, afin de pouvoir arriver au terme de notre voyage avant la nuit. Les volontaires qui composaient notre escorte, le jour précédent, nous avaient quittés à l'exception d'un seul ; ils avaient rejoint leurs bataillons respectifs, dont la proximité suffisait à la sûreté de notre route : celui qui restait avec nous s'appelait José-Maria ; je le vois encore avec sa veste jaune, son front carré, son petit berret, collé sur la tête comme une calotte, et ses oreilles saillantes qui le faisaient ressembler au Magua des *Mohicans* : il avait été longtemps muletier aux forges de Larrau en Soule ; à la première nouvelle de l'insurrection navarraise, il abandonna sa mule et ses paniers pour se faire volontaire et porter les armes ; genre de vie plus noble, et qui convenait davantage à son inclination, ainsi qu'il me l'apprit lui-même. — « Puisque j'étais né pour avoir les mains noircies, je préfère la poudre au charbon ; et si j'ai changé mon pain bis en gravier et mes liards en petits cailloux, l'homme après tout n'a qu'une vie ; à chacun son destin. »

— « C'est une charmante province que votre Soule, ajouta-t-il ; l'on peut parcourir tout le pays basque, sans trouver de plus jolies filles, de plus beaux chanteurs et des danseurs aussi parfaits; 'si ce n'est peut-être dans le Durango, province qui fleurit dans la Biskaïe comme un parterre au milieu d'un jardin. Vos Souletins montrent plus de politesse que de franchise; ils ont tous la langue dorée, la main prompte, et sont trop querelleurs; mais ils ne se battent jamais qu'avec des armes franches; et le séjour de cette vallée peut rendre un homme heureux. *Ala-Jink oua !* »

José-Maria répéta ce juron familier des Souletins, avec la prosodie particulière à leur dialecte.

— « Je n'ai point oublié vos mascarades du carnaval, poursuivit-il ; le *Cherrero* ouvre la danse avec son balai de crin, sa ceinture de clochettes, ses bas, dont l'un est blanc, l'autre rouge, sa toque emplumée et sa veste de mille couleurs; le Berger, armé d'une grande hache, conduit ses agneaux, derrière lesquels trotte l'Ours ; les *Kukulleros* gambadent à la suite, vêtus de soie, bariolés de rubans, agitant le léger caducée qu'ils portent à la main, guidés par le *Zamalzaïn*, danseur incomparable qui fait caracoler son cheval postiche avec tant d'agilité, de grâce et d'aplomb; le *Jaon*, l'épée au côté, donne le bras à sa dame; le *Laboraria* (*) marche sur la même ligne, accompagné de son *Etchekandere*; il tient son aiguillon d'une main et de l'autre une flottante bannière; après eux tourbillonnent hommes et femmes, les bohémiens tapageurs portant le havresac, et brandissant leurs sabres de bois rayés de noir; viennent enfin, par groupes dansants, les différents corps de métiers; les chaudronniers auvergnats, dont l'équippement, la mine et le jargon sont si comiques; puis l'Évêque monté sur un âne; deux vieux mendiants ferment la marche. La mascarade, arrivée sur la place publique, exécute, avec les habitants du village, une *farandole* joyeuse; les spectateurs forment ensuite un grand cercle, et les masques font admirer leurs danses respectives, suivies d'un ballet général, avec accompagnement

---

(*) Laboureur ou paysan.

de tambours ; la fête se termine par des festins et par un bal qui dure jusqu'à la nuit. »

José-Maria nous entretint ensuite avec admiration des *pastorales* que les jeunes gens composent et jouent eux-mêmes dans la vallée de Soule. A part quelques épisodes empruntés à la Bible, les souvenirs des croisades et de la guerre des Maures ont fourni le sujet de ces singulières pièces de théâtre : leur marche est simple, et ne fait que reproduire, suivant l'ordre historique, la vie d'un grand homme ou les évènements d'une guerre. L'esprit martial des Basques se révèle dans le plaisir que leur procure l'image des combats. Quelques-uns de ces drames informes s'intitulent Aïtor, Charlemagne, Roland, Soliman, Almanzor, Godefroy de Bouillond : le dernier héros que les pâtres souletins aient mis en scène est Napoléon, en attendant Zumala-Carreguy. Le théâtre s'élève en plein vent ; la pièce commence invariablement par un long prologue ou récitatif dont la prosodie musicale rappelle la mélopée grecque ; des quatrains rimés qui se succèdent régulièrement rendent le dialogue monotone ; le harnachement des acteurs, leur déclamation éclatante, leurs gestes furieux et leurs combats simulés forment un spectacle étrange, incohérent et parfois très-original, où respire le génie populaire avec son énergie naïve, et les contrastes bizarres qui partout accompagnent l'enfance de l'art. Le théâtre souletin compte déjà dix siècles d'existence; il n'a point subi de changements, et n'a fait aucun progrès depuis son origine; son allure chevaleresque retrace parfois avec bonheur l'élan des passions et la dignité de l'histoire; il révèle dans nos paysans une vocation artistique dont il serait facile de tirer un immense parti, grâce à la beauté de l'idiome euskarien. Toutes les armures du pays, les colliers de perles, les chaînes d'or, les panaches fastueux, les riches costumes sont mis à contribution pour ce genre de spectacle, et lui donnent un luxe dépourvu de goût, mais non d'éclat. — José-Maria, doué d'une excellente mémoire, nous cita, comme un modèle accompli, pour les rôles de

Pape, un farceur émérite, qui cumulait, avec la profession de savetier, celles de ménétrier et de barde improvisateur. Ce qu'il y a de plus singulier, c'est que les jeunes filles se travestissent en hommes pour jouer les mêmes *pastorales*, en présence souvent de plus de dix mille spectateurs; elles exécutent avec le sérieux le plus comique leur parodie féminine, et dépouillent résolument la modestie et la timidité de leur sexe, pour singer les airs terribles dont leurs amants leur donnent les premières leçons.

Le volontaire, en belle humeur, reprit bientôt son monologue sur la vallée de Soule. — « Le curé de Saint-E*** vit-il encore? Brave homme de prêtre s'il en fut jamais! sans autre défaut qu'un faible pour le bon vin d'Espagne et les jolies filles. Il avait pour maxime favorite qu'il n'est rien de précieux comme un intervalle de quelques minutes accompagné d'obscurité. Quand la fumée du Rancio lui troublait la cervelle et qu'il traversait les montagnes sur sa mule, la plus forte mule qui ait jamais porté un bel homme, le digne curé ne se dérangeait guère pour un crapaud, pour un voleur ou pour un jupon qui pouvaient se rencontrer sur son chemin ; il prenait alors la voûte du ciel pour la voûte de son église, et sa voix de tonnerre entonnait un *De Profondis* ou un *Miserere* capable de réveiller les morts. On trouvait chez lui toujours abondance de vin, d'huile, de sel, de café, de chocolat, de sucre et de denrées coloniales, qui parvenaient au presbytère sans payer de droits. Tout contrebandier pouvait aller se confesser à lui hardiment ; il était sûr d'obtenir son absolution sans pénitence. Lui-même a joué plus d'un bon tour aux douaniers ; témoin ce jour où, revêtu de ses ornements funèbres et précédé de la croix, il conduisit une bière chargée de contrebande; tandis que les douaniers, agenouillés au passage du prétendu mort, recevaient de son goupillon une pluie d'eau bénite. Il était de la bonne roche du vieux clergé, celui-là ; buvant frais avec ses paroissiens, grand joueur de quilles, connaissant les cartes, lançant la hache et la barre aussi bien qu'aucun Navarrais, et se faisant un plaisir d'assister, le dimanche, aux danses et aux divertissements du peuple.

— « Prêtre incomparable, pour préserver les moissons qui peuvent être dévorées par les chenilles ou ravagées par la grêle! ajouta le volontaire, dont les traits rudement expressifs peignaient une terreur superstitieuse. — Ses prières efficaces tuaient les insectes, sa parole puissante conjurait la foudre et les tempêtes, son empire était magique sur les princes de l'Enfer! Je l'ai vu de mes yeux guérir un paysan possédé d'un démon muet; cinq hommes des plus robustes avaient eu peine à l'entraîner jusqu'à l'autel; le curé le retint d'un seul bras, lui posa l'évangile sur la tête, et récita les saintes lettres de l'exorcisme avec une force que peu de prêtres savent leur donner; mais le démon devenant trop furieux, l'exorcisant prit le possédé dans ses bras et le pressa de manière à lui faire sortir du corps la langue et les yeux; il proféra le formidable *Aparta-Satan*, d'une voix qui fit trembler les vitraux de l'église; le diable apparut vaincu, sous la forme d'un léger nuage, et laissant après lui une odeur de soufre, s'enfuit par la porte, avec la rapidité de l'éclair. Le démoniaque resta expirant ; mais je crois qu'il mourut en état de grâce, et que son âme, reçue par les anges, fut portée dans le ciel. »

José-Maria avait pris les devants sur nos chevaux, et marchait à grands pas ; il tournait à chaque instant la tête vers nous, et s'accompagnait en parlant d'un geste original et pittoresque ; chacun de ses pas faisait retentir ses armes, qui vibraient de concert avec ses membres nerveux. Je feignis de partager sa croyance superstitieuse, et je n'eus garde d'interrompre son récit ; il m'apprenait trop bien ce que devient la mythologie du catholicisme dans l'esprit du peuple ignorant.

A quelque distance de Goizueta, nous fûmes obligés de faire halte au pied d'une montagne pour laisser descendre deux bataillons guipuzcoans ; les volontaires défilaient un à un sur le sentier étroit et rocailleux. C'étaient, pour la plupart, de beaux hommes ou de jolis garçons encore imberbes ; quelques-uns conservaient, malgré leur

haute stature, un air d'enfance et une expression
de douceur féminine ; la vivacité de leurs gestes
et la volubilité de leur babil étourdissant n'avaient
rien de la pétulance inquiète et du génie ardent
des Navarrais. Leur fraternité de joie et d'amour
rappelaient les premiers âges de l'histoire ibérienne ; la poésie du bonheur qui vient enchanter
l'homme au printemps de la vie respirait en eux
avec l'âme pacifique du Vardule ; ils justifiaient,
par quelque chose de léger et de gracieux, le nom
de *Guipuza* que le patriarche reçut dans les Pyrénées ; les riants souvenirs des danses folâtres de
leur province suivaient ces jeunes gens à travers
les périls, et se mêlaient aux images de la guerre :
ils vivaient en rivalité de bravoure avec les volontaires des autres provinces ; mais ils n'avaient ni
la riche tenue et l'aspect sévère de la milice biskaïenne, ni l'allure sombre et fière qui relève si
bien la pauvreté du Navarrais.

Ces bataillons servaient d'escorte à l'*Ayunta-
miento* du Guipuzkoa, que nous rencontrâmes sur
la hauteur. Harismendi s'arrêta pour échanger

quelques paroles avec ces messieurs; en deux minutes, il y eut encombrement. Les montagnards avaient eu la précaution de mettre pied à terre : ce fut sagement fait à l'un d'entre eux; car son chien s'étant fait passage à travers les jambes du superbe mulet gris, qu'il retenait par une chaîne de fer, l'ombrageux animal se pose en travers sur la route, se cabre et, perdant terre, tombe la tête la première dans les précipices. Le propriétaire fit force de reins contre le choc. A sa place, cher lecteur, vous et moi nous aurions laissé rouler le mulet au diable, avec sa chaîne, trop heureux de ne point le suivre; il s'en garda bien lui, connaissant la mesure de sa force athlétique, et plus préoccupé par la crainte de faire une perte irréparable que par le danger d'être entraîné. Saisissant du bras gauche un tronc d'arbre, il tint bon, avec le plus rare sang-froid, jusqu'à la dernière extrémité : adieu mon mulet! dit-il avec un long soupir, tandis que l'animal tournait lentement sur lui-même; il ne put le retenir plus longtemps; mais il n'avait point encore perdu tout espoir, et s'accrochant à des broussailles ; il se laissa glisser à la suite du mulet, que des arbustes retinrent dans sa chute, suspendu entre le ciel et la terre, dans une immobilité instinctive. Plusieurs volontaires, jetant leurs fusils, s'étaient précipités à son exemple ; ils parvinrent à remettre la bête sur ses pieds, et la firent grimper à pic jusqu'au chemin. Tout ceci se fit en moins de temps que je n'en ai mis à le raconter. Le sang-froid des spectateurs me fit mieux comprendre combien les accidents de ce genre leur étaient familiers. Voilà pourtant, me disais-je, les moindres dangers qui menacent nos insurgés, quand l'obscurité de la nuit et le mauvais temps accompagnent leurs marches forcées à travers les montagnes. Les membres des juntes et les magistrats de nos provinces, vieillards séparés de leurs familles, persévèrent depuis deux ans dans cette vie errante et pénible, ayant pour perspective une mort cruelle : quel serait le mobile de leur dévouement, si ce n'est la loi du devoir et le patriotisme le plus pur ?

L'aventure du mulet, racontée avec quelques

embellissements, avait circulé de bouche en bouche sur toute la ligne des volontaires. L'un de ces espiègles se mit à chanter l'improvisation d'un de nos bardes les plus spirituels, comparable pour la verve caustique et l'originalité pittoresque du trait, à la description du fameux Rocinante de la Manche : c'est la peinture achevée du *Mulet de la forge;* sa grosse tête, son œil hagard, son poil au rebours, ses os saillants, ses jambes torses, sa mine piteuse et les infirmités qui affligent le pauvre animal, rien n'est oublié. La chanson offrait avec l'incident du moment quelques allusions qui furent accueillies par de bruyants éclats de rire. L'hilarité devint universelle au couplet final :

> Erregheren serbichura (*)
> Mandoa trostan,
> Sokak herrestan;
> Ehun koropillo eta,
> Berrehun puztan,
> Azkena puntan;
> Epeïn hobe lizate
> Batere ez ukhan.

(*) Pour le service du roi, le mulet prend le trot, etc.

— « Voilà bien les Guipuzkoans! dit José-Maria; avec des couplets rimés et le son d'un flageolet, vous les feriez aller au bout du monde. »
— Nous poursuivîmes notre route, sans autre incident jusqu'au coucher du soleil. En ce moment, le paysage offrait un de ces contrastes qui sont fréquents vers la chaîne centrale des Pyrénées; le soleil couchant était radieux, le ciel serein, un souffle tiède élevait jusqu'à nous de la *Ribera* son parfum printanier; tandis qu'à notre gauche la montagne était couronnée de brouillards et qu'une bise piquante faisait voltiger autour de nous des flocons de neige. La route aplanie s'élargissait à mesure que nous avancions; le jeune cheval de Harismendi trottait avec ardeur; le mien, trop petit pour garder la même allure, galopait comme un cerf : j'étais enchanté.

Nous allions nous trouver à la vue de Leyza; il ne nous fallait plus que descendre la pente douce des collines pour arriver au village. Un vieux bûcheron nous cria d'arrêter, et courut vers nous, son berret à la main : le brave homme nous apprit que les christinos étaient en marche sur Leyza, s'ils n'en étaient déjà maîtres; que la Junte, surprise avec une compagnie de volontaires, avait à peine eu le temps de gagner le chemin d'Ezkurça, pour se rapprocher de Sagastibelza. — Un coup de fusil, dont le retentissement fit mugir les échos de la vallée, nous confirma le rapport du vieux bûcheron. L'alternative de revenir sur nos pas, ou de passer à la portée du fusil des christinos, n'était point réjouissante. Harismendi frémissait à l'idée de rencontrer les *peseteros*; il me fut aisé d'apercevoir que l'amour-propre avait plus de part que la crainte à ce sentiment; car il était homme à vendre chèrement sa vie, et à recevoir la mort sans pâlir; mais tomber victime de ces bandoleros, auxquels il avait échappé plus d'une fois, et dont il avait bravé et raillé les menaces, lui semblait insupportable. Après quelques jurements énergiques, — « en avant, c... en avant! » s'écria-t-il; et nous partîmes au galop.

Bientôt nous aperçûmes Leyza, dont les maisons se confondaient à nos yeux, derrière une vapeur bleuâtre ; nous fîmes halte. La réverbération oblique du soleil couchant déployait sur la hauteur un réseau de lumière, et rendait plus nébuleux le fond du vallon, où les collines projetaient déjà leur ombre. Nous apercevions des groupes d'hommes, des mulets chargés, des lignes de soldats qui sortaient du village ; mais de reconnaître auquel des deux partis guerroyants ils pouvaient appartenir, c'est ce qu'aucun de nous n'osait prendre sur lui d'affirmer, tant les formes et les couleurs nous paraissaient incertaines, même avec le secours de la longue-vue, à travers le mélange d'ombre et de lumière qui planait sur ce lointain. José-Maria fut invité à donner son avis ; il haussa les épaules pour toute réponse, en roulant ses yeux avec une expression vague ; puis étendant silencieusement la main, il nous montra sur une hauteur éloignée un soldat christino coiffé d'une toque rabattue et vêtu de bleu ; il se tenait debout, appuyé sur sa longue carabine, qui reluisait au soleil couchant. — « Pour celui-là, dit Harismendi, c'est évidemment quelqu'un du peuple barbare, *de populo barbaro*, un vrai Philistin ! — Preuve que les christinos occupent le village, dis-je à mon tour. Harismendi jura de plus belle ; José-Maria, se détournant, frappa la terre avec la crosse de son fusil ; il laissa échapper un sourire négatif, et reprit aussitôt son air impassible.

La soirée était magnifique, une perdrix chantait, à quelque distance de nous, sous la bruyère. Ce contraste d'une nature calme et grandiose, élevant ses harmonies de joie et d'amour, au-dessus du vain bruit des misères sociales, me frappa vivement. Les bandes armées que je voyais cheminer sur le penchant des montagnes, avec la lenteur et la petitesse des fourmis, me firent prendre en pitié les fureurs de l'homme barbare. Réfléchissant sur les causes de cette discordance dans le concert terrestre, j'appelai de mes vœux le jour où l'humanité, longtemps fiévreuse et délirante, atteindra la fin de son âge ténébreux, pour entrer dans son *Eden* séculaire, prophétisé par les *Voyans* ; où le globe, inondé par la double lumière de l'homme et de Dieu, doit prodiguer ses fruits les plus riches, et rouler harmonieux dans l'espace jusqu'à la consommation de notre *Temps !*

José-Maria, qui m'observait, parut satisfait de la tranquillité d'esprit avec laquelle je m'abandonnais à ma rêverie. Je soupçonnais que le rusé coquin savait parfaitement à quoi s'en tenir sur le compte des troupes dont nous redoutions l'approche, et qu'il avait reconnu nos insurgés à quelque indice, sans vouloir nous en faire part. Il dissimulait, pour avoir l'occasion de reprendre haleine et se délasser, après la course violente qu'il venait de fournir, en suivant nos chevaux. Harismendi ne lui eut pas plutôt donné l'ordre d'aller à la découverte, qu'il partit de l'air le plus insouciant, et continua de courir, sans la moindre hésitation, jusqu'à la route où défilaient... ses camarades, les volontaires. Là, posant son fusil, il se coucha sur l'herbe, tout de son long, pour attendre notre arrivée. Nous prîmes le chemin d'Ezkurra, à la suite de la Junte, laissant derrière nous Leyza menacé de la visite des christinos.

La nuit vint ; son obscurité croissante redoublait la clarté des étoiles dont le ciel était parsemé. José-Maria, en qui ce tableau réveillait d'agréables souvenirs, remit la conversation sur la vallée de Soule.

— « Voici, me dit-il, l'heure où le jeune Souletin, se levant le premier de la longue table où il a soupé avec sa famille, va prendre, dans un coin, son bâton ferré de néflier, enfonce son berret sur l'oreille, et gagne les champs, pour aller voir sa promise, *amaztegheïa*, qui demeure souvent à trois lieues de distance, au-delà de quelque haute montagne ; mais la crainte de la fatigue ne saurait retenir un jeune courtisan de filles (*) ; les pensées d'amour rendent le trajet agréable et le chemin court. S'il s'arrache un instant au charme de ses rêveries, c'est pour essayer les improvisations poétiques qui peignent sa flamme, et, chantées sous la fenêtre de sa bien-aimée, doivent faire naître en elle de tendres

---

(*) *Khortchiant.*

sentiments ; c'est pour réciter, d'une voix éclatante, son rôle dans quelque belle *pastorale* ; où, revêtu d'habits magnifiques, il enlèvera tous les suffrages, Sophi de Perse ou chevalier chrétien. Comme il bondit de joie à cette pensée, le jeune homme ! Comme sa démarche impétueuse, saccadée, peint bien l'ivresse de son âme et les sentiments qui l'agitent ! Quelle audace éclate dans ses regards, où brillent tous les feux de l'amour ! Quels rêves flatteurs le bercent dans sa gloire ! Brandissant le bâton ferré, dont il frappe la terre, il fait retentir le *sinkha* joyeux ; cri d'avertissement ou de menace, qui fit plus d'une fois tressaillir un rival, ou le malfaiteur qui dérobe ses pas, à la faveur de l'ombre; cri sympathique auquel le voyageur inoffensif doit répondre, s'il veut obtenir, en passant près du Basque, un *agour* amical. — Il faut voir le jeune montagnard précipiter sa marche vers les lieux où le plaisir l'appelle : dédaignant les sentiers frayés, il choisit la route la plus directe ; les haies et les murs de clôture, les profonds ravins, les rivières et les torrents, les noires forêts impénétrables pour tout autre, rien ne l'arrête ; il franchit tous les obstacles, il court, il s'élance, agile et superbe ; soit qu'il ait pour se guider, comme nous en ce moment, la lueur des étoiles ; soit que la lune favorise le jeune amant de sa lumière propice ; soit qu'une nuit orageuse répande autour de lui ses foudroyantes clartés : parce qu'il aime, parce qu'il est attendu sous le toit magique où veille la bien-aimée de son cœur, *maïthagarria !* la fleur suave qui doit parer sa poitrine d'homme, *lilia !* l'étoile mystérieuse qui conduit ses pas errants et préside à sa destinée, *izarra !* »

J'ai tâché de reproduire fidèlement les paroles de José-Maria : je m'aperçois que les moindres défauts de ma traduction sont d'avoir substitué l'allure triste et guindée de la périphrase française au tour incisif et à la profondeur du trait qui distinguent la marche de l'idiome basque, d'avoir effacé la gaieté naïve et le naturel qui dictent les élans les plus hardis de la pensée du montagnard.

— José-Maria se recueillit un instant, et sa voix

rude, où dominait un accent de mélancolie, fit entendre une romance souletine, dont voici le premier couplet :

> Tchori erresinola,
> Hots emak eneki,
> Maïtiaren borthala,
> Biak algareki;
> Guero deklara izok,
> Botz eztibateki,
> Haren adiskidebat
> Badela hireki.

> Oiseau rossignol,
> Viens avec moi
> Jusqu'à la porte de ma bien-aimée,
> Ensemble, tous deux ;
> Puis, fais-lui comprendre,
> Avec une douce voix,
> Qu'avec toi se trouve
> Un de ses amis.

La romance continue sur le même ton et retrace avec simplicité les détails de cette scène champêtre. — « Lorsque nous fûmes arrivés « devant la porte de ma bien-aimée, les chiens « aboyèrent ; je me cachai tremblant, et le ros-

« signol se percha sur la cime d'un arbre. »
L'idée d'emprunter au rossignol ses accents les
plus touchants et les plus doux, pour convier la
jeune fille à des entretiens d'amour, n'est-elle
point ingénieuse, et l'allégorie du langage séducteur que les amants savent employer pour expri-
mer leur tendresse, pleine de poésie? Le rossignol chante et réveille la bien-aimée ; une fenêtre
s'ouvre avec mystère ; un dialogue s'engage entre
l'orphée des bocages et la jeune fille : celle-ci
demande à connaître le nom du soupirant qui
recherche son cœur et sa main ; l'oiseau évite de
répondre et peint, avec les plus vives couleurs,
le martyre de l'amant :

| Egarri gaïchtobatek | Une soif ardente |
| Heben gabilzazu | Nous conduit auprès de vous |

La jeune fille réplique ; elle désigne avec une
raillerie malicieuse le frais ruisseau qui coule au
détour du vallon : — « Là vous pourrez à loisir
étancher la soif qui vous tourmente.

| Zuk galthazen duzuna | Il nous faut à nous même |
| Gure behar dugu. | Ce que vous demandez. |

Et la fenêtre se referme brusquement. — Oh! dit José-Maria, lorsqu'il eut fini sa chanson, je connais plus d'un rossignol qui n'a jamais soupiré en vain sous les fenêtres de son *emasteghei* ; vos Souletines, quoique douées d'une gaieté piquante, sont au fond d'excellentes filles, et ne laissent guère leurs amants se morfondre à la belle étoile. Les fenêtres ne sont point tellement hautes qu'on ne puisse y atteindre; les intelligences que l'on s'est ménagées dans la place ne se font point scrupule de favoriser l'escalade. Il y a toujours moyen de parlementer et de proposer une capitulation, toutes les fois que la forteresse n'est point occupée ; comme elle devait l'être, sans faute, lorsque le jeune homme dont il est question dans notre chanson fut éconduit d'une manière si mortifiante. Toute mère de famille qui ne dormirait point, en ce moment, d'un profond sommeil serait regardée comme une femme bizarre qui se fait un plaisir jaloux de nuire à l'établissement de ses filles : quant au père, il est sans exemple qu'il pense à ces choses-là, ou qu'il s'en mêle; les frères sont occupés ailleurs ; les sœurs et les cousines s'entr'aident charitablement. La nuit se passe en causerie intime. On a soin de parler bien bas. Le retour se fait au pas accéléré. Soyez sûr que le soleil levant trouvera le jeune Souletin rendu au champ, la main à la charrue, frais et dispos, comme s'il avait passé la nuit à dormir ; Dieu sait ! Quelquefois l'embonpoint inexplicable de l'*emasteghei* vient trahir le mystère ; mais une belle noce arrange tout. J'ai connu des Basques qui, ce jour-là, dépensaient en festins tout l'argent qu'ils possédaient au monde ; et pour alimenter le ménage dans le courant de l'année, il ne leur restait plus qu'amour et travail. — Voulez-vous que je vous dise en peu de mots ma pensée sur vos Souletins ? Ils honorent le nom de l'homme ; ils sont spirituels et braves ; ils nourrissent deux penchants naturels que le prêtre n'a jamais pu vaincre : la vengeance et l'amour. »

José-Maria nous parlait encore de la Soule lorsque nous entrâmes dans la place publique d'Ezkurra : elle était encombrée par les bagages de la Junte, de l'intendance et de l'imprimerie. Le marquis de Valdespina et son chapelain, arrivés les derniers, étaient encore à cheval. Les armuriers s'étaient installés déjà dans les maisons voisines ; nous entendions le bruit des limes et des marteaux. La distribution des logements était faite ; les chirurgiens s'occupaient à panser une soixantaine de blessés qu'on venait de transporter sur des brancards. Les ambulances diverses organisées au milieu de l'insurrection parcouraient, jour et nuit, les montagnes, à la suite des troupes qui devaient les protéger contre la fureur des christinos ; les insurgés ne possédant encore aucune ville ou place forte, pour y établir des hôpitaux. Le transport de chaque blessé exigeait le concours d'une douzaine d'hommes qui se relevaient alternativement. J'ai vu foule de jeunes volontaires dont cette vie errante aigrissait cruellement les blessures : leurs visages pâles et amaigris peignaient une impassibilité stoïque ; ils auraient rougi de murmurer une plainte ; quelques-uns, torturés par le scalpel du chirurgien, faisaient entendre les chansons guerrières improvisées par les bardes ; tandis que l'égarement de leurs yeux étincelants trahissait la violence qu'ils se faisaient pour résister à l'aiguillon de la douleur. La privation des choses les plus nécessaires retardait leur guérison : trop heureux de ne point tomber au pouvoir des christinos, qui les égorgeaient impitoyablement. Le lecteur pourra se faire une idée des difficultés inouies contre lesquelles Zumala-Carreguy sut lutter, pour faire de cette insurrection miraculeuse un instrument de victoire. Malédiction sur les perfides, dont les trames ont abrégé sa carrière ! Ils ne recueilleront point l'héritage du grand homme ; leurs bras sont trop faibles pour sa lourde épée.

Je ne m'appesantirai point sur l'accueil gracieux que je reçus de D. Martin Luiz et sur le retour de Harismendi à Lessaca. La Junte de Navarre daigna m'offrir l'hospitalité ; faveur précieuse que j'acceptai avec empressement, et à laquelle je suis redevable d'avoir pu étudier dans leur vie intime les dignes représentants que la

Navarre avait mis à la tête de l'insurrection.

L'abbé Etchavarria, président nominal de la Junte, résidait auprès de Charles V ; la présidence réelle était exercée par D. J. de Marischalar, dont l'influence avait soulevé autour de Pampelune les premiers bataillons qui se rangèrent sous le drapeau de Santos Ladron. — « Ah ? me disait Marischalar, si ce brave général ne nous eût point été enlevé d'une manière subite et tragique, l'insurrection se serait organisée en peu de jours sur toute la ligne des Pyrénées ; il ne nous aurait pas fallu plus de trois mois pour en finir avec les christinos. » La mort de D. Santos consterna tous les bons Navarrais ; elle déconcerta les mesures des principaux insurgés, qui, privés de leur général, et n'ayant point d'armes à distribuer, furent obligés de congédier les volontaires accourus en foule à leur premier appel. Dans ces circonstances, la position de Marischalar devint critique ; errant et fugitif avec une petite bande de guérilleros, il n'est sorte de périls et de fatigues qu'il ne dut essuyer pour échapper à l'armée castillane qui couvrait la Navarre. D. Martin Luiz, descendu sur le théâtre de la guerre avec les insurgés du Bastan, montra la même persévérance et le même héroïsme que Marischalar, jusqu'au jour où les efforts d'Ithurralde, le retour d'Erazo dans les montagnes et la nomination de Zumala-Carreguy, ayant changé le caractère de la lutte, ces deux nobles patriotes acceptèrent d'autres devoirs, en qualité de membres de la Junte nationale. Marischalar est un homme de haute taille, doué d'une grande force musculaire, qualité physique dont les montagnards font beaucoup de cas et qu'il ne dédaigne point lui-même : il se montrait enveloppé d'un manteau doublé de rouge, et coiffé d'un chapeau à large bords ; ce costume, joint à ses cheveux relevés, donne à son extérieur quelque chose de grave et d'imposant ; l'expression un peu vague de ses yeux bleus annonce la bonté, et son visage offre le teint légèrement cuivré qui fait reconnaître les Basques transpyrénéens.

A part le secrétaire Peralta, garçon de sens

et d'esprit, dont la physionomie fine et rusée cachait trop l'aimable franchise et l'excellent cœur (*), le plus jeune des membres de la Junte était D. Martin Luiz. L'emprisonnement d'une partie de sa famille, et l'éloignement de sa femme réfugiée à Bordeaux avec celle de D. Chrysostôme de Videando y Mendinueta, son collègue, le plongeait quelquefois dans une noire mélancolie. La douceur et la bonté, jointes à une extrême bravoure et à l'exaltation d'une imagination poétique, forment le fond de son caractère; la sérénité patriarcale et le génie ardent des montagnards, relevés par un air de chevalerie, concourent à retracer en lui ce beau type navarrais dont l'artilleur Vincent de Reyna présentait à mes yeux la plus noble image.

Martin Luiz et Vincent de Reyna possédaient toute la confiance de Zumala-Carreguy, qui les

---

(*) Peralta avait été choisi, quoiqu'il ignorât ou parce qu'il ignorait complètement la langue basque. La Junte avait-elle quelque secret pour son secrétaire?

aimait comme ses enfants (*). Reyna était seul employé dans les rapports confidentiels que Zumala-Carreguy entretenait journellement avec la Junte de Navarre. Je fus émerveillé de la facilité avec laquelle il traduisait en castillan les journaux français : les dissertations de nos rhéteurs politiques ne pouvaient que gagner dans la bouche d'un interprête aussi éloquent. Reyna était organisé pour briller également à une tribune, dans un conseil de guerre et sur le champ de bataille. — « Vos sophistes parisiens, me dit-il un jour, ont noirci cent mille rames de papier pour embrouiller avec leur insipide prolixité la question toute simple de savoir si le roi doit régner ou gou-

---

(*) La mort de Reyna, lâchement assassiné par les christinos fut une perte irréparable pour l'insurrection ; elle vint aggraver le deuil immense dans lequel la mort de Zumala-Carreguy avait plongé l'armée ; celle d'Erazo devait y mettre le comble. D. Benito laisse un fils de vingt ans, qui a donné mille preuves d'une valeur brillante. Puisse le jeune Roncalois échapper au destin qui persécuta son père, et vivre pour marcher sur ses traces glorieuses et pour le venger !

verner dans un état libre ; je ne veux, pour les
réfuter, que les lettres adressées à la Junte par les
alcaldes de nos villages. » Je pris les dépêches
qu'il me présentait, et je lus au dos de chacune les
mots suivants : *A la Junta gubernativa,* à la Junte
qui gouverne ! Le lendemain nous nous rencontrâmes à Erazun, où la Junte allait rendre visite à
Sagastibelza et au colonel Elio. Reyna, voyant des
livres étalés sur la table d'un copiste, en prit un et
me l'apporta : c'était un *Essai critique sur la constitution des provinces basques* : j'y lus presque à
toutes les pages la paraphrase de cet axiome fonda-
mental, imprimé en italique : *La nation ordonne, le
roi exécute* ! Ceci me dispense d'entrer dans de plus
longs détails sur la constitution du royaume de Navarre ; celle des provinces biskayennes est encore
plus démocratique, et les sophistes qui, par leurs
déclamations, voudraient ôter aux Basques l'initiative de la régénération espagnole, ou qui prêchent la destruction de ce vaillant peuple, en
blasphémant le saint nom de liberté, se jouent
impudemment de la vérité et de la justice.

Le séjour de la Junte à Ezkurra dura toute une semaine, qui nous parut bien longue ; le lecteur me croira sans peine lorsqu'il saura de quelle manière nous vivions dans ce village, l'un des plus pauvres de la Navarre. Une petite chambre de douze pieds carrés, meublée avec trois chaises de bois, une table boiteuse et deux mauvais lits, servait à la fois de salle de réception et de délibération, de salle à manger et de chambre à coucher. Le président Marischalar et D. Martin Luiz occupaient l'un des lits ; je partageais le second avec le señor de Videando ; l'abbé Etchavarria, chapelain de la Junte, et le secrétaire Peralta, voulurent bien se contenter d'une paillasse jetée sur le corridor voisin, et passaient des nuits assez dures, enveloppés de leurs manteaux. Nous avions à côté de nous de nombreux corps-de-garde : au-dessous, une vingtaine de chevaux et de mulets se querellaient à l'écurie ; au-dessus, les *arrieros* et les *confidentes* couchaient pêle-mêle dans un grenier sur de la paille, sans compter la famille du propriétaire de la maison. Le señor Dias del Rio, avocat de la Junte, avait pris ailleurs son logement, tandis que j'occupais, en hôte favorisé, sa place de table et de lit.

Le déjeûner se composait d'une tasse de chocolat : le dîner et le souper brillaient par une extrême frugalité. Notre soupe au lard et les légumes que nous apprétaient quatre grands gaillards de volontaires, beaucoup plus propres à sabrer des christinos qu'à faire un service de table ou de cuisine, rappelaient le brouet noir des Spartiates. Que devaient donc être la cuisine du corps-de-garde et la pitance d'un simple volontaire ? Nous mangions avec des fourchettes de bois et sans changer d'assiettes, attendu qu'il n'en existait qu'une pour pour chacun. Pendant deux jours, nous bûmes tous les six dans le même verre ; le s^{nor} de Videando disait à ce sujet fort agréablement : — « Notre calice circule à la ronde comme la coupe hospitalière des anciens ; il ne nous manque que des couronnes de fleurs et des lits de roses pour imiter le luxe d'un banquet romain. »

Dans la Navarre espagnole et dans la Cantabrie, l'âtre du foyer est placé au centre de la cuisine ; il est surmonté par une large cheminée, en entonnoir, où l'on met sécher le bois de chauffage sur des barres transversales, dont l'une soutient la crémaillère. On se range autour du feu, comme au bivouac. L'un de mes plaisirs était d'aller m'asseoir au milieu de nos volontaires : je les voyais tailler leurs pain noir avec leurs poignards tachés de sang. Là, se plaçaient les *confidentes* venus, avec des lettres pour la Junte, de toutes les parties de l'Espagne. Il nous racontaient des particularités intéressantes, sur l'évêque de Solsona, sur Carnicer et sur le curé Mérino. J'ai remarqué que les Basques ont généralement peu d'estime pour ce dernier; outre que les montagnards verraient avec répugnance un de leurs prêtres embrasser une mission politique et ceindre l'épée, la prétention ridicule que Mérino avait manifestée d'être élu généralissime des provinces du Nord indisposa contre lui tous les chefs navarrais et biskaïens. J'ai souvent entendu parler de lui comme d'un vieux fou dépourvu de talents militaires : on lui reprochait d'avoir gaspillé, sans résultat, beaucoup d'armes et de fusils ; mais nul ne lui contestait le désintéressement, le courage et l'activité qui le distinguent. On me l'a peint comme un homme de petite taille, sec et nerveux, portant des bas de soie noire, une souquenille d'étudiant et un chapeau pointu; son espingole qui ne le quitte jamais, de jour ou de nuit, sa mine étique, ses yeux flamboyants, joints au mystère dont il enveloppe toutes ses actions et à la terreur que son énergie personnelle inspire à tous ceux qui l'approchent, conserveront au prêtre guérillero une physionomie originale dans l'histoire.

L'oisiveté momentanée dans laquelle nos volontaires vivaient à Ezkurra leur permettait de se livrer aux jeux divers usités parmi les Basques ; leurs amusements étaient souvent ensanglantés. Un sujet brûlant de querelles, c'étaient les bonnes graces des jeunes filles, qu'ils se disputaient à coups de poignard et de baïonnette. A la moindre apparence d'*alboroto*, au plus léger murmure,

D. Martin Luiz accourait pour interposer son autorité ; mais quelquefois son ascendant se bornait à suspendre ou retarder le combat, que les volontaires se livraient ailleurs loin des yeux de leurs chefs. Je plaisantais D. Martin Luiz sur sa promptitude à s'élancer au milieu des querelleurs, et sur le rôle de pacificateur qu'il jouait avec un tact et une fermeté admirables. — C...! me disait-il ; les Navarrais ont la patience courte et le bras long ; il ne faut qu'une minute à mes polissons pour jouer des couteaux, et chaque seconde de retard peut nous coûter un vaillant soldat. Ils ne resteront pas longtemps oisifs, j'en réponds. Gare aux christinos ! »

Je me rappelle un jour où les volontaires furent sur le point d'égorger, en plein midi, sur la place publique, un capitaine guipuzkoan, pour s'être permis de dire que, dans la dernière affaire, les bataillons de sa province s'étaient conduits avec plus de résolution que les guides de Navarre. D. Martin Luiz vint à temps pour sauver ce pauvre diable auquel son imprudence allait coûter la vie ;

les jeunes gens qui l'entouraient baissèrent la paupière, comme pour voiler leurs yeux étincelants ; les poignards rentrèrent dans leurs gaînes. Le capitaine fut réprimandé avec fureur par Martin Luiz et menacé d'être fusillé sur-le-champ, puis envoyé aux arrêts jusqu'au lendemain. Ce fut une manière adroite de le tirer de danger : la présence de Martin Luiz protégea sa retraite. — « Si cet imbécile a le malheur de paraître au seuil de sa porte après le coucher du soleil, c'est un homme mort, » me dit en souriant Martin Luiz ; et il se mit à fredonner une chanson. — Cette circonstance et mille autres m'ont prouvé qu'il faut aux Basques des officiers nationaux. Le montagnard est un lion que l'on peut diriger avec un fil, mais il s'irrite facilement ; il faut s'identifier avec lui, partager ses instincts et ses passions terribles pour le comprendre et le conduire sans péril. L'étranger qu'il méprise ne saurait réussir auprès de lui par la douceur ni par la sévérité. Tout chef castillan qui prendra place dans les rangs de l'insurrection se verra chassé bientôt, au bruit des huées, comme le général Moreno, que la faveur de Charles V n'a pu préserver de cette ignominie.

X.

LA BISKAIE.

L'ingratitude de la camarilla légitimiste avait obligé le général D. Fernando Zavala de chercher un refuge en France ; l'animosité des Castillans ne tint aucun compte des services qu'il avait rendus à la cause de Charles V, dès l'origine de l'insurrection. Le marquis de Valdespina, qui avait pris part aux victoires de ce général contre Saarsfield, encourut la même disgrâce; il fut privé de son commandement, et se trouvait, à l'époque de mon voyage, auprès de la Junte de Navarre. Les rapports que j'eus occasion d'entretenir avec ce digne seigneur me permirent de vérifier que les éloges que l'on m'avait faits de lui n'étaient nullement exagérés. La Biskaïe, dont il avait été si longtemps le premier magistrat, était le sujet favori de ses entretiens; il parlait avec une élégante facilité le dialecte de cette province. L'incendie de son beau château d'Ermua nous a fait perdre une riche collection de livres basques. Cette bibliothèque fut d'un grand secours pour Astarloa, docte biskaïen, qui parlait soixante langues, et dont les aberrations philologiques, comme celles de D. Erro, sont mêlées d'aperçus vrais et profonds; elle avait été consultée par l'illustre G. de Humboldt, dans le voyage qu'il fit en Espagne avant de publier ses *Recherches sur les anciens Ibères.*

— « Les Castillans, me disait le marquis de

Valdespina, voudraient anéantir les titres glorieux de notre indépendance et de notre nationalité, excités par des vues despotiques et par la jalousie invétérée qu'ils nourrissent contre les Basques. La belle langue *eskuara*, qui est la preuve et le sceau de notre origine ibérienne, a été l'objet constant de leurs attaques; ils ont même essayé de corrompre la vérité de l'histoire. Lorente n'a-t-il point écrit six gros volumes, pour soutenir que les Biskaïens furent soumis par l'empereur Auguste? Mais il n'a pu démentir sur ce point la tradition des peuples et le témoignage des auteurs contemporains; le triomphe des Cantabres reste avéré, pour l'honneur de ma patrie et de l'Espagne. »

Les Castillans s'appuient sur trente dissertations aussi pitoyables les unes que les autres, pour dire que les Biskaïens du moyen-âge et les anciens Cantabres ne sont point le même peuple; mais si le joug de Rome humilia nos ancêtres, ainsi que Lorente l'a prétendu, comment peut-on attribuer l'origine de leur république aux Barbares, dont l'invasion fut postérieure de plus de quatre siècles aux guerres mémorables de la Cantabrie? — Il n'est pas moins maladroit de soutenir que les tribus euskariennes sont un débris de légions gothiques auxquelles les empereurs d'Occident auraient confié la garde de nos Pyrénées. Les cohortes barbares n'ont jamais été chargées de surveiller cette partie de la chaîne. Les Romains occupaient Lapurdium, en Novempopulanie; ils tenaient garnison dans les forteresses qu'Auguste et Tibère avaient fait construire sur la rive méridionale de l'Ebre; mais les Impériaux n'avaient point de positions militaires dans le territoire des Cantabres. Beaucoup plus tard, lorsque le temps eut affaibli la haine qui divisait les deux nations, la fédération de Guernika permit au commerce romain d'établir quelques comptoirs sur les côtes de la Biskaïe et du Labourd. — Quant aux Navarrais ou Vascons, ils persévéraient fidèlement dans l'alliance romaine que Scipion et Pompée leur avaient fait accepter : parmi les villes et fraternités de la Navarre, Tarraga portait, en vertu d'un traité, le titre de confédérée ; Ilurce, celui de municipe ; Kaskan jouissait du droit de *Latium*. Les autres républiques d'Irun ou Pompeïopolis, Ilumberry, Arraquil, Seguia, Iturrizza, etc., non-seulement n'étaient point tributaires, mais leurs milices recevaient toujours la solde de l'empire, pour combattre sous les aigles. L'infatigable valeur des Navarrais s'était signalée dans l'expédition de Marc-Antoine contre les Parthes ; elle réprima la révolte de Clodius Civil et de l'Allemagne par la victoire de Gelduba. — Plus tard, les Vascons, bien loin d'être soumis à la surveillance des hordes gothiques, devinrent le plus ferme appui de l'empire d'Occident, ébranlé par les Barbares, et se montrèrent, suivant l'expression d'Orose, plus Romains que les Romains eux-mêmes [1].

L'un des compilateurs dont j'ai parlé cite les Alains comme la source de la population euska-

---

[1] PLINE ; TACITE, liv. IV ; OROSE, liv. VII ; PAUL-EMILE, liv. X, décad. 1re.

rienne. Il est vrai que ces conquérants s'étaient avancés en Novempopulanie jusqu'aux villes de Beneharnum et de Lapurdium, qu'ils réduisirent en cendres ; mais l'armée que la fédération cantabrique envoya contre eux les battit complètement sur le rivage de l'Adour, et les poursuivant avec ardeur, leur fit repasser la Garonne en fugitifs. C'est en souvenir de cette victoire que les Basques donnèrent au dogue le nom de *alano*, par illusion à ces chiens qui couraient en troupe, avec les Barbares. Les peaux de bêtes dont les guerriers du Nord étaient couverts, et l'odeur infecte qu'ils répandaient rappelèrent aux montagnards pyrénéens les anciens Celtes ou Tartares. — Vers le même temps, les Hérules, ayant fait une descente sur les côtes de la Biskaïe, éprouvèrent le même sort que les Alains ; les trois quarts laissèrent leurs cadavres dans nos vallées, les autres regagnèrent leurs vaisseaux. Cependant, les Alains s'étaient précipités dans la Péninsule par les Pyrénées-Orientales, à la suite des Vandales et des Suèves, ils firent un grand détour vers le Midi pour entrer en Portugal; les Suèves tracèrent le même circuit et remontèrent jusque dans la Galice et les Asturies. Riciaire, roi de ces Barbares, ayant fait quelques ravages le long des frontières de la Cantabrie, les Biskaïens le repoussèrent de manière à lui faire perdre l'envie de recommencer. Le passage rapide d'Euric, roi des Goths, par la Navarre, et le blocus de Pampelune, troublèrent seuls, un instant, la paix profonde des Pyrénées occidentales jusqu'aux guerres de la fédération contre Léovigilde (*).

Les détracteurs des Basques, après avoir tenté d'obscurcir l'éclat de notre histoire antique, n'ont point manqué d'assigner à la langue *eskuara* (**) une origine moderne: quelques-uns la confondent avec les patois romances sortis du babélisme au

---

(*) IDACE, Olymp. 307; MORET, *Annales de Navarre*.

(**) Les Basques disent que la langue *eskuara* fut celle d'Aïtor ou d'Adam, et leur assertion est vraie comme allégorie, puisque ces deux mythes représentent l'humanité des premiers âges.

moyen-âge et fixés vers le douzième siècle ; ils veulent retrancher de notre vocabulaire un certain nombre d'expressions empruntées aux langues grecque et latine. J'avoue que nous devons aux Barbares les mots *roi*, *reine*, *royaume*, *empire*, *empereur*, *prince*, *principauté*, *serviteur*, *esclave*, *misère*, *etc*. Quant aux autres mots d'emprunt, dont les équivalents existent dans l'idiome basque, cet échange prouverait seul son ancienneté, et n'annonce rien autre chose que les rapports journaliers de deux peuples de race différente que le besoin de se comprendre mutuellement oblige de mêler leurs dialectes pour se créer un langage commun. Cependant, comme les tables philologiques sont là, ces grammairiens, à leur vif regret, ont été forcés de reconnaître dans le seul dialecte vardule ou guipuzkoan près de trois mille racines ibériennes qui lui appartiennent en propre ; l'on peut compter un nombre double de radicaux pour les cinq autres dialectes euskariens ; ce qui fournit un vocabulaire original, sans rival pour l'étendue et la richesse ; car chaque racine basque, comme un germe puissant, développe une série de ramifications analogiques, qui attestent, dans le verbe primitif des Ibères, une philosophie divine et une profondeur lucide d'inspiration. Je vais en citer quelques-unes, en observant qu'on les retrouve, avec la même signification, dans le Sanscrit liturgique :

Le plein.	Bethia.
L'éternité.	Bèthi.
Le principe mâle.	Ar.
Le fort, le puissant.	Aas-k-ar *(asko-ar)*, assez mâle.
La force.	Indar (ce qui est dans le mâle).
La lumière.	Arghi.
Le soleil.	Arghiama (source de lumière).
L'animalcule.	Ar.
L'incarnation.	Araghi.
La flamme.	Ghar.
L'eau.	Our.
Le torrent.	Ouharri (eau qui roule entre les pierres).
La rivière.	Ouhaïz (eau qui gronde comme le vent).
L'Océan.	Ourania (la grande eau).
L'inondation.	Ourte.

L'année.	Ourthé.
Le déluge.	Ourtandia (grande année).
La colombe.	Ourzo (oiseau de l'Océan, du déluge).
La femelle.	Ouriz (ce qui eau, le principe fluide).
Le feu.	Sou.
Le Serpent.	Sougue.
Le feu central.	Heren-Sougue (grand serpent).
La couleur blanche.	Souri et Chouri.
Un agneau.	Achouri.
L'agneau solaire.	Chourien (le plus blanc), etc.
Le néant.	Gaüb.
La privation.	Gaübe.
La nuit.	Gaü, ou Gaï.
Le mensonge.	Gaü-iz-ur (source de fantômes ténébreux).
Le mal.	Gauïtz (parole obscure).
Le méchant.	Gauïtztoa.
La perdition.	Gal, etc.
L'élément primitif.	Ekeï ou Ikeï (devant être).
Le mouvement.	Ekitza ou Ikitza.
La création.	Ekintza ou Ikintza.

Le Créateur.	Ekite.
Le Soleil.	Eki, Ekuski, Ikuski (celui par qui l'on voit).
La Noël.	Ekuberri (solstice ou soleil nouveau).
La vérité.	Ekia.
Le chrétien primitif, le Voyant.	Ekiristi.
La nature des choses.	Ekite ou Ikite.
Le jour.	Ekun ou Ikun (bonne lumière).
Le voir.	Ekuste ou Ikuste.
L'art d'apprendre.	Ekaste ou Ikaste (commencer à voir).
Le savoir-vivre.	Ekastate ou Ikastate.
L'enseignement.	Erakaste ou Ikuserazte (faire voir).
La nourriture.	Iaki.
Le manger.	Iate.
La science.	Iakitate, etc.

Trois hommes célèbres de Humboldt, de Laborde et Nodier, cet écrivain le plus instruit, le plus élégant, le plus riche de notre siècle, ont proclamé, au nom de l'Allemagne et de la France, la civilisation des anciens Ibères (*). Notre *eskuara* primitif n'a de racines communes qu'avec le Sanscrit et les dialectes méridionaux de l'Inde occidentale. Les grammairiens ignorants qui font naître ce bel idiome, au onzième siècle, et qui lui assignent la même origine qu'aux patois romances, peuvent bien enseigner l'alphabet et la lecture à des marmots de quatre ans, mais ils doivent se taire en présence des vrais philologues. Je les tiens incapables de rien comprendre à notre divin *eskuara* et au merveilleux édifice de son système grammatical : bien moins encore pourraient-ils apprécier la vocalisation vierge et savante de cette langue qui fournit seule la définition explicative

---

(*) La *France littéraire* de M. Malo vient de révéler un contradicteur à ces hautes intelligences dans la personne de M. Pierquin de Gembloux, inspecteur de l'Université, auteur débutant d'un lourd et long article, dans lequel il a laborieusement rerabâché, contre la langue des Basques, toutes les gasconnades historiques et philologiques que les pédans de la Castille avaient inventées cent ans avant lui. Gloire à M. Pierquin de Gembloux, inspecteur de l'Université !

d'une infinité de symboles religieux et d'anciens mythes.

A tous ces incrédules gagés, qui mettent au service d'une pensée religieuse ou politique leur insignifiance littéraire, l'on peut opposer, comme preuves irrécusables de la haute antiquité de notre *eskuara* : — la géographie de l'Ibérie primitive et de l'Afrique, conservée par les auteurs grecs et romains ; — le témoignage du géographe espagnol Pomponius Méla et celui de Sénèque (*) ; — des chroniques romances du dixième siècle, dans lesquelles il est fait mention de langue difficile des Biskaïens, *el mal linguaje dels Visquaïns* (**) ; — enfin plus de cinquante improvisations qui datent des premiers siècles de l'ère chrétienne, et dont l'une débute ainsi :

Ehun ourthe igaïrota	Cent ans étant écoulés
Houra bere bidean,	L'eau dans son chemin.

(*) Sénèque, *De cons. ad Helviam*, liv. VIII.
(**) Moret, *Annales de Navarre*, appendix.

| Jaon Satordin mintzatu da | Saint Saturnin a parlé |
| Irugneko hirian. | Dans la ville de Pampelune (*). |

Les Biskaïens et les Navarrais, appelés, par les auteurs grecs et romains, *Cantabri*, *Vascones*, ne reçoivent les noms de *Navarri* et de *Biskaïni* que vers le huitième siècle, époque à laquelle nos prêtres écrivirent en latin classique les premiers éléments de notre histoire moderne. Les langues castillane et française adoptèrent beaucoup plus tard ces dénominations euskariennes ; mais il ré-

---

(*) Cet apôtre, venu des Gaules, prêcha pour la première fois l'évangile galiléen à Pampelune, sous un vieux térébinthe, à l'entrée d'un temple consacré à Diane ; il tenait à la main une croix ; les montagnards suspendirent le sacrifice pour l'écouter. Saint Saturnin, martyrisé dans Toulouse, eut pour successeur à l'évêché de cette ville le prêtre Honesta, qui était Biskaïen. Saint Firmin, que les Navarrais vénèrent comme leur premier évêque, fut son disciple ; il était fils d'un sénateur de la montagne. Le jour anniversaire de sa fête, les Pampelunais dansent dans les rues en chantant :

San Firmin eguniam,
Iruneko karrican, etc.

suite de ces changements une certaine confusion que la saine critique et l'étude de la chronologie doivent éclaircir. Cette circonstance et les qualifications diverses que les Basques de France ont portées suivant les temps ont donné la plus grande facilité d'embrouiller la question de notre origine aux imposteurs littéraires qui ne se font point scrupule de salir avec leurs mains de harpie les pages saintes de l'histoire. Nation petite et pauvre, nos divisions redoublent notre faiblesse; nous n'avons point d'histoire générale, et les grands peuples, nos voisins, avec lesquels nous fûmes si longtemps en guerre, prennent plaisir à nous voir dénigrer. Oh! quel sabre assez puissant, quelle intelligence assez forte, vengeront les enfants d'Aïtor de la tribulation séculaire que le règne des Barbares leur a fait souffrir?

L'identité du langage, des mœurs, des lois, et le témoignage de l'histoire prouvent, de concert, la filiation non interrompue qui rattache nos Basques aux premiers Ibères, par les anciens Cantabres et Vascons. La loi qui défendait à ces aborigènes la culture de la vigne et la boisson du vin a été en vigueur dans la Biskaïe jusqu'à ces derniers siècles. Il existe dans cette province des vallées dont la population rappelle, par ses usages, l'enfance de la société : les Biskaïennes y quittent le lit immédiatement après leurs couches, et le montagnard prend la place de sa femme auprès du nouveau-né (*). Il est fort ordinaire de voir une Biskaïenne se livrer au travail des champs jusqu'aux derniers jours de sa grossesse ; plus d'un enfant, baigné dans le ruisseau au bord duquel il vint au monde, passe son premier jour à l'ombre de quelque haie ou d'un arbre, tandis que sa mère retourne à son travail. A côté de ces mœurs sauvages, fleurissent des institutions antiques, qui dénotent une civilisation très perfectionnée : la femme cantabre jouit d'une parfaite égalité dans l'ordre social ; elle reçoit le titre d'*etch ekanderé*, et peut hériter du manoir patriarcal, à défaut de rejetons mâles et même à leur

---

(*) Voir STRABON, liv. III.

préjudice, si telle est la volonté du père ; le Biskaïen qui se marie à une héritière lui apporte une dot (*). Renteria possède sa *république de filles*, et nos montagnards ont pour le beau sexe des égards infinis qui perpétuent le culte d'amour, dont leurs ancêtres flattaient la vanité des femmes de l'Ibérie.

La Biskaïe est de toutes les provinces euskarienne celle où les mœurs patriarcales ont subi le moins d'altération ; les villes que l'on y rencontre contiennent à peine le quart de sa population : la plupart ont été bâties depuis le douzième siècle ; les monuments publics qui les décorent sont d'une date encore plus récente et sont dus au goût de quelques architectes nationaux, parmi lesquels il faut citer Olarvide. Le reste de la population est disséminé dans les montagnes. Il ne faut qu'une tenue décente et de la politesse pour

---

(*) On voit par Strabon que les Romains trouvaient cet usage fort étrange ; il faut la loi salique aux peuples conquérants. Les Barbares ont partout déshérité la femme et n'ont jamais reconnu le droit dans le faible.

voyager parmi les Biskaïens, de jour ou de nuit, avec la plus grande sécurité. Les montagnards, bien différents des Castillans inhospitaliers, qui poursuivent les Français de leurs huées et leur jettent des pierres, répondent au voyageur par un salut grave et bienveillant. Ils lui montrent les chemins qu'il doit suivre, avec la même complaisance que le Parisien indique les rues de sa capitale aux étrangers. Les Biskaïens habituent leurs enfants à courir au-devant des passants pour leur offrir des fruits et des fleurs, avec défense expresse de rien accepter en échange; ils leur inculquent ainsi le noble penchant du désintéressement et de la générosité. L'hospitalité du Biskaïen est toujours gratuite; c'est l'offenser que de lui présenter de l'argent; il répondra d'un ton sévère : « Je vous prie de croire, seigneur étranger, que ma maison n'est point une auberge. »

Chaque maison, entourée d'un verger, d'un jardin, de champs, de prairies et de bois, forme le centre du manoir patriarcal, qui est pour le chef ou *jaon* un petit royaume. Des haies, entretenues avec le plus grand soin, forment la clôture de chaque pièce de terrain. L'amour de la propriété est un trait distinctif dans le caractère du Basque et ne le cède qu'à son amour pour l'ordre. Toutefois les Biskaïens, élevés dans des sentiments de fraternité républicaine, ne sauraient goûter le bien-être s'il est exclusif, et ne sont point accessibles à l'égoïsme. Leur prévoyance a peuplé les montagnes de groseilliers, de pommiers, de poiriers sauvages dont les fruits sont à la discrétion des passants et des pauvres. Les noyers et les châtaigniers s'y trouvent par grandes forêts. Le fier montagnard, prodigue de tout ce qu'il possède, n'aimerait point à demander; il a la délicatesse d'éviter aux autres cette humiliation et l'abondance qu'il fait régner au-delà des limites de ses cultures ôte aux voleurs tout prétexte d'attenter à la propriété qu'il réserve pour lui et pour sa famille. Lorsque la guerre détruit ces plantations communes, les Biskaïens les renouvellent avec une religieuse assiduité; ils consacrent chaque année à ce travail plusieurs jours qui sont des jours de fête. C'est un charmant tableau de voir les montagnards, vêtus de leurs plus riches habits, se disperser dans les vallées par groupes joyeux et danser en chantant aux sons du flageolet et du tambour, autour de l'arbrisseau qu'ils ont planté. Ces fêtes, dans la pensée des Biskaïens, sont une commémoration des premiers âges, où leurs ancêtres se livraient en commun au travail des champs.

Les magistrats de la province qui ont bien mérité de leurs concitoyens sont proclamés *pères de patrie*; ils marchent en triomphe au milieu des peuplades, qui leur offrent des banquets homériques. Les noces de Gamache n'égalaient point la prodigalité de ces festins, où l'on voit toute la population d'une vallée s'asseoir à des tables dressées en plein air, sous l'ombrage de bosquets odorants : de jeunes et jolies filles, parées avec une extrême propreté, font le service; des fontaines artificielles distribuent le vin comme de l'eau, des bœufs entiers rôtissent au soleil. Plus d'un voyageur, convié à la table de ces bons Cantabres, a éprouvé des sentiments ignorés de son âme, et goûté, pour la première fois de sa vie, les joies d'une liberté fraternelle.

Jadis, à la mort d'un Biskaïen, la peuplade à laquelle il appartenait prenait le deuil pour plusieurs jours; l'enterrement se faisait avec beaucoup de pompe. La femme du défunt, la tête couverte d'un voile appelé *buruzea*, accompagnait le cercueil, en poussant des cris déchirants, parmi lesquels on distinguait ces mots : *aï ene*, las de moi; et la veuve du guerrier, se précipitant sur le cadavre, le pressait étroitement dans ses bras. Elle était suivie par les pleureuses, dont la voix mélancolique faisait entendre la généalogie et l'éloge funèbre que les Basques appellent *eresiak*. Les plus chères amies de la veuve excitaient son désespoir au lieu de le calmer, et la poussaient alternativement, en lui disant d'une voix exaltée : *Galduahaiz eta galhadi!* Tout est perdu pour toi, tu n'as plus qu'à périr! Les Basquaises, en s'abandonnant à leur douleur immodérée, s'arrachaient les cheveux et se meurtrissaient le visage; l'influence des prêtres catholiques obtint une loi de Güernika, qui prescrivit aux femmes, le croirait-on, d'avoir soin de leur beauté!

La loi enjoignait aux prêtres d'épouser une *guelari* ou chambrière, réglement sage qui eût pour effet d'entretenir la pureté des mœurs publiques. Les femmes de mauvaise vie n'étaient point tolérées; dès qu'on en découvrait quelqu'une, on lui rasait les sourcils, on la conduisait avec un bruyant charivari jusqu'aux limites de la vallée, puis on la congédiait en lui souhaitant bon voyage et en lui donnant une rave et un morceau de pain. Les jeunes gens allaient ensuite danser devant la maison qu'ils avaient purgée de cette peste.

Le Biskaïen jouit de la liberté individuelle dans toute la latitude que comporte le droit social, et des lois sages protègent sa dignité d'homme libre. Ses armes et son cheval de bataille ne peuvent être saisis sous aucun prétexte; il n'est jamais emprisonné pour dettes. Quelque crime ou délit dont il se rende coupable en Espagne, il ne relève que du grand Juge de la Biskaïe; en vertu de ce principe que tout homme ne doit compte de ses actions qu'à la loi nationale, dont l'influence a régi son éducation et modifié ses idées et ses penchants. Les prisons de la Biskaïe sont belles, parfaitement aérées et sans cachots; les détenus n'y portent point de fers, et sont traités avec douceur et humanité. Jamais Basque n'accepta le métier de bourreau : ce sont des Asturiens et des Castillans qui viennent exercer en Biskaïe ce triste ministère, dans les occasions rares où il est besoin d'y recourir. Les anciens Cantabres précipitaient les coupables du haut d'un rocher; les parricides étaient lapidés par le peuple.

La danse est l'amusement favori des Biskaïens. Le *karrika-dantza* (danse des rues) réunit tous les habitants d'une ville, jeunes et vieux. La loi prescrit aux nourrices d'y figurer, en tenant dans leurs bras les enfants qui sont à la mamelle; car le bruit joyeux des fêtes de la patrie ne saurait frapper assez tôt l'oreille du petit Basque. Dans les *Romerias*, qui se tiennent hors des villes, dans les prairies, les filles et les garçons arrivent les premiers sur le théâtre de la fête, et dansent en se tenant les mains; les personnes mariées s'avancent à leur tour : les figures qu'ils exécutent ont quelque chose de martial et de dramatique. Des barils qui ont servi à contenir de l'huile de baleine sont allumés à l'arrivée de la nuit, et répandent des flots de lumière sur cette scène originale. Chaque danse se termine par des sons aigus que les galoubets font entendre, et les danseurs se dispersent avec des cris. — L'imagination donne pour horizon à ces fêtes populaires les bois touffus où les anciens Cantabres passaient les nuits de la pleine lune. Il suffit de rapprocher la gaieté du Basque, ses mœurs hospitalières et joviales, avec les guerres désastreuses que ce peuple a soutenues de siècle en siècle, et les blessures saignantes dont il est couvert pour que sa nationalité originelle et l'enchantement dans lequel il vécut pendant les premiers âges se révèlent d'eux-mêmes à la pensée de l'observateur.

Race prédestinée, qu'une invincible fatalité

poussait vers le but à venir, quels efforts généreux et constants les Euskariens n'ont-ils point faits pour conserver leur nationalité et leur indépendance? Quels flots de sang n'ont-ils point versés, pour suivre, à travers les révolutions sociales, la ligne politique tracée par les vieillards de Guernika? Opposant à Rome les Celtibères; aux Francs, l'Aquitaine et les rois de Toulouse; la Castille aux Maures; comme ils opposent aujourd'hui à la révolution castillane la monarchie de Charles V. Ils se montrèrent avec éclat sur tous les champs de bataille où les destinées de l'Occident furent balancées par les armes, durant l'âge ancien. Les campagnes d'Annibal en Italie, les insurrections de Viriathe et de Sertorius, les siéges de Numance et de Calahorra, les combats célèbres de Munda, de Pharsale fournirent aux Basques l'occasion de déployer leur incomparable valeur, et furent une préparation à la lutte que la fédération cantabrique devait engager corps à corps avec l'empire romain.

Il est positif que l'agression vint de la part des

Biskaïens; les portes du temple de Janus avaient été fermées à Rome; une paix profonde régnait dans tout l'univers, lorsque les montagnards firent entendre le cri de guerre, et arborèrent à Guernika leur *Labarum*, étendard fédéral surmonté de quatre têtes solaires à longue chevelure. A ce signal, les Asturiens récemment subjugués sautent aux armes, les Galiciens se soulèvent de toutes parts, les Lusitaniens et les Celtibères s'agitent dans leurs fers; l'Espagne est sur le point de briser le joug de l'empire appesanti sur elle depuis deux siècles.

Sigesama, ville principale des Vaccéens sur le rivage de l'Ebre, devint le rendez-vous général des légions romaines. Pendant sept années d'une lutte féroce, l'empereur Auguste et ses meilleurs lieutenants, Emilius, Antistius, Carisius, Agrippa, Furnius, à la tête des légions les plus aguerries de l'empire, ne purent triompher de l'héroïque valeur des montagnards. Les Ibères pyrénéens signalèrent leur résistance par les efforts désespérés qui révèlent la toute-puissance d'un principe divin et le fatalisme énergique de l'homme voyant et libre. Ici, des guerriers mutilés par le fer du licteur regrettent leurs mains vaillantes, qui ne saisiront plus la hache des combats ; là, des mères sublimes s'immolent du même poignard qui frappa le fils bien-aimé ; plus loin, le vieux Gantabre fait un bûcher de sa maison, et, vivant, se livre aux flammes, assis au foyer de ses pères ; à Rome, deux cents prisonniers brisent leur chaînes d'un jour, égorgent de concert leurs maîtres dans une même nuit, et regagnent les vallées natales pour recommencer avec plus d'acharnement cette lutte suprême!... Dirai-je tous ces chefs cantabres expiant dans le supplice des esclaves leur amour pour la liberté ; mais indomptables jusque sur les croix et les gibets, conservant au milieu des tortures un visage serein, et défiant la cruauté des bourreaux par des cris de dédain et de menace, des chansons guerrières et des rires insultants..., lorsque, les vieillards du chêne, assemblés au haut des montagnes, pleuraient les désastres de la patrie, et s'empoisonnaient dans un funèbre et dernier festin (*) !

Le *Bilzaar* de la confédération avait prévu d'avance les désastres qu'une provocation audacieuse devait attirer sur les Pyrénées avec les armes de l'empire. Quel motif de vengeance ou de gloire fit lever aux Biskaïens l'étendard des combats, au moment où Rome, appuyée sur l'univers comme sur un trophée, allait se reposer dans l'ivresse de la victoire et des plaisirs? Ce fut un de ces élans sublimes qui font tout l'avenir d'un peuple. Le chêne de la liberté ibérienne replanté dans les Pyrénées, n'avait point encore affronté d'orages. Entraîné par une de ces positions solennelles que les révolutions sociales n'amènent que rarement sur le globe, le peuple d'Aïtor défia, dans sa dernière patrie, les vainqueurs des nations, et provoqua cette lutte inégale comme une

---

(*) FLORUS, liv. IV; DION, liv. LIII; PLUTARQUE, *Vie des hommes illustres*; SUÉTONE, *Vie d'Auguste*, ch. XXIV; STRABON, liv. III; OROSE, liv. VII; ALPHONSE SANCHE, liv. Ier, etc.

épreuve de son destin. L'épreuve fut décisive. — Auguste, au bout de quelques mois, quitta le théâtre de la guerre, attaqué d'une maladie dangereuse, résultat des fatigues et des chagrins, dont la noire impression le suivit au tombeau. Antistius, Carisius et Furnius réprimèrent avec peine le soulèvement des Asturiens et des Callaïques. Agrippa, venu des Gaules avec les vétérans, obtint divers succès contre les Vardules-Guipuzkoans et fit descendre quelques-uns de ces montagnards dans les plaines de l'Alava. Ce général pensait que la faiblesse de ces exilés, le séjour d'une terre plus riante et plus fertile, et le voisinage des pacifiques Béroniens adouciraient insensiblement leur inquiète ardeur pour l'indépendance et la guerre. Il n'écrivît point au sénat pour lui rendre compte de sa conduite, et refusa le triomphe qu'Auguste voulait lui décerner. L'issue de la guerre ne fut rien moins que glorieuse pour les Romains. Agrippa se vit contraint de dégrader la légion d'Auguste, qui refusait de marcher au combat, et de décimer plusieurs cohortes que la seule apparition des montagnards avait mises en fuite. Velléius Paterculus nous apprend que les vétérans faisaient leur testament avant de livrer bataille aux Cantabres.

En dernier résultat, les Biskaïens de Saint-Ander et Larédo, connus alors sous le nom de Pésiques, les Autrigons de la Rioxa et de la Bureba et les Vardules-Alavais restèrent annexés avec les Asturiens, à la nouvelle province de Galice. Les tribus du Guipuzkoa et de la Biskaïe proprement dite, Vasco-Vardules, Caristes, Origevions, Cantabres, conservèrent leur indépendance, derniers débris de la confédération dont ils avaient fait l'âme et la force. On voit dans Pline que ces peuplades vivaient exemptes de tribut, et n'envoyaient point de députés aux Etats de la province, tenus à Clunia. Auguste et Tibère firent construire, sur leurs frontières, une ceinture de forteresses, dont les officiers civils et militaires recevaient directement leurs ordres de l'Empereur, comme si la guerre eût été permanente.

Florus écrivait deux siècles après les guerres cantabriques, qui n'avaient légué aux Romains que d'épouvantables et d'humiliants souvenirs. Il confond à dessein les temps, les lieux, les personnes, et enveloppe les événements divers de sept années dans le voile d'une comparaison poétique. Dion a mis plus d'exactitude et de bonne foi dans son récit. A mesure que l'on se rapproche de Tibère et d'Auguste, les écrivains romains évitent de prononcer jusqu'au nom des Cantabres. Pour expliquer leur silence, il ne faut point recourir à cette bassesse de flatterie ou de crainte qui fait taire ou mentir la voix de l'histoire sous le règne des tyrans. Les armes et la politique des Romains tendaient à la conquête universelle; les historiens du peuple dominateur se firent une tâche de ne montrer dans l'univers que Rome aux yeux étonnés de la postérité. La hache biskaïenne avait fait jaillir d'un seul coup dans les Pyrénées une gloire rivale. Les Romains se flattèrent qu'elle s'éteindrait d'elle-même à l'ombre des montagnes, l'Euskarien n'ayant, pour la faire revivre, que les chants fugitifs et mystérieux de ses Bardes. Vain espoir! L'empire romain est tombé depuis quinze siècles, et le chêne de Guernika fleurit encore; les hymnes flatteurs avec lesquels Horace berçait l'orgueil d'Octave ne sont plus qu'une voix des ruines, un vain murmure incompris des peuples de l'Occident; tandis que les bras de la presse multiplient pour l'avenir les feuilles qu'un enfant des Pyrénées consacre à célébrer, dans la langue nouvelle, les triomphes de ses aïeux et la sainteté de leur république solaire.

Le *Bilzaar* des anciens Cantabres fut grand et sage; il marqua par des ossements romains la place de notre Capitole. Les souvenirs que cette guerre nous a légués exercent un empire magique sur les Biskaïens. — « N'êtes-vous point ce même « peuple que les Romains vainqueurs du monde « ne purent asservir? » Ainsi parlait aux montagnards le fameux Pélage prêt à reconquérir l'Espagne en chassant les Maures.

XI.

AUX CASTILLANS.

Où étaient les Cagots quand les Euskariens, nos ancêtres, peuplèrent la Péninsule, et virent fleurir, pendant trois mille ans, dans les provinces ibériennes, les chênes de leurs douze républiques? Quarante siècles s'écoulèrent depuis l'invasion des Celtes, et vous étiez encore à naître ; tandis que notre race, aussi vieille que l'Europe, était illustre en Occident.

Prétendriez-vous être les représentants de ces Visigoths, dont la domination commença par des massacres et se termina par une orgie? Les Basques avaient fait sur les Barbares la conquête de l'Alava ; vainement Léovigilde recouvra cette province et leva quelques tributs. Les Alavais secouèrent le joug à l'avènement de Récarède, et leur territoire devint un champ clos où les deux peuples se livrèrent des combats acharnés durant les règnes successifs de Gondemar, Sisebuth, Suintila Ier, Tulga, Cindasuinde, Recessuinde et Wamba. L'expédition de ce dernier, racontée par l'évêque Julien, qui accompagnait le monarque barbare, rétablit momentanément les tributs imposés par Léovigilde ; mais l'histoire rend témoignage que les Alavais rentrèrent, à sa mort, dans leur pleine indépendance, et s'y maintinrent sous les règnes d'Egica, d'Ervige et de Roderic.

Les Basques, constamment en guerre avec les Visigoths, repoussèrent le joug des Barbares et dédaignèrent leur alliance. Si Liliolo, évêque de Pampelune, parut au grand concile dans lequel Récarède abjura l'arianisme avec tous ses sujets, les hostilités recommencèrent entre les deux peuples, dès le retour de l'évêque montagnard, et jamais ses successeurs n'assistèrent, même par des vicaires, aux nombreux conciles tenus par les Goths catholiques à Tolède et dans la Tarraconnaise. Les montagnards mirent plus d'une fois Séville au pillage, et la terreur qu'ils inspiraient aux Visigoths devint telle, que les éclipses de lune ou de soleil étaient regardées par ce peuple ignorant comme les sinistres présages des incursions des Navarrais et des Cantabres (*).

La conquête des Romains avait été sanglante ; la peste et la famine accompagnèrent l'invasion des Goths ; l'établissement des Maures en Espagne s'effectua sous de plus heureux auspices. Un revers du cimeterre africain renversa la monarchie gothique : dix-huit mois à peine s'étaient

---

(*) Isidore de Badajoz.

écoulés depuis le débarquement de Taric Ebn Nokaïr, que l'étendard de l'islamisme flottait sur la rive méridionale de l'Èbre. Les Sarrazins franchirent les Pyrénées orientales sans obstacle, et se précipitèrent dans la Narbonnaise à la poursuite des Goths fugitifs. Vos historiens ont écrit, pour vous flatter, que les Goths chrétiens, réfugiés à la suite de Pélage dans les Asturies, commencèrent l'œuvre glorieuse de la régénération espagnole; il n'en fut rien, ô Castillans! (*)

Savez-vous ce qui resta dans les Pyrénées occidentales de ces Visigoths auxquels vos rois modernes veulent faire remonter l'origine de leur royauté? La caste avilie et peu nombreuse des

---

(*) Voir pour l'histoire de l'expulsion des Maures : — Servando, Sébastien de Salamanque, Roderic-Ximenez, Luc de Tuy, Isidore, Roderic de Tolède, Louis Marmol, Sandoval, Moralès, Jepes, Surita, Henao, Moret, Ferreras, Oyhenart, Mariana, etc.; — l'Histoire Universelle des Anglais, et la traduction de toutes les chroniques arabes connues, par Joseph Conde, bibliothécaire de l'Escurial.

Cagots, que les Aragonais et les Asturiens appelaient chiens, en patois romance. Les Basques accordèrent au Barbare fugitif une hospitalité dédaigneuse; il fut dit au nouveau paria : — « Tu
« bâtiras ta demeure dans les sites écartés et
« déserts, loin de nos habitations et de nos villes;
« l'on t'assignera la porte par laquelle tu dois
« entrer à l'église, le bénitier où tu trouveras
« l'eau lustrale, et les galeries où il te sera per-
« mis de prendre place, semblable à la brebis
« infectée que l'on sépare du troupeau; tu vivras
« avec les crétins et les lépreux, soumis aux
« règlements sévères que dicte l'intérêt de la
« santé publique; tu feras coudre sur tes habits
« et sur ton épaule une patte d'oie rouge qui te
« fasse reconnaître de loin; ne te présente jamais
« dans les halles et les marchés; ne touche point
« aux provisions exposées en vente; tu serais
« puni de mort. Evite de marcher pieds nus, sous
« peine d'avoir le talon percé d'un fer brûlant;
« si quelque montagnard s'approchait de toi par

« mégarde, tu l'avertiras en criant, et tu fuiras
« loin de sa présence. »

La conquête de l'Espagne par les Arabes-Maures fut une course triomphale jusqu'à l'Ebre. Un mélange de Celtibères, de Romains et de Suèves habitait à cette époque le royaume des Asturies. La monarchie de Riciaire et d'Ariomir, qui s'était efforcée de maintenir son indépendance à la faveur de la guerre que les Biskaïens faisaient aux Visigoths, chercha naturellement son appui dans la fédération cantabrique, à l'arrivée des Maures. L'insurrection des plus hautes vallées des Asturies suivit spontanément la levée de boucliers que les Navarrais et les Biskaïens firent de concert. Les Navarrais, proclamant un duc ou général (*dux*), sous le chêne de Sobrarve, appelaient à l'indépendance les peuplades celtiques de l'Aragon. Les Biskaïens resserraient les nœuds de leur fédération au pied du chêne de Guernika et arboraient un nouvel étendard surmonté de trois mains sanglantes, avec cet exergue ibérien : IRURAKBAT, les trois n'en font qu'une.

Bientôt, Pélage à la tête des Basques, se joignit aux Asturiens insurgés, chassa les Maures établis dans cette contrée, et fut proclamé roi d'Oviédo. Soldat de fortune comme Zumala-Carreguy, Pélage était Cantabre (*), et les chefs intrépides qui dirigèrent les croisades des montagnards chrétiens contre les musulmans, Favila, Ordognio, Froïla, Alphonse le Catholique, et Hugarté, son lieutenant-général, appartenaient à notre race.

Les Basques, durant le gouvernement des émirs, portèrent leurs armes victorieuses jusque dans le cœur de l'Espagne. Les guerres d'Aquitaine suspendirent quelque temps la croisade que la fédération pyrénéenne avait entreprise contre les Maures. Abdérame, le premier des califes Omeydes de Cordoue, établit son empire jusqu'à l'Ebre, sans opposition de la part des chrétiens des plaines. Mais, après la victoire de Roncevaux, les montagnards fédérés descendirent en conqué-

---

(*) Valera-Guevarra, Saavedra, Carrillo, André Lucas, Henao, Herrera, Etchaves, Mendoza.

rants de l'autre côté de l'Ebre. Ils opposèrent une barrière infranchissable aux progrès de l'islamisme, et dix fois préservèrent la France de l'invasion des Maures, durant les jours de faiblesse et d'anarchie qui livrèrent ce royaume aux ravages des Normands, sous les derniers des Carlovingiens.

Le petit comté de Castille n'existait point encore, lorsque Sanche Mitarra conquit les provinces qui bordent le Duero à sa source, lorsqu'il planta l'étendard de Navarre sur les ruines de Numance ; lorsqu'il abattit Naxera, boulevard des Sarrasins du Nord, et fit de cette ville la capitale d'un royaume éphémère. Les Biskaïens, ayant délaissé les successeurs de Pélage, pour suivre de préférence les rois de Pampelune, les Asturies se virent bientôt menacées de redevenir la conquête des musulmans. Almansor le Victorieux prit d'assaut la ville de Léon, et parut le premier sur la brèche, tenant d'une main son brillant cimeterre, et de l'autre, l'étendard du prophète. Que faisait alors le roi Bermude? Il se cachait avec ses trésors dans les vallées les plus inaccessibles des Asturies; et de ces mêmes asiles d'où Pélage s'était élancé pour tout conquérir, implorait d'une voix suppliante les secours du roi de Navarre. La victoire de Gormaz, remportée par Sanche II et par les Basques, humilia le farouche Almanzor; celle de Kalatanozor, dans laquelle la valeur des Navarrais et des Cantabres éclata avec tant de furie, sous le commandement de Garcie le Trembleur, mit au cercueil la dynastie des califes Omeydes. Almanzor en mourut de rage, et les hurlements qu'il fit entendre avant d'expirer, dans son palais de Medina-Cœli, ont retenti dans la postérité, pour la gloire des montagnards pyrénéens (*).

La chute des califes Almoravides fut en grande partie l'œuvre d'Alphonse de Navarre, qui, par

---

(*) Ce triomphe prépara le règne de Sanche III de Pampelune, qui prit le titre d'empereur, et mérita le surnom de Grand; il érigea l'Aragon et la Castille en royaumes, pour ses deux fils Alphouse et Ramire.

vingt-sept victoires signalées, mérita le surnom de Batailleur. La dynastie des Almohades se vit chassée de l'Espagne avec Mamoud III le Vert, par la bataille de Muradal; les Biskaïens s'étaient, les premiers, rendus maîtres des défilés de la Sierra-Morena; les Navarrais, ayant à leur tête Sanche le Fort, remportèrent sur la plaine une victoire complète, tandis que les Castillans fuyaient lâchement. Diègue Lopez de Haro, seigneur des Biskaïens, chargé de distribuer aux vainqueurs un immense butin, exclut les Castillans du partage. Cette journée fut longtemps célèbre, dans les traditions du désert, sous le nom d'Alhacab. Les guerres que les Castillans entreprirent seuls jusqu'à l'expulsion définitive des Maures sous Ferdinand le Catholique méritent à peine qu'il en soit mention dans l'histoire.

Les Basques n'ont pas seulement expulsé les Maures de l'Espagne, ô Castillans! ils ont repeuplé vos provinces en partie, à mesure qu'ils en assuraient la conquête. Leurs colonies s'y conservèrent libres et distinctes, avant de se mêler à votre population vasale; et l'on voit, par les lettres de Gil-Perez, que diverses peuplades de la principauté de Tolède, entre autres celles de Valverde et d'Alcontras, parlaient encore, au seizième siècle, la langue basque, dialecte vardule ou guipuzkoan.

Les Basques ont découvert pour vous les Canaries; ils vous ont montré l'Amérique; ils accompagnèrent Christophe Colomb. Le navigateur Sébastien Cano qui fit le premier le tour du monde, et son camarade Elorriaga, étaient tous les deux guipuzkoans. Pierre de Navarre mérita, dans vos campagnes d'Italie, le surnom de grand capitaine; il inventa l'art des mines au siége de Naples, comme Renaud d'Elizagaray, de Basse-Navarre, inventa plus tard les galiotes à bombes pour le bombardement d'Alger. Vous êtes fiers de la bataille de Pavie, ô Castillans! mais ce sont les Basques qui vous l'ont gagnée! ce furent eux qui massacrèrent la brillante noblesse dont s'entourait

François I", et qui firent prisonnier le roi de France (*).

Il est d'autres gloires qui vous appartiennent en propre, et que les Basques ne vous envient point, ô Castillans! Vous avez détruit les plus précieux monuments de la civilisation islamite et les riches bibliothèques que les rois maures avaient amassées à grands frais. Vous avez couvert l'Amérique de sang et de ruines, semblables au brigand qui livre aux flammes la maison dans laquelle il reçut l'hospitalité, pour en égorger les maîtres à la faveur de l'incendie. Vous avez élevé les bûchers infernaux de l'inquisition, sous le même ciel qui fit pleuvoir sa rosée sur les tentes de nos aïeux, les patriarches.

Serfs des Visigoths, esclaves sous les Maures, votre nationalité n'est qu'une fiction de gouvernement despotique ; vous n'êtes qu'un troupeau

---

(*) Le guipuzkoan Jean de Urnieta ou Urbieta, obtint de Charles-Quint, pour cet exploit, des distinctions dont sa famille jouit encore.

d'hommes, parqué sur des terres incultes, autour d'une ville centrale qui est Madrid. Les castels et les forteresses que les Basques élevèrent sur la rive méridionale de l'Ebre, en commençant contre les Maures la guerre d'expulsion, inspirèrent à nos chroniqueurs le nom de *Castille*, que porte votre pays reconquis ; ce nom est le symbole de la servitude, dont vous ne pouviez vous affranchir vous-mêmes, et de votre délivrance, qui fut l'œuvre des montagnards pyrénéens. Peuple sans nom, vous êtes l'écume que le torrent fangeux rejette à sa surface, la lie grossière que le vin nouveau dépose à chaque vendange au fond du pressoir.

Osez-vous bien aujourd'hui, Cagots dégénérés, présenter à vos libérateurs des montagnes un joug ridicule forgé par les sophistes ? Comprenez mieux votre abaissement et votre impuissance ; songez que Madrid deviendra ville cosaque ou française, du moment où la main qui vous fut fidèle se sera tournée contre vous ; malheur à votre monarchie du jour où la pensée ibérienne, prenant en dégoût votre fol orgueil et votre misère anarchique, dirait, en présence des événements qui se préparent : la Castille doit périr !

— Tel était le sujet ordinaire de nos conversations à la Junte de Navarre. Chacun apportait à l'entretien la tournure et la teinte particulière de son esprit : le señor de Videando, petit homme d'une physionomie parlante, instruit, vif, éloquent, nous charmait par ses élans patriotiques, auxquels l'âme énergique de Marischalar et l'imagination enthousiaste et guerrière de Martin Luiz faisaient écho ; l'avocat Dias del Rio, vénérable vieillard, nous développait ses idées sur la législation comparée des peuples ; il discutait avec un flegme railleur les chartes constitutionnelles de nos voisins ; le secrétaire Peralta faisait diversion aux entretiens les plus graves par ses saillies empreintes d'une naïveté maligne ; le chapelain de la Junte, l'abbé Etchavarria, jeune homme long et sec, au teint brun, aux yeux caves, faisait contraste avec le robuste et jovial secrétaire ; naturellement triste et mélancolique, il représentait, au milieu de nous, la pensée religieuse et la mythologie du catholicisme.

Nous étions à Huizy depuis plusieurs jours : notre départ d'Eskurra avait été suivi de l'entrée des christinos dans ce village, où ils espéraient nous surprendre. Sur ces entrefaites, Zumala-Carreguy parut à la tête de quelques bataillons, à Lecumberry; le général Erazo l'accompagnait, portant sur ses beaux traits, altérés par la souffrance, la trace des chagrins qui l'ont mis au tombeau. Zumala-Carreguy avait écrit le jour précédent à la Junte, par une *confidente* fidèle, pour la prier de se rendre à Lecumberry dès le matin. Il eut avec elle une longue conférence relativement aux événements de la campagne, et à la direction qu'il convenait de donner à la guerre.

XII.

L'HOMME A GRANDE ÉPÉE.

Les Juntes fédérales des provinces basques étaient l'âme de l'insurrection du Nord, comme Zumala-Carreguy en était le bras. Type du génie montagnard, ce chef résumait en lui toute la poésie de la guerre. Naturellement sérieux et sombre, il avait commencé la lutte nationale avec le dévouement des martyrs; entraîné par le sentiment religieux du patriotisme et du devoir, l'espérance n'avait point encore éclairci devant ses yeux l'avenir gros de tempêtes; renfermant en lui-même ses vœux ardents, ses hardis projets et sa pensée profonde, il était descendu morne, mais prestigieux, sur le théâtre des premiers combats qui feront sa gloire. Mais, à mesure que les coups de cette vaillante épée révélaient le destin du héros, l'auréole de la victoire et le rayonnement du génie illuminaient son front orageux; l'ivresse du triomphe éclatait, malgré lui, dans ses élans d'enthousiasme et dans son électrique gaieté. La voix du peuple et de l'armée, se joignant aux bardes inspirés de la montagne, vibrait dans son âme avec toute la puissance d'une poésie harmonique, et redoublait chaque jour l'enchantement de ses rêves exaltés. — Ce fut en cet état que je vis, pour la première fois, ce grand homme à Lecumberry : tout me parut en lui, souverain, magique, impérieux; son regard, son geste, sa parole. — Les instincts monarchiques du parti castillan et l'envie égoïste d'une ignorante camarilla, livrée à des pratiques dévotes et à de mesquines intrigues, venaient à chaque instant contrarier ses vues, interroger le secret de ses plans. Vainement j'essaierais de peindre la dignité avec laquelle il formulait son refus d'obéir à d'autres inspirations que les siennes, et la menace de se retirer plutôt que de souffrir la plus légère atteinte à la liberté de son commandement. La Junte de Navarre pourra l'attester, et les envoyés du quartier royal n'auront point oublié la réponse du général en chef. — « Vous pouvez dire au Roi que l'armée est à ses ordres; un mot de plus, un seul mot, et je brise mon épée. Allez. »

J'ai dit, au chapitre précédent, dans quel but Zumala-Carreguy, accompagné du général Erazo, s'était avancé jusqu'à Lecumberry. La nouvelle de l'engagement d'Ezkurra lui parvint à peine qu'il se mit en marche pour couper la retraite aux colonnes ennemies; il apprit bientôt par ses espions que Sagastibelza venait de donner la chasse aux christinos, et qu'il était trop tard pour pouvoir espérer de les atteindre. Il revint alors sur ses pas et rentra dans Lecumberry, manifestant l'intention d'y passer la nuit; l'on supposa qu'il repartirait au point du jour pour la *Ribera*.

La Junte était revenue à Huizy. Un petit nombre d'officiers nationaux avaient seuls le privilége d'assister au repas du soir, et de prendre part à l'entretien des représentants de la Navarre. On parla de Zumala-Carreguy, de ses grandes qualités; les membres de la Junte ne dissimulaient point l'enthousiasme qu'il avait su leur inspirer dans la conférence du matin. Une place et un couvert restèrent vides entre le digne président Marischalar et le secrétaire Peralta. Quelqu'un des officiers ayant demandé des nouvelles du convive absent, il n'obtint point de réponse, et la question se perdit dans la conservation générale.

Vêtu d'une capote brune et coiffé du berret des volontaires, l'Orphelin des *Voyants* longeait en ce moment les hauteurs qui séparent Huizy de Lecumberry. La rapidité de sa course indiquait assez qu'il avait peur d'arriver trop tard à quelque lieu de rendez-vous; sa taille mince, quoique haute, ses membres grêles et l'agilité avec laquelle il s'élançait à travers les obstacles de la route, faisaient reconnaître un jeune homme; il portait à la main une de ces espingoles à large gueule qui se fabriquent en Biskaïe, et portent le nom de cette province.

C'était par une des soirées de la mi-avril; j'ai, pour fixer ma mémoire, le souvenir du clair de lune magnifique qui éclairait les montagnes : l'air était doux, le temps beau; mais le vent d'ouest, qui commençait à souffler, préludait aux longues pluies qui terminèrent le mois d'avril. L'horizon des montagnes était noir du côté de l'Océan; des nuages s'en détachaient à chaque minute et traversaient le ciel avec la majesté des ombres d'Ossian; le disque de la lune se perdait quelquefois tout entier dans leur épaisseur : les montagnes se replongeaient alors dans les ténèbres, et les feux des bivouacs, allumés par les volontaires autour de Lecumberry, brillaient sur les collines. Les guerriers montagnards se livraient au sommeil; le paysage était silencieux; les cloches de Lecumberry et de Hailly, tintant l'une après l'autre, sonnèrent onze heures.

L'Orphelin des *Voyants* arrivait à la vue de Lecumberry; il s'arrêta quelques instants sur la hauteur pour écouter. Un bruit de pas et de voix confuses, qui parvint à son oreille, parut le contrarier vivement; les montagnards qui gravissaient le coteau devaient être doués d'une vue plus perçante et d'une ouïe plus fine que la sienne, car tandis qu'il hésitait sur la direction à prendre, une voix forte cria : *qui vive!* à vingt pas au-dessous de lui; une tête enveloppée d'un mouchoir s'éleva lentement au-dessus des bruyères : c'était un vieux sergent de guerillos. — « Navarre! répondit l'Orphelin en gardant son immobilité. — Quel drapeau? — L'Indépendance! » A ce mot, le jeune homme tombe vivement sur ses mains, rampe, et s'esquive sans bruit à travers les bois, craignant sans doute que sa réponse ne fût suivie d'une balle; mais le vieux sergent ramena sa carabine qu'il tenait apprêtée : —

« Hum, dit-il à sa troupe, ce chrétien-là n'a pas bien retenu le cri du jour; mais n'importe, il est de nos amis; c'est un *Indépendant*. Que tous les sentiers lui soient libres, et bonne chance ! »

L'Indépendant, c'est ainsi que nous l'appellerons désormais, fut dirigé, dans sa course, par l'apparition qui frappa ses regards; un homme enveloppé d'un manteau noir venait d'atteindre la cime d'une hauteur voisine, et se tenait debout avec l'immobilité d'une statue sur son piédestal; le rayonnement de la lune exagérait sa taille, et donnait à sa pose quelque chose d'aérien; l'on apercevait distinctement la pointe de sa grande épée, qui dépassait la longueur de son manteau. — L'Indépendant bientôt arriva jusqu'à lui, tout essoufflé, mais joyeux; et le saluant respectueusement, d'un air qui semblait dire : me voici, prit la main que le guerrier lui tendit en silence; ils descendirent ensemble la colline du côté de l'est, et s'arrêtèrent sur une plate-forme. L'Homme à grande épée, fumant gravement son cigare, jeta son manteau sur un banc de rocher; il s'assit, et fixa avec une expression indéfinissable le jeune homme qui se tenait debout devant lui : tous deux gardèrent quelques instants le silence.

L'Indépendant prenait plaisir à regarder le large berret du guerrier, son pantalon rouge et sa simarre déchiquetée par les balles ; mais l'examen du jeune homme prenait un degré puissant d'intérêt chaque fois qu'il reposait les yeux sur le visage mâle et sévère de l'Homme à grande épée. — « Oui, se disait-il, ces rudes moustaches, ces lèvres remuantes, ce nez avancé, ces yeux gris, étincelants sous leurs sourcils épais, comme les yeux d'un tigre, le font ressembler à Cromwell; mais le menton léger et sec, la joue osseuse, le front haut et découvert, annoncent, avec plus d'énergie et de résolution, la valeur chevaleresque et la franchise de soldat, qui caractérisent le libérateur de la Navarre : sa physionomie ne présente aucun indice du sombre mysticisme et de la profondeur astucieuse de l'Anglais; il a même quelque ressemblance avec la tête saxonne de Blücher. » — Et jetant de côté l'espingole dont il s'était armé, l'Indépendant, sur l'invitation de l'Homme à grande épée, prit place, sur la même pierre, à côté de lui. Le guerrier commença l'entretien.

— « Tu auras éprouvé quelque surprise, en voyant mon costume un peu bizarre et celui de mes officiers : j'avoue qu'il ne ressemble point aux brillants uniformes d'un état-major français ou castillan; mais il convient à des montagnards pauvres et à des paysans; le berret rond était la coiffure solaire de nos ancêtres, je l'ai choisi rouge et sanglant : quant à ma simarre, elle me donne assez l'air de l'ours dont j'ai revêtu la dépouille.

— « L'ours, attaqué dans sa tanière, s'est dressé terrible, s'écria l'Indépendant; il déchirera ses ennemis; je dis qu'il les dévorera. »

L'Homme à grande épée prolongea sur son compagnon un regard ardent; il parut satisfait.

— « Oui, dit-il, en reprenant son air impassible, l'ours est plus près qu'on ne le croit de dévorer sa proie. Je n'ai qu'un regret ; Mina se retire.

— « Qu'il parte ! s'écria l'Indépendant : lui qui n'a pas craint de se mettre à la tête des bandes étrangères, pour porter le massacre et l'incendie dans son pays natal : qu'il parte ! La France le recevra dans ses bras, marqué d'une de ces blessures qui ne sont point honorables, et que toutes les pages noircies à son éloge ne pourront couvrir.

— « Ailleurs qu'ici ce langage serait imprudent, jeune homme. »

L'Indépendant, pour toute réponse, pinça ses dents avec l'ongle du pouce, puis étendit son bras avec un sifflement prolongé, ce qui est parmi les montagnards le signe d'un parfait dédain : l'Homme à grande épée dirigea de nouveau sur son compagnon le regard fixe qui lui était habituel ; puis, ramenant sa tête et secouant les cendres de son cigare, sa lèvre mobile peignit un sourire derrière le nuage de fumée qui voila ses traits.

— « Mina, dit-il après un moment de silence, s'est rendu justement célèbre dans la guerre de l'indépendance : les Français exerçaient alors envers les Basques le système de terreur qu'il nous applique aujourd'hui ; mais, pour chaque montagnard fusillé dans Pampelune, quatre Français égorgés étaient cloués chaque matin aux portes de la ville ; mes guérilleros s'en souviennent encore, et l'exemple n'a point été perdu. Pourquoi traiterions-nous les christinos autrement que les Français ?

— « Mina n'était qu'un chef de bande, » riposta l'Indépendant.

— « Il a su lutter sans trop de désavantage contre Harispe ; l'un des meilleurs lieutenants de Napoléon ; celui de tous, sans contredit, qui connaissait le mieux la guerre des montagnes, et qui pourrait revendiquer la plus belle part dans la gloire de Suchet. Sans sortir de Bayonne, Harispe a plus entravé mes succès, par sa tactique et ses instructions, que tous les généraux de Christine : *cadajo!* je n'ai pu enlever un seul des convois d'argent qu'il leur expédiait : *cadajo!*

L'Homme à grande épée, froissant avec humeur son cigare brûlé, accentua fortement ce juron, qui lui était familier; le clignement rapide de ses paupières fit jaillir comme des éclairs ses regards devenus farouches; mais il se remit aussitôt.

— « Que dit-on en France de cette guerre?

— « Je vais vous parler avec franchise, général.

— « Crois-tu (*) que ma demande ait pour but

(*) Les chefs et les officiers de l'insurrection se tutoyaient entre eux avec une fraternité toute républicaine : je dois en dire autant des membres de la Junte ; mais la loi ibérienne n'admet, au lieu de l'égalité absolue, qu'une égalité relative, suivant l'échelle naturelle de l'âge, du sexe et de la position : cette hiérarchie primitive détermine la mesure de la convenance et du devoir dans tous les rapports sociaux ; elle est consacrée par la langue patriarcale des Basques. Ainsi les mots *j'ai* et *je suis* reçoivent jusqu'à huit formes grammaticales. — *Dut, diat, dinat, dizut,* — *Niz, nuk, nun, nuzu,* qui se reproduisent, avec autant de richesse que de variété, dans les vingt mille inflexions du verbe euskarien, suivant que la parole

de provoquer des mensonges? » dit l'Homme à grande épée d'un ton brusque et menaçant qui cachait mal son inquiète curiosité. Les mouvements impétueux et soudains qui accompagnent chez nos montagnards la succession de leurs idées étaient communs à l'Indépendant; sans être affecté par l'imposante sévérité du chef illustre, il lui répondit avec calme.

— « J'ai entendu des royalistes dire en France qu'il se trouve auprès de Charles V plus d'un général meilleur que toi; que tu es un homme

---

est adressée, avec respect ou familiarité, à un jeune homme, une jeune fille, une femme mariée, un chef de famille ou un vieillard. Les Jacobins français de 93, dignes représentants des Celto-grecs et des Romains, rendirent l'égalité absolue et le tutoiement universel : ils abolirent le titre de *jaon*, monsieur; ils s'imaginaient exclure les formes d'une politesse servile, et suivre les inspirations de la nature, ces pauvres diables! Ils n'étaient guidés que par leur imagination dépravée et leurs sophismes extravagants. La police des grands empires sortis de l'invasion du Nord n'est qu'une barbarie raffinée; l'homme d'une société primitivement libre est seul *Voyant*, dans la vraie Loi.

fort ordinaire, doué de quelque talent d'organisation, et d'une bravoure de soldat peu convenable au commandement suprême ; ils te donnent le surnom de parvenu ; ces détracteurs de ta gloire sont des réfugiés castillans. »

L'Homme à grande épée, que le début de cette confidence avait visiblement assombri, laissa échapper au dernier mot un éclat de rire ineffable.

— « Oh ! dit-il, gaiement, ceux-là ne sont point tous en France. Il en est ici plus d'un qui me raconte à moi-même, avec un imperturbable sérieux, les détails d'une affaire à laquelle il n'a point assisté. Leurs véridiques historiens leur attribueront sans doute un jour nos victoires ; mais ils ne diront point qu'au moment où le sang des montagnards coulait sur le champ de bataille, ces grands seigneurs étaient tapis sous les matelas, ou qu'ils s'esquivaient à travers champs, oubliant le chapeau qui couvre leurs têtes précieuses. Leur dévouement a bravé de la sorte plus d'un rhume de cerveau.

— « Les Basques, noble Guipuzkoan, ne manqueront plus désormais d'historiens ; la postérité vous rendra justice, comme les contemporains ; sâchez que le héros dont l'Europe s'entretient le plus, c'est vous. »

Un rayonnement d'orgueil épanouit soudain le visage de l'Homme à grande épée.

— « Votre gloire a fait naître jusqu'à l'admiration des sophistes ; mais on vous reproche généralement des meurtres inutiles.

— « Des meurtres inutiles ! exclama le guerrier, en se levant avec une sorte de fureur, où sa joie éclatait malgré lui. Et sa main gauche ayant involontairement saisi la garde de sa grande épée, le fer étincelant sortit à demi du fourreau. — Des meurtres ! » répéta-t-il, avec le même accent, sans se douter que son air terrible n'annonçait que trop des instincts cruels. Et la voix du héros, d'abord entrecoupée, proféra d'éloquentes paroles.

— « N'est-ce point ici la terre de nos pères ? Que sont les christinos à l'égard des Basques, si ce n'est des brigands qui viennent attaquer de nuit, dans sa maison, dans sa couche, l'homme inoffensif, entouré de sa famille? Ils ont abattu le chêne séculaire de Guernika; ils ont mutilé nos enfants et nos vierges, égorgé nos femmes et nos vieillards; ils ont coupé par petits morceaux les cadavres de mes officiers. Tout cela devait être, et j'ai fait mon devoir... »

Ici sa voix se ralentit.

— « Serait-ce nous que les Cagots prétendent vaincre en civilisation? Viane, Estelle, Etcharri-Aranaz sont témoins de notre générosité. Si des meurtres ont rougi nos mains, il faut s'en prendre à Quésada, qui le premier donna ce caractère féroce à notre guerre. Pourquoi jetait-il aux Basques la mort comme un défi? Ils ont donné l'exemple, et nous nous sommes abstenus les premiers, après avoir prouvé à l'Europe que les Navarrais s'exaltent dans les calamités et ne sacrifient jamais à la peur. »

Et se rapprochant de l'Indépendant, l'Homme

à grande épée réprima l'énergie de son geste et poursuivit d'un ton persuasif et paternel :

— « Tu les a vus ces prisonniers christinos pâlir devant la mort que leur apprêtaient mes jeunes volontaires ; ils abjuraient lâchement leurs sentiments politiques ; leur air suppliant demandait grâce, et leur bouche proférait nos cris de ralliement qu'ils démentaient au fond du cœur. Ce n'est point ainsi que le Navarrais et le Biskaïen savent mourir ; ils marchent fiers et dédaigneux, semblables au faucon blessé qui fait claquer son bec tranchant et s'arme d'un regard plus intrépide. Combien ont été fusillés ! Ils commandaient eux-mêmes le feu, présentaient aux balles leur poitrine nue, et tombaient aux cris de vive les *fueros !* vive Charles V ! (*)

— « Dignes fils des Cantabres, qui, mis en croix par les Romains (**), chantaient martyrs au milieu des supplices ! » s'écria l'Indépendant.

(*) Voir *Un chapitre de l'Histoire de Charles V*, par M. le baron DE LOS VALLES.

(**) STRABON, liv. III ; FLORUS, liv. IV ; DION, liv. LIII ; PLUTARQUE, *Vie des hommes illustres* ; OROSE, liv. VII.

L'Homme à grande épée se rassit, et soulevant son berret de paysan, découvrit son noble front que l'automne de l'âge avait en partie dépouillé de cheveux. Il ralluma un autre cigare et fuma courbé sur ses genoux : toute trace d'émotion forte avait disparu de son visage; sa gravité même offrait une teinte de bonhomie, et quelque chose de simple et d'agreste dans ses manières rappelait la pose patriarcale du vieux Labourdin.

— « J'avais lu, dit-il, la brochure du *Biskaïen;* quoique peu connaisseur en littérature, j'ai trouvé dans cet écrit l'énergie convenable; mais je te souhaiterais une meilleure recommandation auprès du quartier royal.

— « Que voulez-vous dire? L'indépendance de la Navarre n'est point contestée, et les écrivains officiels de Charles V eux-mêmes donnent aux provinces biskaïennes le titre de républiques fédérées.

— « Sans doute; mais tu promets aux peuples une distribution des rameaux du chêne de Guernika. Crois-le bien, les royalistes de la Castille tiennent médiocrement à conserver en Espagne l'arbre de la liberté. Ce que j'aime surtout dans ta brochure, c'est le cri final (*) *Aerio!* »

Et l'Homme à grande épée, avec la mobilité caractéristique de sa physionomie, faisant précéder par un sourire d'intelligence le plus sombre regard qui fût sorti de ses yeux, étendit le bras, en répétant ce cri farouche ; il reprit aussitôt son air d'insouciante bonhomie, et se remit à fumer, en accompagnant ses paroles d'un léger balancement de tête.

— « Ton séjour au milieu de la Junte est-il connu du quartier royal ?

— « Une dépêche du ministre-secrétaire a déjà demandé des explications sur les motifs de mon voyage, avec défense de me présenter sans ordre au quartier royal. Je leur ai répondu que j'étais venu recueillir des notes pour l'histoire de l'in-

---

(*) Ce mot biskaïen correspond à *hostis*, comme le mot *etsaï* à *inimicus* ; il se définit par *a-herio*, voilà la mort, ou par *hari-erio*, mort à lui : c'est le cri d'alarme que les Cantabres faisaient retentir à l'apparition de l'ennemi.

surrection, et que le but exclusif de mon voyage avait toujours été de me rendre directement auprès de vous, pour suivre, à mes frais, les événements de la campagne. »

L'Homme à grande épée étendit sa main vers le ciel.

— « Vois briller la lune sur nos têtes : ainsi jadis elle éclaira les fêtes nocturnes du Iao éternel, et les danses religieuses des Cantabres, nos aïeux ! L'astre des tombeaux (*Ilarghia*) n'aura point achevé deux quartiers, que tu recevras l'ordre de quitter la Navarre. Tu feras bien de partir sur-le-champ (*). »

(*) L'ordre royal ne se fit pas longtemps attendre ; il me fut communiqué par la Junte ; en voici le texte : — « He dado
« cuenta al Rey N. S., de la exposicion de M. José-Agustin
« Chaho, y enterado S. M. de su contenido, me manda le ma-
« nifieste, por conducto de esa Junta, que al paso que aprecia,
« como corresponde, el objeto de su venida, siente no poder
« hacer una exception en su favor, despues de haber negado a
« otros estrangeros, el que siguiesen su egercito, ô permane-
« ciesen, sin motivo poderoso, en el theatro de la guerra : que

Et sans permettre à l'Indépendant d'insister là-dessus, l'Homme à grande épée poursuivit avec emphase :

— « *Malheur* (*) ! *La baïonnette navarraise deviendra célèbre comme l'ancienne hache-d'armes des Vascons !* Sais-tu, jeune homme, qu'au moment où tu prononçais ces paroles prohétiques, je n'avais pas plus de quinze cents volontaires autour de mon drapeau ? Mais quand cette poignée de bra-

---

« esta es una medida general, y que circunstancias particulares
« han aconsejado, pero que S. M. espera poder revocar en
« breve. Sin embargo, si en su propio pays quiere realisar
« A. Chaho su proyecto, se le transmitiran los materiales que
« pida en quanto sea possible. — I lo digo a V. S. de real or-
« den, para hacerlo saber al interesado, para que pueda
« regresar a Francia. »

Le but principal de mon voyage se trouvant atteint, je n'attendis pour partir que l'arrivée de la nuit; car, suivant le proverbe montagnard, il est des temps où l'on risque de trouver sur son chemin plus d'ennemis que d'amis. J'entretiendrai quelque jour le lecteur des incidents qui accompagnèrent mon retour à Paris.

(*) *Paroles d'un Biskaïen.*

ves, poussant des hurlements terribles, se précipitait baïonnette en avant sur les colonnes ennemies, on aurait dit des loups affamés de carnage.

— « Dites plutôt des chacals, général, et vous rajeunirez la comparaison qu'un célèbre poète arabe appliquait jadis aux fantassins de Mitarra.

— « Mes volontaires montaient la garde devant ma tente, en manches de chemise et les jambes nues, par un froid des plus rigoureux; les vêtements nous manquaient; les munitions étaient rares; nos armes, il fallut les arracher sanglantes aux mains de l'ennemi. J'attendais les christinos au débouché des vallées : leurs têtes de colonnes n'ont jamais pu résister à l'attaque impétueuse des montagnards. J'ai calculé que, pour vingt christinos mis hors de combat, il restait sur le champ de bataille deux cents fusils, qui passaient à des mains plus dignes de les porter ; et je regagnais les montagnes pour distribuer à de nouveaux combattants ces armes conquises.

— « Et les bulletins menteur des christinos, pompeusement déroulés dans les feuilles parisiennes, ne manquaient point de vous peindre en fuite.

— « Les Basques ne fuient jamais, dit l'Homme à grande épée, dont ce mot froissait l'orgueil; mais les principes de la guerre leur permettent de choisir l'heure et le terrain qui doivent leur assurer la victoire. L'heure a sonné, jeune patriote, et le champ de bataille est tout prêt. Vous ne serez point encore rentré dans Paris, que toutes les forteresses des christinos tomberont en mon pouvoir..... Puis les siéges de Bilbao et de Pampelune : Reyna, le brave, le savant, organise mon artillerie, et je ferai fondre, au besoin, toutes les cloches de nos églises pour avoir des canons.

— « Quels seront les fruits de la victoire? En avez-vous calculé toutes les conséquences, général? » dit l'Indépendant, qui soutint alors, pour la première fois, le regard impérieux de l'Homme à grande épée.

Le guerrier, s'enveloppant de son manteau, se leva lentement.

— « Je vais répondre à ta question, jeune homme : quoique Français, n'es-tu point de notre race, et ne dois-je pas compte des destinées de la patrie à tous ses enfants ? Le premier bienfait de cette guerre sera d'avoir débarrassé nos provinces d'une exubérance de population qui les menaçait d'une famine prochaine ; tu ne l'ignores point : relativement à son étendue, le pays basque est le mieux peuplé de toute l'Europe.

— « Preuve du bonheur dont on y jouit, à la faveur d'une administration sage et d'une douce liberté, » dit l'Indépendant.

— « Depuis un demi-siècle, la Biskaïe embarquait chaque année, pour l'Amérique, douze ou quinze cents de nos jeunes gens, dont les trois quarts y périssaient excédés par la misère et le travail. La guerre remplacera pour quelque temps ces tristes migrations. — Quant à moi, quant à mes frères d'armes et les membres des Juntes, principaux acteurs d'une insurrection sans exemple dans l'histoire, nos lauriers sont tous prêts, tressés par les mains des Castillans. Nous avons fait en leur faveur le miracle de Josué ; les eaux ont rebroussé vers leur source, tandis que nous repoussions devant eux, d'un bras de fer, la révolution d'un grand peuple. Ce pouvoir dont ils sont avides, ces fruits de notre victoire qu'ils vont recueillir, ils les goûteront un seul jour, peut-être ; jour fugitif que terminera l'orage ; mais il est des hommes qui ne dépouillent jamais leurs instincts... Leur implacable jalousie n'est que trop d'accord sur ce point avec la constante politique de la monarchie de Ferdinand ; ils nous gardent pour récompense l'exil, le cachot, le fer ou le poison. »

Et les yeux de l'Homme à grande épée ayant brillé d'un éclat extraordinaire, un sourire amer contracta sa lèvre muette ; ce fut une transition pénible à l'explosion de sa gaieté ironique. L'Indépendant tordit ses mains.

— « Oh! s'écria-t-il, le montagnard a reçu de la nature en partage une âme franche, un noble cœur, avec la passion de la gloire et de la liberté ; tour-à-tour citoyen, soldat et martyr :

quand unira-t-il à son indomptable énergie la supériorité de l'intelligence et des lumières? Aujourd'hui l'ambition égare les chefs des enfants des vallées, l'esprit d'erreur et de division les domine, et les héros de mon pays, dont le sabre fait les destinées de l'Espagne, sont encore des instruments que la main d'un vieillard ou d'une femme peut briser! »

Le visage terne de l'Homme à grande épée, et ses moustaches tombantes, gardaient l'immobilité de la mort; de funèbres pensées se peignaient dans ses yeux.

— « Il n'est que trop vrai, dit-il, les meilleurs officiers que Christine ait opposés à l'insurrection du Nord étaient eux-mêmes des Basques (*).

— « Et toi, toi que l'acclamation des montagnards avait fait leur généralissime; toi dont le bras pouvait élever si haut le drapeau national, ne pouvais-tu...

(*) Espoz y Mina; Jaureguy, surnommé el Pastor (en langue navarraise, *Archaïa* et *Artzaina*); Iriarte, Oraa, Guerrea, etc.

— « Non, s'écria l'Homme à grande épée dont le visage reprit graduellement sa plus noble expression d'audace et de sérénité, non; car les temps marqués ne sont point encore accomplis. Espère, et console-toi. Qu'importe, en attendant, que de nobles victimes subissent leur destinée? Mon étoile est sanglante; toute mort me sera belle; vainqueur une fois, je puis tout souffrir : j'aurai fait assez pour ma gloire. Notre race, trop longtemps ensevelie dans un sommeil léthargique, s'est réveillée à mon appel ; elle s'est levée digne du rôle éclatant que de grands événements lui préparent : j'ai frayé devant elles les voies de l'avenir. »

Et l'Homme à grande épée s'exaltait en parlant; et son front s'illuminait dans l'ombre, comme ces images du sanctuaire qui reflètent de mystérieuses clartés.

— « Notre sang, répandu dans les combats, fera naître sur les montagnes une génération de héros; témoins des larmes de la patrie et de nos blessures, nos enfants, bercés avec des chants guerriers, nourriront dans leurs cœurs la haine inextinguible de l'oppression ; ils se presseront en frères autour du chêne de la liberté, ils arboreront le drapeau de la délivrance ; et lorsque leur invincible phalange, guidée par l'étoile brillante d'Aïtor, se précipitera dans la mêlée des peuples, on la verra comme la foudre sillonner l'Occident ! »

Et tandis que, barde et prophète, le guerrier de la montagne laissait éclater ainsi sa voix d'airain, son bras puissant resta quelque temps étendu vers le jeune homme fasciné, dont le corps frêle se penchait sous l'empire d'une attraction magnétique. Et sur l'horizon de la colline où se dressait le géant, l'Orphelin, vaincu par l'illusion, crut le voir s'éloigner et grandir jusqu'à porter dans le ciel sa tête sublime : là; semblable à l'ombre d'Odin, qu'évoquent les Scaldes, ou à l'ombre plus antique d'Aïtor, qui apparaît quelquefois aux bardes pyrénéens, la vision, un instant immobile, s'abaissa lentement vers la terre, et disparut avec la réalité... L'Homme à grande épée venait de descendre sur le penchant de la colline. — La lune, dégageant ses rayons par un interstice de nuages, éclairait en ce moment le banc de pierre où le héros s'était assis, et le tertre sur lequel il avait parlé debout avant de partir... Le prestige était secoué, le charme rompu : l'Orphelin, courbé sur la bordure de la colline, écouta le bruit d'un pas fort et mesuré qui retentissait au fond du vallon; puis le *qui-vive* d'une sentinelle, auquel la parole vibrante du chef répondit *Espagne;* mais quand le volontaire eut ajouté plus bas, *quel drapeau?* l'oreille attentive de l'Orphelin ne put distinguer d'autre son qu'un vague murmure, celui des vents...

La nuit atteignait la moitié de sa course; un nuage épais, imitant les formes d'un noir crocodile, s'alongeait dans le ciel comme pour dévorer la lune, que sa large gueule semblait aspirer : le disque argenté parut s'agiter sans pouvoir rompre le charme de l'attraction; son rayonnement devint un instant plus vif, et par degrés s'éteignit en plongeant dans l'épaisseur du nuage; les montagnes se couvrirent de ténèbres, tandis qu'une lueur blanche serpentait entre leurs masses titaniques; c'était la route de Pampelune à Toloza. Bientôt les cloches de Hailly et de Lecumberry sonnèrent minuit : le tintement de l'airain fut suivi par des roulements de tambours; le murmure des vents se joignit à ce bruit lugubre; les feux des bivouacs, se ranimant, brillèrent du plus vif éclat; et, de colline en colline, la voix des sentinelles, accompagnée par l'écho, répéta le cri de vigilance : *alerta ! alerta !*

L'Orphelin, que la magie de ce tableau nocturne avait un instant captivé, courut chercher sur le gazon son espingole, mouillée d'une rosée froide; il reprit tout pensif le chemin du village où se trouvait la Junte de Navarre, et peu de jours après le chemin de la France. — Je n'oublierai de ma vie la nuit de Lecumberry : des souvenirs qui ne s'effacent point ont profondément gravé dans mon esprit tous les détails de cette entrevue mysérieuse ; car l'Indépendant dont il est question dans ce chapitre, c'était moi ; l'Homme à grande épée, ZUMALA-CARREGUY !

FIN.

Bayonne, imprimerie P. LESPÉS, rue Chegaray, 12.

www.ingramcontent.com/pod-product-compliance
Lightning Source LLC
Chambersburg PA
CBHW070534230426
43665CB00014B/1683